创新型师范及学前教育专业精品教材

幼儿园
多媒体课件设计与制作
案例教程

主审　宋海生
主编　旦　敏　汤书波　张媛媛　冯井荣

内容提要

本书采用项目任务式编写方式，系统全面、循序渐进地介绍了幼儿园多媒体课件设计与制作的相关知识。全书共9个项目，内容涵盖幼儿园多媒体课件设计与制作基础、幼儿园多媒体课件的界面设计、幼儿园多媒体课件的文本设计、幼儿园多媒体课件的图表设计、幼儿园多媒体课件的影音处理、幼儿园多媒体课件的动画设计、幼儿园多媒体课件的交互设计、幼儿园多媒体课件的放映与输出、幼儿园五大领域活动课件综合设计与制作。

本书可作为各类师范院校或普通院校的师范及学前教育专业学生的专用教材，也可作为相关人员自学幼儿园多媒体课件设计与制作的参考用书。

图书在版编目（CIP）数据

幼儿园多媒体课件设计与制作案例教程 / 旦敏等主编. -- 上海 : 上海交通大学出版社, 2025. 1. -- ISBN 978-7-313-32213-5

Ⅰ. G436

中国国家版本馆CIP数据核字第2025FG9938号

幼儿园多媒体课件设计与制作案例教程

YOU'ERYUAN DUOMEITI KEJIAN SHEJI YU ZHIZUO ANLI JIAOCHENG

主　　编：旦　敏　汤书波　张媛媛　冯井荣

出版发行：上海交通大学出版社　　地　　址：上海市番禺路951号

邮政编码：200030　　电　　话：021-64071208

印　　制：三河市祥达印刷包装有限公司　　经　　销：全国新华书店

开　　本：787 mm×1092 mm　1/16　　印　　张：16.5

字　　数：348千字

版　　次：2025年1月第1版　　印　　次：2025年1月第1次印刷

书　　号：ISBN 978-7-313-32213-5　　电子书号：ISBN 978-7-89564-162-4

定　　价：66.00元

本书编委会

主　审	宋海生			
主　编	旦　敏	汤书波	张媛媛	冯井荣
副主编	董云涛	蒋银虎	鲍顺萍	李玉梅
参　编	李　娟	董婉莹	戴　娜	吴　姜
	苏　宏	王　蓉	张　嘉	

前言

PREFACE

在数字化教育迅速发展的时代，多媒体课件已成为幼儿园教学中不可或缺的工具，它以独特的互动性和趣味性，极大地丰富了教学手段，激发了幼儿的学习兴趣和参与热情。因此，掌握幼儿园多媒体课件设计与制作的相关知识和技能对于幼儿教师来说尤为重要。

为培养具备专业素养和创新能力的幼儿教师人才，我们结合多所院校人才培养方案的要求，组织具有丰富多媒体课件设计与制作经验的教师编写了本书。

本书特色

一、春风化雨，立德树人

党的二十大报告指出："育人的根本在于立德。"本书积极贯彻党的二十大精神，探索价值塑造、能力培养、知识传授"三位一体"的立德树人新路径，在正文适时安排了"拓展阅读"栏目，将能体现职业理想、职业道德、创新精神等的内容潜移默化地融入知识和技能教育，引导学生将个人价值实现与国家民族发展紧密相连，力求培养有担当、高素质、高水平的专业型人才。

二、全新形态，全新理念

本书遵循"理论够用，重在实践"的原则，采用项目任务式结构，深入浅出地介绍了幼儿园多媒体课件设计与制作的相关知识，前 8 个项目在知识讲解部分采用"理论知识 + 实践操作"的形式，将知识点与案例紧密结合，帮助学生理解知识点；最后一个项目介绍了幼儿园五大领域活动课件的设计与制作，帮助学生提高实战能力。

此外，本书还根据需要在正文合适位置安排了"提示""知识库""高手点拨"等栏目，以降低学生的学习难度，提高学生学习的积极性、主动性与效率。

三、平台支撑，资源丰富

本书配有丰富的数字资源，学生可以借助手机或其他移动设备扫描二维码观看微课视频，也可以登录文旌综合教育平台“文旌课堂”查看和下载本书配套资源，如教学课件、素材与实例、项目考核答案等。学生在学习过程中有疑问，也可登录该平台寻求帮助。

此外，本书还提供了在线题库，支持“教学作业，一键发布”，教师只需通过微信或“文旌课堂”App 扫描扉页二维码，即可迅速选题、一键发布、智能批改，并查看学生的作业分析报告，提高教学效率、提升教学体验。学生可在线完成作业，巩固所学知识，提高学习效率。

本书创作团队

本书由宋海生担任主审，旦敏、汤书波、张媛媛、冯井荣担任主编，董云涛、蒋银虎、鲍顺萍、李玉梅担任副主编，李娟、董婉莹、戴娜、吴姜、苏宏、王蓉、张嘉参与编写。由于编者水平有限，书中可能存在疏漏或不妥之处，敬请各位读者批评指正。

特别说明

在本书编写过程中，编者参考了大量资料，这些资料大部分已获授权，但由于部分资料来自网络，我们暂时无法联系到原作者。对此，我们深表歉意，并欢迎原作者随时与我们联系。

本书配套资源下载网址和联系方式

网址：https://www.wenjingketang.com

电话：400-117-9835

邮箱：book@wenjingketang.com

片　头

目录 CONTENTS

01 项目一 幼儿园多媒体课件设计与制作基础 / 1

02 项目二 幼儿园多媒体课件的界面设计 / 30

03 项目三 幼儿园多媒体课件的文本设计 / 56

04 项目四 幼儿园多媒体课件的图表设计 / 79

05 项目五 幼儿园多媒体课件的影音处理 / 112

06 项目六 幼儿园多媒体课件的动画设计 / 129

07 项目七 幼儿园多媒体课件的交互设计 / 147

08 项目八 幼儿园多媒体课件的放映与输出 / 158

09 项目九 幼儿园五大领域活动课件综合设计与制作 / 169

项目一

幼儿园多媒体课件设计与制作基础

本章导读

随着信息技术的飞速发展和教育理念的不断更新，多媒体课件在幼儿园教学中的优势日益凸显，已成为现代教育中不可或缺的教学手段。因此，对于幼儿教师而言，掌握多媒体课件的基础知识和制作方法，已成为其必备的专业技能和基本素养。

本项目主要介绍幼儿园多媒体课件的基础知识、幼儿园多媒体课件脚本的设计与编写方法，以及幼儿园多媒体课件制作软件“WPS 演示”的基础知识。

学习目标

知识目标

- 了解多媒体课件的概念、作用、制作软件和分类。
- 熟悉幼儿园多媒体课件的特点、制作原则和制作流程。
- 理解幼儿园多媒体课件脚本的设计原则，并熟悉其设计流程。
- 掌握 WPS 演示中演示文稿和幻灯片的基本操作。

能力目标

- 能够合理分析教学设计，为后续设计与制作幼儿园多媒体课件打好基础。
- 能够根据实际需要设计与编写幼儿园多媒体课件脚本。
- 能够新建并保存演示文稿。

素质目标

- 加强实践练习，提升专业技能和职业素养。
- 关注国家教育信息化发展，心系国家教育信息化建设，勇担教育改革重任。

任务一　初识幼儿园多媒体课件

任务描述

在幼儿园教学中，多媒体课件的应用越来越广泛，它已成为提升教学质量与效果的重要工具。要想制作出优质的幼儿园多媒体课件，不仅需要对幼儿园多媒体课件有充分的认知，还需要掌握幼儿园多媒体课件的制作原则和制作流程。

本任务首先介绍多媒体课件和幼儿园多媒体课件的基础知识，然后演示分析“叶子的秘密”教学设计的过程，最后让学生自主完成“我运动，我快乐”教学设计的分析。

知识探究

一、多媒体课件概述

1. 多媒体课件的概念

多媒体课件是根据教学大纲的要求和教学的需要，经过严格的设计，并以多种媒体的表现方式和超文本结构制作而成的课程软件。它可以利用文本、图片、音频、视频和动画等多种媒体元素，将教学内容（如知识讲解、实验演示、情境创设、交互练习等）生动形象地展示出来，从而有效辅助教师开展教学活动。

2. 多媒体课件的作用

作为教师用来辅助教学的工具，多媒体课件在教学中起着重要的作用。

（1）呈现教学内容。

呈现教学内容是多媒体课件最基本的作用。多媒体课件可以利用文本、图片、音频、视频和动画等多种媒体元素将复杂、抽象的知识以直观、形象的形式呈现出来，有助于学生更好地理解和掌握教学内容。

（2）激发学习兴趣。

多媒体课件凭借其丰富的视觉和听觉元素、生动的动画和交互设计等，能够有效吸引学生的注意力，激发学生的学习兴趣，进而促使他们积极参与学习过程。

（3）提高教学效率。

多媒体课件可以快速呈现大量教学内容，大大节省了教师板书的时间，使教学时间更加充足。同时，教师还可以根据教学需要随时调整课件内容，从而满足不同的教学需求，使教学更加灵活、高效。

3. 多媒体课件的制作软件

多媒体课件的制作软件有很多，下面介绍几款常用的多媒体课件制作软件。

（1）WPS 演示。

WPS 演示是金山公司研发的 WPS Office 套件中的一个组件，其界面设计简洁明了，操作方法简单，能让用户快速上手完成多媒体课件制作。WPS 演示提供了多种主题模板，涵盖了不同的教学场景和风格，稍加修改即可满足个性化需求；支持插入文本、图片、音频和视频等多种媒体元素，能够生动地呈现教学内容；具备动画效果设置功能，允许用户为多媒体课件添加各种切换效果和元素动画，以增强多媒体课件的趣味性和吸引力。此外，WPS 演示还支持多人协作编辑，便于教师团队协同制作多媒体课件，提高工作效率。

（2）PowerPoint。

PowerPoint 是微软公司开发的一款功能强大的演示文稿制作软件，它支持创建多种布局和风格的页面，可以帮助用户制作出集文本、图片、音频、视频及动画于一体的富有创意的多媒体课件。此外，PowerPoint 能够跨平台使用，便于用户在不同设备和环境中进行多媒体课件的编辑、展示与分享，从而提升多媒体课件制作的灵活性。

（3）Authorware。

Authorware 是一款图标导向式的多媒体制作软件，广泛应用于教育、娱乐、培训、科学研究等领域。它具有直观的可视化编程环境，仅通过图标拖曳操作就能制作出包含文本、图片、音频、视频和动画等多种媒体元素的多媒体课件。此外，它还提供了按钮、菜单、下拉列表等多种交互形式，使用户能够与多媒体课件进行实时互动。

（4）Focusky。

Focusky 是一款极具创新性的演示软件，它打破了传统的线性演示方式，采用独特的缩放、旋转和平移效果，让多媒体课件呈现出类似于 3D 电影般的视觉效果。Focusky 拥有丰富的模板和素材库，可帮助用户快速制作出富有创意和吸引力的多媒体课件。此外，Focusky 支持多种输出格式，方便用户在不同设备上进行多媒体课件播放和分享。

提示

除上述软件外，常用的多媒体课件制作软件还有 Animate、几何画板等，每个软件都有其独特的特点和优势，感兴趣的同学可以自行了解。

二、多媒体课件的分类

根据不同的分类标准，多媒体课件可划分为不同的类型。

1. 根据表现形式分类

根据表现形式的不同，多媒体课件可分为演示型多媒体课件、练习型多媒体课件、模拟型多媒体课件、游戏型多媒体课件、操作演练型多媒体课件、资料工具型多媒体课件、协作交流型多媒体课件和问题解决型多媒体课件等。下面简单介绍几种常用的多媒体课件类型。

（1）演示型多媒体课件。

演示型多媒体课件主要用于课堂辅助教学，它以向学生传授知识为目标，通过直观、生动的方式展示教学内容，如概念、案例等。

（2）练习型多媒体课件。

练习型多媒体课件以互动和实践为核心，通过各种形式向学生提出问题，并根据学生的回答情况给予相应的反馈，从而帮助学生巩固所学知识和技能。

（3）模拟型多媒体课件。

模拟型多媒体课件通过模拟实验现象、自然现象或社会现象，让学生通过观察、操作与思考，深入理解现象的原理和本质。

（4）游戏型多媒体课件。

游戏型多媒体课件是将教学内容与游戏元素相结合，以趣味性的游戏场景和任务激发学生兴趣，并通过互动挑战让学生在游戏过程中轻松掌握教学内容。

2. 根据应用学段分类

根据应用学段的不同，多媒体课件可分为幼儿园多媒体课件、小学多媒体课件、中学多媒体课件和大学多媒体课件等。

（1）幼儿园多媒体课件。

幼儿园多媒体课件（见图 1-1）通常具有色彩鲜艳、形象生动、互动性强等特点。其画面多采用卡通形象和明亮的色彩，以吸引幼儿的注意力；内容上以简单的图示、故事、儿歌等为主，并通过动画、视频等多种形式进行呈现，以帮助幼儿更好地理解和记忆。

（2）小学多媒体课件。

小学多媒体课件更加注重知识系统性和趣味性的结合。其画面风格通常较为活泼，同时会有一定的文字说明和图表辅助教学，旨在帮助学生掌握各科目的基础知识。

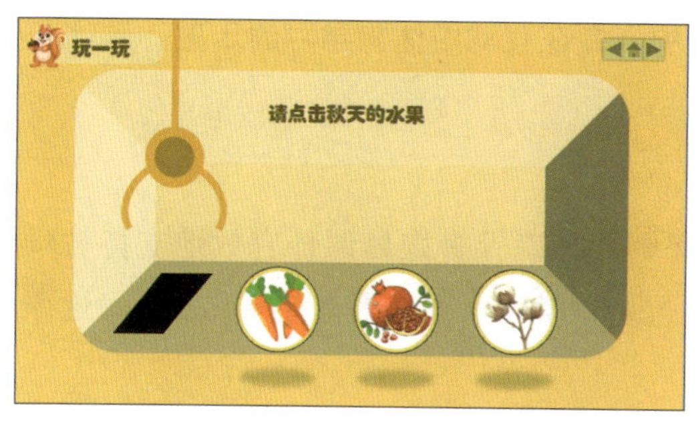

图 1-1　幼儿园多媒体课件

（3）中学多媒体课件。

中学多媒体课件更加注重知识的深度和广度，以及对学生学科素养和综合能力的培养。其画面通常相对简洁，以突出教学内容；内容上通常会包含拓展阅读材料和思考问题，以引导学生进行自主学习和探究。

（4）大学多媒体课件。

大学多媒体课件通常具有专业性和学术性强的特点。其画面设计通常较为简洁，主要以文本、图表、图片等多种形式呈现复杂的专业知识。此外，大学多媒体课件中通常还会结合前沿科技和行业动态，旨在培养学生的创新思维和探究意识。

三、幼儿园多媒体课件的特点

幼儿园多媒体课件的特点主要包括趣味性、直观性和互动性。

1．趣味性

趣味性是幼儿园多媒体课件的一大显著特点。幼儿处于身心快速发展的关键时期，对新鲜事物充满好奇，但其注意力往往难以长时间集中。幼儿园多媒体课件通过色彩丰富的画面、可爱的卡通形象、悦耳的音乐和音效、有趣的游戏等，可以营造出轻松、愉快的学习氛围，有效吸引幼儿的注意力。

2．直观性

直观性是幼儿园多媒体课件在教学中的重要优势。幼儿的认知能力有限，他们更依赖直观感知来理解和记忆事物。幼儿园多媒体课件利用图片、视频、动画等多媒体元素，可以将抽象的概念和知识以直观的形式呈现出来，有助于幼儿更好地理解和记忆。

3．互动性

互动性是幼儿园多媒体课件区别于传统教学手段的关键所在。幼儿园多媒体课件通过融入游戏互动、设计点击操作等方式，可以实现幼儿与课件的双向交流，从而充分调动幼儿学习的积极性，让他们主动参与到学习过程中，并在互动中体验学习的乐趣。

四、幼儿园多媒体课件的制作原则

制作幼儿园多媒体课件时，遵循必要的原则才能确保多媒体课件有效地支持教学活动。具体来说，幼儿园多媒体课件的制作原则包括科学性原则、教育性原则、艺术性原则和技术性原则。

1. 科学性原则

科学性原则是幼儿园多媒体课件制作的基本原则，它要求课件内容准确无误，符合科学原理和教育规律，具体要求可参考以下几点。

幼儿园多媒体课件的制作原则与制作流程

（1）幼儿园多媒体课件中的概念、原理等必须准确无误，不能出现科学性错误，确保传递给幼儿的知识是正确、严谨的。

（2）幼儿园多媒体课件的表现形式、所涉及的素材（如文本、图片、音频、视频等）和模拟的内容，应符合科学规律，避免误导幼儿。

（3）幼儿园多媒体课件所表达的内容应符合现代教育理念，以及幼儿的认知特点和心理发展规律。

2. 教育性原则

教育性原则是幼儿园多媒体课件制作的核心原则，它要求课件具有明确的教育目标和良好的教育效果，具体要求可参考以下两点。

（1）幼儿园多媒体课件应紧密围绕教学目标设计，确保教学活动与教学目标的一致性。

（2）幼儿园多媒体课件应能激发幼儿的学习兴趣，引导幼儿主动思考、积极探索，培养他们的思维能力和创新能力。

3. 艺术性原则

艺术性原则是幼儿园多媒体课件制作的重要原则，它要求课件在视觉和听觉上具有美感和吸引力，具体要求可参考以下几点。

（1）幼儿园多媒体课件的画面应色彩鲜艳、布局合理、元素丰富，符合幼儿的审美需求。

（2）幼儿园多媒体课件中的音频应清晰、悦耳、音量适中，视频应画质清晰、节奏明快，能够吸引幼儿的注意力。

（3）幼儿园多媒体课件中的动画应形象生动、流畅自然，能够准确表达教学内容并激发幼儿的学习兴趣。

4. 技术性原则

技术性原则是幼儿园多媒体课件制作的必要原则，它要求课件在制作和使用过程中具备良好的技术性能，具体要求可参考以下几点。

（1）幼儿园多媒体课件中的交互操作应简单、快捷、稳定、可靠，避免出现卡顿、闪退等问题，能较好地服务于教学活动。

（2）幼儿园多媒体课件应能在不同的设备和环境下正常运行，确保教学内容的可靠呈现。

（3）幼儿园多媒体课件应便于教师根据教学需要修改和更新，以适应不同的教学情境和需求。

提 示

幼儿园多媒体课件的制作原则同样也是评价课件质量的标准。当一份幼儿园多媒体课件具有科学性高、教育性好、富有艺术性且技术性强的特点时，可以称之为优秀的幼儿园多媒体课件。

五、幼儿园多媒体课件的制作流程

制作幼儿园多媒体课件并没有统一的流程，但大多会遵循“分析教学设计→设计脚本→准备素材→制作课件→调试完善”的顺序，如图 1-2 所示。

图 1-2　幼儿园多媒体课件的制作流程

1. 分析教学设计

分析教学设计是制作幼儿园多媒体课件的首要工作。所谓教学设计，就是根据课程标准的要求和教学对象的特点，将教学的诸多要素进行有序安排，以确定合适的教学方案。

在制作幼儿园多媒体课件时，教师需要深入分析教学设计，了解教学目标、教学内容及幼儿的年龄特点、认知水平和兴趣爱好等，明确教学的重点和难点，从而确定哪些内容需要利用课件来呈现，以及以哪种形式来呈现等，即对课件进行初步构思。

2．设计脚本

脚本是课件制作的直接依据。完成课件的初步构思后，应先系统地设计课件脚本，即明确每个页面的具体内容和呈现方式，包括页面元素与布局、文本呈现、音频效果、视频要求、动画效果、页面切换和人机交互方式等。

3．准备素材

设计好课件脚本后，就需要收集和整理制作课件所需的各种素材，包括文本、图片、音频、视频等。在准备素材时，可以从网络上获取合适的素材资源，也可以自己拍摄照片、录制音频和视频等。

4．制作课件

准备好所需的素材后，即可利用软件（本书为“WPS 演示”）来制作课件。在课件制作过程中，要严格按照脚本的要求进行布局和设置，确保课件的视觉效果和交互效果都能达到预期目标。

5．调试完善

制作好课件后，应在不同的设备和环境下测试课件的运行情况，并对出现的问题进行修改和优化，以确保课件的稳定性和兼容性。

拓展阅读

在制作幼儿园多媒体课件的过程中，遵循系统化的流程、保持严谨细致的良好习惯、秉持精益求精的态度，是确保课件达到预期效果的关键所在。这种对细节的关注与对品质的追求，不仅体现在课件制作的每个环节，更应当成为我们日常学习和生活中的一种常态。只有不断培养与践行这种精神，才能促使我们在专业领域持续精进，不断提升个人的专业素养与综合能力，从而为我们未来的职业生涯奠定坚实的基础。

案例演示——分析“叶子的秘密”教学设计

下面先来了解大班科学活动“叶子的秘密”的教学设计，然后通过分析该教学设计，对多媒体课件进行初步构思。

大班科学活动“叶子的秘密”教学设计

【活动目标】

（1）大胆猜想并了解树叶变黄的原因。

（2）通过故事情节推理，培养幼儿分析问题和逻辑推理的能力。

（3）在活动中感受科学的魅力，保持积极探索科学知识的热情。

【活动重难点】

活动重点：让幼儿理解光照对树叶颜色和生长的重要影响。

活动难点：帮助幼儿初步理解光合作用这一科学现象。

【活动准备】

（1）“小老鼠和小树叶”故事、“光合作用”视频。

（2）布置以“树”为主题的活动室。

【活动过程】

一、故事导入，激发兴趣

播放音频，讲述“小树叶和小老鼠是好朋友，但他们最近好像都遇到了一些烦恼，不过别担心，我们一起来看看发生了什么，说不定能找到解决办法呢。”，吸引幼儿的注意力，激发其好奇心和参与兴趣。

二、创设情境，引出主题

（1）以小老鼠的视角讲述自己的烦恼：自己的好朋友小树叶最近变得有些不一样（颜色由绿变黄了）。

（2）以小树叶的视角讲述自己的烦恼：自己的好朋友小老鼠将自己藏进了房子里。

（3）教师提问：“小树叶怎么变黄了？”，引出活动主题。

三、大胆推理，解决难题

（1）教师提出让幼儿帮助小老鼠，引导幼儿大胆猜想小树叶变黄的原因。

（2）教师提供浇水、施肥、光照等选项，引导幼儿思考并带领幼儿逐步验证猜想。

四、问题延展，引发思考

（1）教师和幼儿共同观看视频“光合作用”，然后由教师向幼儿介绍树叶需要光照的原因。

（2）在故事的结尾，小老鼠向小树叶承诺不会再将其藏起来，引导幼儿讨论“我们应该如何对待身边的植物？”，激发幼儿的情感共鸣，培养幼儿爱护植物、尊重生命的意识。

【活动延伸】

（1）在教室的自然角设置不同光照条件的植物观察区，让幼儿在日常活动中观察植物的生长变化，进一步理解光照对植物生长的影响。

（2）布置亲子作业，让幼儿和家长一起观察小区或公园中的树木，讨论树叶颜色和生长情况与环境的关系，并记录下来，回园后与其他幼儿分享。

分析上述教学设计可知，活动过程的四个环节均可利用多媒体课件呈现。同时，结合大班幼儿的认知特点和科学领域的学习与发展目标，对“叶子的秘密”课件的初步构思如下。

（1）本课件拟分为“听一听”“说一说”“想一想”“学一学”4 个模块。

（2）“听一听”模块播放音频，讲述“小老鼠和小树叶”故事的开头，吸引幼儿注意力，使幼儿快速进入活动情境。

（3）“说一说”模块以小老鼠和小树叶的视角分别讲述烦恼，创设生动的情境，让幼儿更容易理解故事内容，引导幼儿关注小老鼠将小树叶藏起来后小树叶变黄这一现象。

（4）“想一想”模块设置互动环节，让幼儿在浇水、施肥、光照 3 个选项中选择让树叶变绿的方法，使其参与到解决问题的过程中。

（5）“学一学”模块播放“光合作用”视频，讲解树叶需要光照的原因，直观地向幼儿传授科学知识，帮助幼儿初步理解光合作用这一科学现象。

举一反三——分析“我运动，我快乐”教学设计

分析中班健康活动“我运动，我快乐”的教学设计，并结合中班幼儿的认知特点和健康领域的学习与发展目标，对“我运动，我快乐”课件进行初步构思。

中班健康活动“我运动，我快乐”教学设计

【活动目标】

（1）认识常见的运动标志，并尝试模仿简单的运动动作。

（2）通过多样化的运动，锻炼手眼协调能力，提高身体灵活性。

（3）激发幼儿对运动的兴趣，体验运动带来的乐趣，培养积极向上的生活态度。

【活动重难点】

活动重点：激发幼儿对运动的兴趣，使其愿意学习运动标志的含义，并积极参与各项运动。

活动难点：在运动过程中，引导幼儿遵守规则并保障幼儿安全。

【活动准备】

（1）运动（如跑步、跳绳、游泳、打羽毛球等）图片、运动标志（如足球、举重、羽毛球、体操等）卡片。

（2）小型运动器材，如跳绳、篮球、足球等，适合幼儿运动的背景音乐。

（3）布置一个小型“运动场”，方便幼儿进行运动。

【活动过程】

一、提问式导入

（1）教师提问：“小朋友们，你们知道什么是运动吗？”，引导幼儿思考并自由发言。

（2）教师适时引导，可配合视频、图片等形式总结运动就是让身体动起来的活动。

二、分享喜欢的运动

教师引导幼儿分享自己知道和喜欢的运动，并鼓励幼儿描述这些运动的特点或自身感受。

三、认识运动标志

（1）教师展示运动标志卡片，逐一向幼儿介绍这些运动标志所代表的运动。

（2）设计“快速找标志”游戏，由教师说出运动名称，让幼儿从一堆运动标志卡片中找出对应的标志，也可以由教师展示运动标志卡片，让幼儿说出对应的名称或做出对应的动作等，增加活动的趣味性。

四、一起做运动

（1）播放轻松愉快的音乐，教师带领幼儿做简单的热身运动，如头部运动、手臂摆动、前后踢腿等，确保在运动前幼儿身体得到适当准备。

（2）教师示范简单易学的运动动作（如原地跑步、跳绳、踢足球等），鼓励幼儿模仿，注意动作的安全性和适宜性。

（3）运动结束后，教师带领幼儿做简单的放松运动，如深呼吸、拉伸手臂和腿部肌肉等。

任务二　设计幼儿园多媒体课件脚本

任务描述

脚本对幼儿园多媒体课件的制作具有指导作用。要想制作出实用、易用且具有吸引力的课件，就必须提前设计好课件脚本，以确保在课件制作过程中有据可依。

本任务首先介绍幼儿园多媒体课件脚本设计的基础知识，然后演示设计“叶子的秘密”课件脚本的过程，最后让学生自主完成“我运动，我快乐”课件脚本的设计。

知识探究

一、幼儿园多媒体课件脚本的设计原则

为了使设计出的脚本能够真正对后续幼儿园多媒体课件制作起到指导作用，在设计脚本时应遵循以下原则。

（1）目的性原则。

在设计课件脚本时，必须明确具体的教学目标，包括知识与技能、过程与方法、情感态度与价值观等方面。紧紧围绕教学目标设计脚本，才能有效避免课件内容脱离主题。

（2）可操作性原则。

在设计课件脚本时，需充分考虑自身所拥有的素材库和制作课件的能力，防止在后续的课件制作过程中出现找不到素材或技术受限的情况，从而避免不必要的时间和精力的浪费，确保最终制作出的课件能达到既定目标与效果。

（3）科学性原则。

课件脚本的结构要清晰明了，符合幼儿的认知特点，并应为后续的课件制作提供明确的指导，减少课件制作过程中的混乱和反复修改。

（4）趣味性原则。

在课件脚本的内容呈现上，应注意突出“新”“奇”“趣”，全面调动幼儿的眼、耳、口、脑等多种器官，以激发幼儿的学习兴趣，促使其主动参与到学习过程中来。

（5）规范性原则。

设计课件脚本不需要优美的语言，利用表格形式将相关内容表述清楚即可。同时，设计课件脚本时，要考虑课件整体风格的一致性，尽量采用统一的格式呈现每个页面的内容。

二、编写幼儿园多媒体课件脚本

编写幼儿园多媒体课件脚本的过程，实际上就是将设计脚本过程中的各种想法以书面形式呈现出来。幼儿园多媒体课件脚本通常分为以下两个模块。

（1）文字脚本。文字脚本是以文字为主要表述方式，对课件整体情况进行的概述，其内容主要包括课件名称、教学目标、创作平台、创作思路、课件结构图等，如表 1-1 所示。

表 1-1　文字脚本

课件名称	
教学目标	
创作平台	
创作思路	
课件结构图	

（2）卡片脚本。卡片脚本是以卡片的形式，具体说明课件中每个页面包含的多媒体元素、动画效果、人机交互方式等，如表 1-2 所示。

表 1-2　卡片脚本

页面序号		页面内容简要说明	
页面内容	（主要用于描述当前页面所要呈现的文本、图片、视频等内容。需要注意的是，在描述时应尽量采用示意图的形式）		
说明	（主要用于描述“页面内容”中无法呈现的内容及操作方法，如音频、动画效果、人机交互方式等）		

提示

需要注意的是，在编写幼儿园多媒体课件脚本时，无须将所需元素全部堆砌在“页面内容”部分，以免造成脚本内容繁多、主次不分，而应选择主要元素，以突出重点内容。

案例演示——设计“叶子的秘密”课件脚本

下面系统地设计大班科学活动课件“叶子的秘密”的脚本，如表 1-3 和表 1-4 所示。

表 1-3 “叶子的秘密”课件文字脚本

课件题目	大班科学活动“叶子的秘密”
教学目标	（1）大胆猜想并了解树叶变黄的原因 （2）通过故事情节推理，培养幼儿分析问题和逻辑推理的能力 （3）在活动中感受科学的魅力，保持积极探索科学知识的热情
创作平台	WPS 365 教育版
创作思路	课件通过创设情境，引入小老鼠和小树叶两个角色，以朋友间的烦恼为故事主线，使用音频和动画吸引幼儿的注意力，并带领幼儿深入思考小树叶变黄的原因，进而引出活动主题——植物生长与光合作用的关系
课件结构图	封面页 目录页 听一听 两个好朋友；说一说 朋友间的烦恼；想一想 帮帮小老鼠；学一学 小树叶和光 封底页

表 1-4 “叶子的秘密”课件卡片脚本

页面序号	1	页面内容简要说明	封面页
页面内容	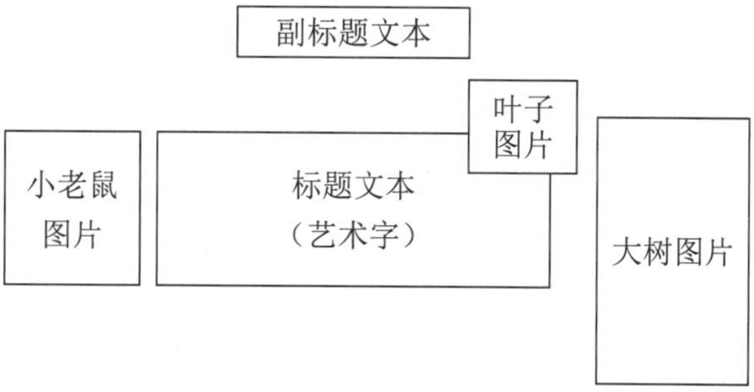 副标题文本 叶子图片 小老鼠图片 标题文本（艺术字） 大树图片		
说明	副标题文本、小老鼠图片、标题文本和叶子图片依次自动出现，其中小老鼠图片从左侧进入画面		
页面序号	2	页面内容简要说明	目录页
页面内容	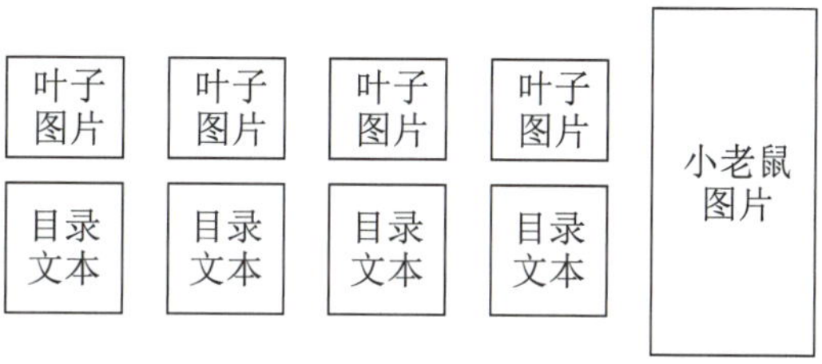 叶子图片 叶子图片 叶子图片 叶子图片 目录文本 目录文本 目录文本 目录文本 小老鼠图片		
说明	（1）从上到下、从左到右依次自动出现叶子图片和目录文本 （2）添加切换页面时的音效（风铃） （3）单击目录文本跳转到相应模块的第一张幻灯片		
页面序号	3	页面内容简要说明	“听一听”模块
页面内容	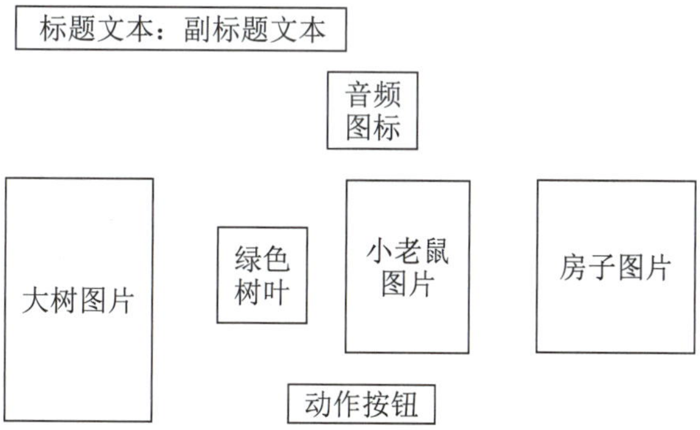 标题文本：副标题文本 音频图标 大树图片 绿色树叶 小老鼠图片 房子图片 动作按钮		
说明	（1）播放音频，绿色树叶和小老鼠图片分别从左右两侧进入画面 （2）音频内容为“小树叶和小老鼠是好朋友，但他们最近好像都遇到了一些烦恼，不过别担心，我们一起来看看发生了什么，说不定能找到解决办法呢。” （3）动作按钮包括返回上一张幻灯片、返回目录页和进入下一张幻灯片		

（续表）

<table>
<tr><td>页面序号</td><td>4</td><td>页面内容简要说明</td><td>“说一说”模块</td></tr>
<tr><td>页面内容</td><td colspan="3"> 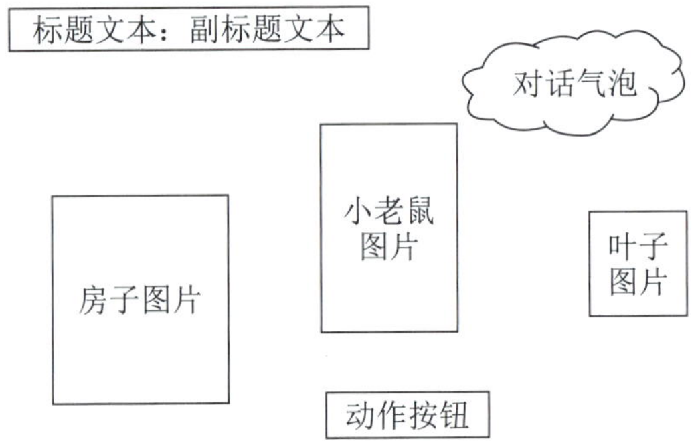标题文本：副标题文本
对话气泡
小老鼠图片
房子图片
叶子图片
动作按钮</td></tr>
<tr><td>说明</td><td colspan="3">（1）小老鼠图片从房子图片处移到画面中间并逐渐变大，然后依次出现对话气泡和叶子图片
（2）动作按钮包括返回上一张幻灯片、返回目录页和进入下一张幻灯片</td></tr>
<tr><td>页面序号</td><td>5</td><td>页面内容简要说明</td><td>“说一说”模块</td></tr>
<tr><td>页面内容</td><td colspan="3"> 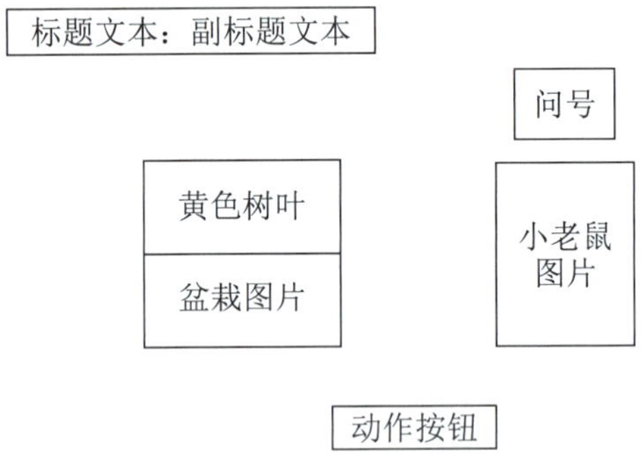标题文本：副标题文本
问号
黄色树叶
盆栽图片
小老鼠图片
动作按钮</td></tr>
<tr><td>说明</td><td colspan="3">（1）黄色树叶放置在盆栽图片上面并逐渐变大，然后小老鼠图片从右侧进入幻灯片，头上出现问号
（2）动作按钮包括返回上一张幻灯片、返回目录页和进入下一张幻灯片</td></tr>
<tr><td>页面序号</td><td>6</td><td>页面内容简要说明</td><td>“说一说”模块</td></tr>
<tr><td>页面内容</td><td colspan="3"> 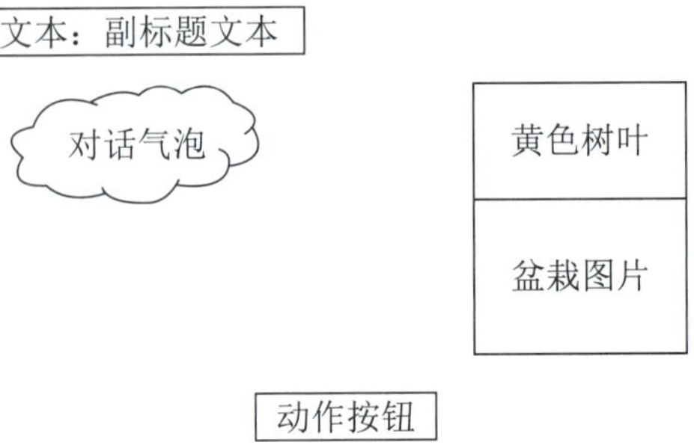标题文本：副标题文本
对话气泡
黄色树叶
盆栽图片
动作按钮</td></tr>
</table>

（续表）

说明	（1）盆栽图片上面的黄色树叶移到画面中间并逐渐变大，然后自动出现对话气泡 （2）动作按钮包括返回上一张幻灯片、返回目录页和进入下一张幻灯片		
页面序号	7	页面内容简要说明	“说一说”模块
页面内容	标题文本：副标题文本 对话气泡 小老鼠图片 盆栽图片 房子图片 动作按钮		
说明	（1）小老鼠图片和对话气泡依次自动出现 （2）小老鼠、盆栽图片和对话气泡同时消失 （3）小老鼠抱着盆栽在画面左侧同时出现，然后同时移动到房子图片处 （4）小老鼠抱着盆栽同时消失 （5）动作按钮包括返回上一张幻灯片、返回目录页和进入下一张幻灯片		
页面序号	8	页面内容简要说明	“说一说”模块
页面内容	标题文本：副标题文本 相册图片 对话气泡 黄色树叶 盆栽图片 小老鼠图片 石台图片 动作按钮		
说明	（1）小老鼠抱着盆栽从左侧进入画面 （2）盆栽图片移动到石台图片上 （3）绿色盆栽图片消失，然后黄色盆栽图片出现 （4）黄色树叶出现，并摇摆 （5）出现对话气泡 （6）动作按钮包括返回上一张幻灯片、返回目录页和进入下一张幻灯片		

（续表）

页面序号	9	页面内容简要说明	“想一想”模块
页面内容	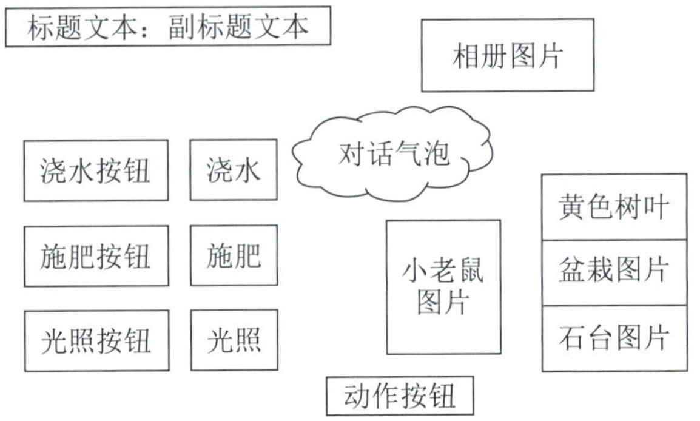 标题文本：副标题文本 相册图片 浇水按钮　浇水 施肥按钮　施肥 光照按钮　光照 对话气泡 小老鼠图片 黄色树叶 盆栽图片 石台图片 动作按钮		
说明	（1）单击“浇水”文本出现浇水按钮；单击“施肥”文本出现施肥按钮；单击“光照”文本出现光照按钮 （2）单击浇水按钮，跳转到第 10 张幻灯片 （3）单击施肥按钮，跳转到第 11 张幻灯片 （4）单击光照按钮，跳转到第 12 张幻灯片 （5）动作按钮包括返回上一张幻灯片和返回目录页		
页面序号	10	页面内容简要说明	“想一想”模块
页面内容	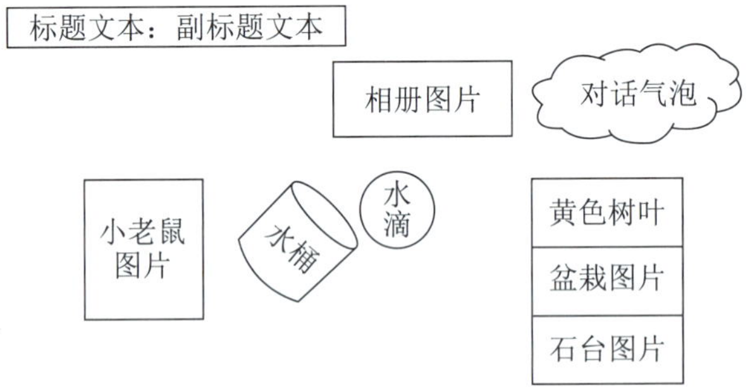 标题文本：副标题文本 相册图片 对话气泡 小老鼠图片 水桶 水滴 黄色树叶 盆栽图片 石台图片		
说明	（1）水桶摇摆，水滴出现并移动到盆栽图片处，然后消失 （2）黄色树叶变大、摇摆、流泪（泪滴图片出现），然后对话气泡出现 （3）单击对话气泡，跳转到第 9 张幻灯片		
页面序号	11	页面内容简要说明	“想一想”模块
页面内容	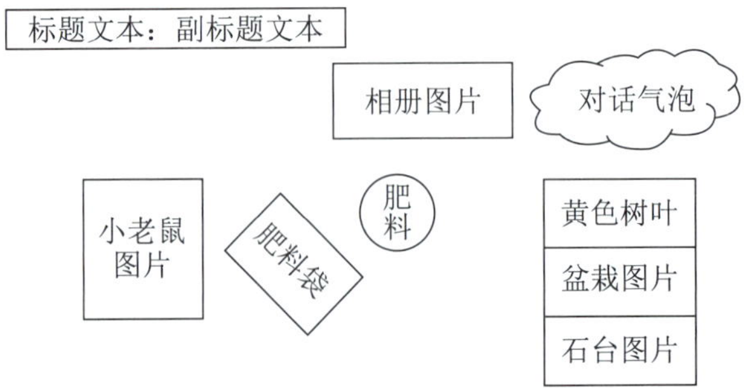 标题文本：副标题文本 相册图片 对话气泡 小老鼠图片 肥料袋 肥料 黄色树叶 盆栽图片 石台图片		

（续表）

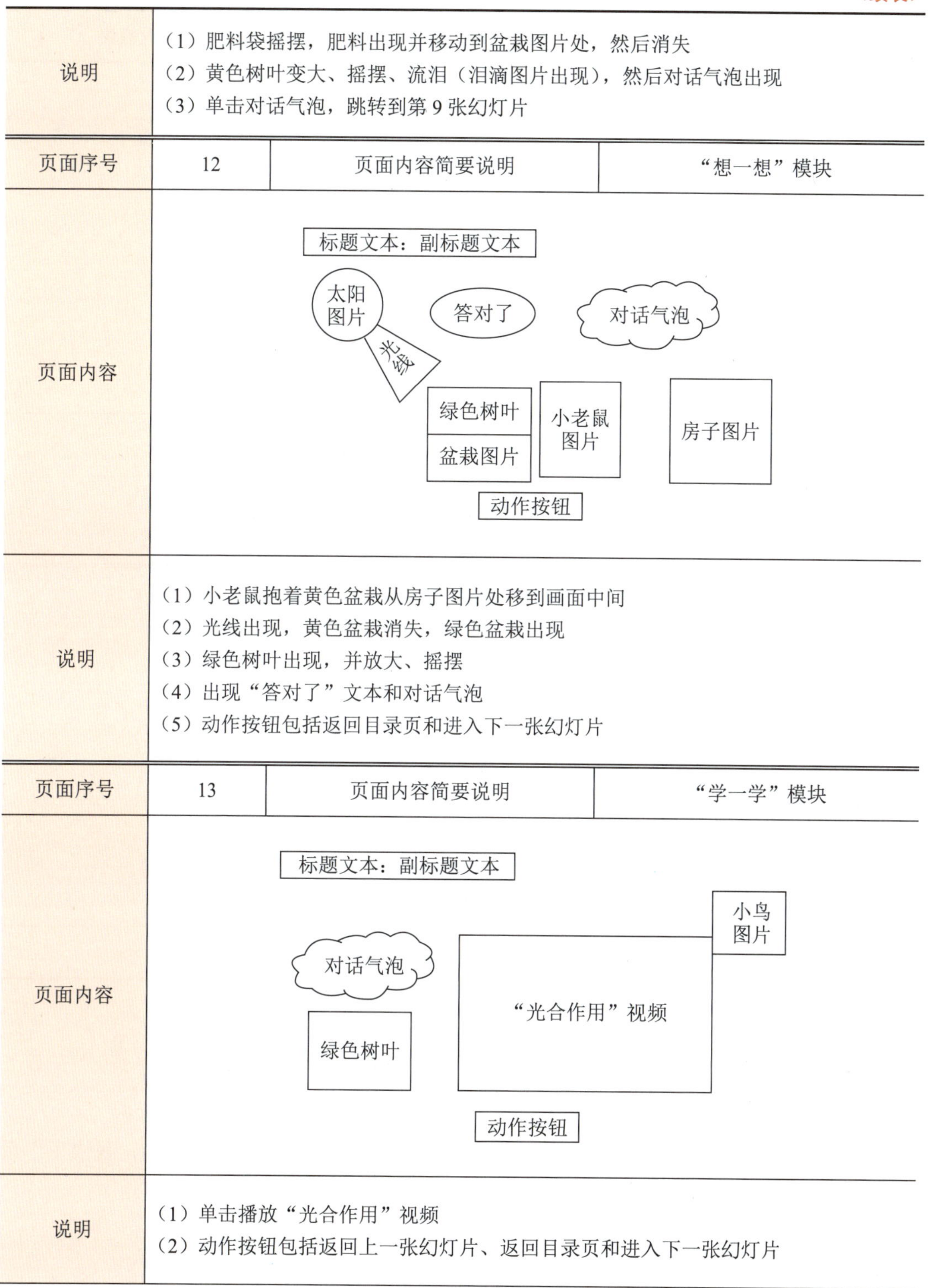

说明	（1）肥料袋摇摆，肥料出现并移动到盆栽图片处，然后消失 （2）黄色树叶变大、摇摆、流泪（泪滴图片出现），然后对话气泡出现 （3）单击对话气泡，跳转到第 9 张幻灯片		
页面序号	12	页面内容简要说明	“想一想”模块
页面内容	标题文本：副标题文本 太阳图片 光线 答对了 对话气泡 绿色树叶 盆栽图片 小老鼠图片 房子图片 动作按钮		
说明	（1）小老鼠抱着黄色盆栽从房子图片处移到画面中间 （2）光线出现，黄色盆栽消失，绿色盆栽出现 （3）绿色树叶出现，并放大、摇摆 （4）出现“答对了”文本和对话气泡 （5）动作按钮包括返回目录页和进入下一张幻灯片		
页面序号	13	页面内容简要说明	“学一学”模块
页面内容	标题文本：副标题文本 小鸟图片 对话气泡 “光合作用”视频 绿色树叶 动作按钮		
说明	（1）单击播放“光合作用”视频 （2）动作按钮包括返回上一张幻灯片、返回目录页和进入下一张幻灯片		

（续表）

页面序号	14	页面内容简要说明	“学一学”模块
页面内容	标题文本：副标题文本 对话气泡 对话气泡 绿色树叶 小老鼠图片 房子图片 动作按钮		
说明	（1）绿色树叶和小老鼠图片同时出现 （2）小老鼠和绿色树叶上方的对话气泡依次出现 （3）绿色树叶和小老鼠图片摇摆，两个对话气泡同时消失，然后音乐响起 （4）动作按钮包括返回上一张幻灯片、返回目录页和进入下一张幻灯片		
页面序号	15	页面内容简要说明	封底页
页面内容	相册图片 小老鼠图片 标题文本（艺术字） 大树图片		
说明	标题文本进入幻灯片		

举一反三——设计“我运动，我快乐”课件脚本

根据“我运动，我快乐”教学设计的分析结果，为多媒体课件“我运动，我快乐”系统设计脚本。

任务三　初识 WPS 演示

多媒体课件的制作是幼儿园教学中不可或缺的环节。而 WPS 演示作为一款功能强大且易于上手的软件，为幼儿园多媒体课件的制作提供了有力的支持。

本任务首先介绍 WPS 演示的工作界面和基本操作，然后演示新建并保存“叶子的秘密”课件的操作，最后让学生自主完成“我运动，我快乐”课件的新建和保存。

一、WPS 演示的工作界面

启动 WPS 演示并新建空白演示文稿后，即可进入其工作界面，其中包括标题栏、“文件”按钮、快速访问工具栏、功能区、“大纲 / 幻灯片”窗格、幻灯片编辑区、备注栏、状态栏等组成元素，如图 1-3 所示。

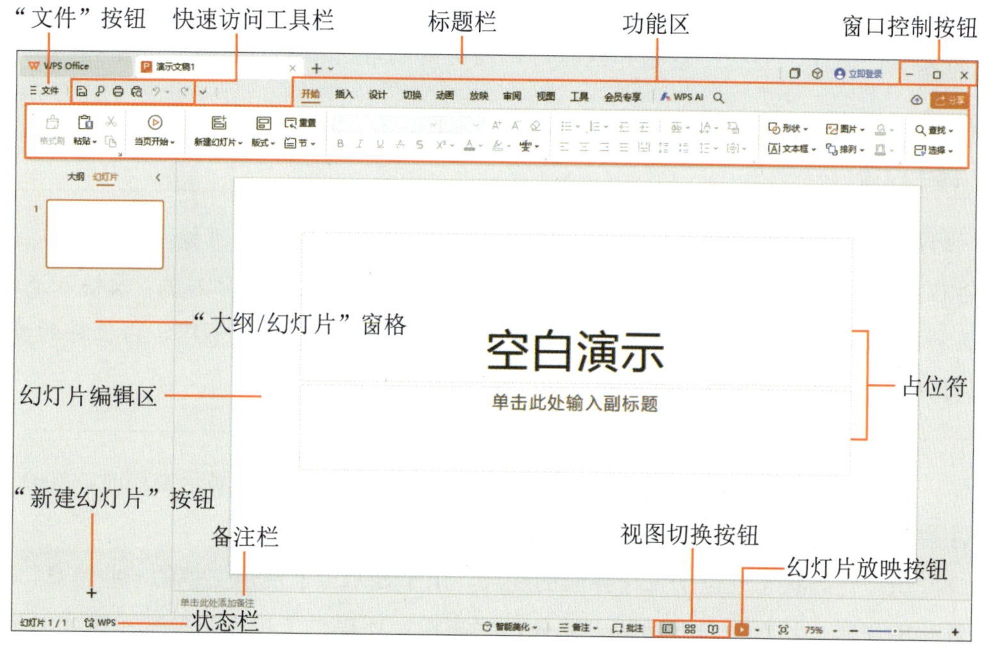

图 1-3　WPS 演示的工作界面

（1）标题栏。标题栏位于工作界面的最上方，其中显示了当前编辑的演示文稿名称和窗口控制按钮等。单击右侧的窗口控制按钮，可分别将窗口最小化、最大化（还原）和关闭。

（2）“文件”按钮。单击该按钮，在展开的列表中选择相应选项，可对演示文稿执行新建、打开、保存、输出、打包、打印、分享、加密、备份与恢复等操作。

（3）快速访问工具栏。快速访问工具栏用于放置一些在制作演示文稿时使用频率较高的命令按钮。默认情况下，该工具栏中包含了“保存”按钮、“输出为 PDF”按钮、“打印”按钮、“打印预览”按钮、“撤销”按钮和“恢复”按钮。如果要向其中添加其他命令按钮，可单击快速访问工具栏右侧的“自定义快速访问工具栏”下拉按钮，在展开的下拉列表中选择“自定义命令”选项，然后选择需要添加的命令，使其左侧显示✓标记。

（4）功能区。功能区以选项卡的方式分类放置制作演示文稿时所需的命令。单击功能区上方的选项卡标签可切换到不同的选项卡，从而使功能区显示不同的命令。在每个选项卡中，命令又被分类放置在不同的组（以竖线分隔）中。一些组的右下角有一个对话框启动器按钮，单击该按钮可打开与该组命令相关的对话框或任务窗格。

（5）“大纲 / 幻灯片”窗格。利用“大纲 / 幻灯片”窗格可以快速查看和选择演示文稿中的幻灯片，单击窗格上方的标签名称即可在这两个窗格之间切换。其中，“大纲”窗格显示所有幻灯片的文本大纲；“幻灯片”窗格则显示幻灯片的缩略图，单击某张幻灯片的缩略图可选中该幻灯片，此时可在右侧的幻灯片编辑区编辑该幻灯片内容。

（6）幻灯片编辑区。幻灯片编辑区是编辑幻灯片的主要区域，可在其中为当前幻灯片添加文本、图片、形状、音频和视频等，还可为幻灯片中的对象设置超链接或动画效果等。

高手点拨

幻灯片编辑区中带有虚线边框的编辑框称为占位符，在其中可输入标题文本（标题占位符）、副标题文本（副标题占位符）、正文文本（文本占位符），或插入表格、图表和图片（内容占位符）等对象。需要注意的是，幻灯片版式不同，占位符的类型和位置也不同。

（7）备注栏。备注栏用于为幻灯片添加一些备注信息。在放映演示文稿时，观众看不到备注栏中的信息。

（8）状态栏。状态栏位于工作界面的底部，用于显示当前演示文稿的一些信息，如当前幻灯片的序号、幻灯片总张数等。此外，状态栏中还提供了用于切换视图模式的按钮，以及用于调整视图显示比例的滑块等。

高手点拨

WPS 演示提供了普通视图、幻灯片浏览视图、备注页视图和阅读视图 4 种视图模式（在“视图”选项卡中可以看到这 4 种视图模式）。其中，普通视图是 WPS 演示默认的视图模式，主要用于制作演示文稿；在幻灯片浏览视图中，幻灯片以缩略图的形式显示，从而方便用户浏览演示文稿的整体效果；备注页视图用于显示和编辑备注内容；阅读视图以窗口的形式展示演示文稿的放映效果。

二、演示文稿的基本操作

演示文稿的基本操作包括新建、保存、打开演示文稿等。

1. 新建演示文稿

启动 WPS Office 后，首先在打开的“WPS Office”界面中单击“新建”按钮或“WPS Office”右侧的+按钮，打开“新建”界面，然后在其中选择“演示”选项，接着在打开的“新建演示文稿”界面中选择“空白演示文稿”选项，系统会自动新建一个名为“演示文稿 1”的空白演示文稿，并进入其工作界面。此时，如果需要继续新建其他空白演示文稿，可直接按“Ctrl+N”组合键。

2. 保存演示文稿

要保存演示文稿，可单击快速访问工具栏中的“保存”按钮，或按“Ctrl+S”组合键，或选择“文件”/“保存”选项。第一次保存演示文稿时，会打开“另存为”对话框，在其中输入演示文稿的名称并选择演示文稿的保存位置，然后单击“保存”按钮即可。再次保存演示文稿时，将不会打开“另存为”对话框。

如果要将演示文稿以不同的名称或在不同的位置保存，可选择“文件”/“另存为”选项，在打开的“另存为”对话框中参考保存新建演示文稿的操作进行保存。

3. 打开演示文稿

要打开演示文稿，可采用以下两种方法。

（1）找到并双击要打开的演示文稿，此时系统将自动启动 WPS Office 并打开该演示文稿。

（2）启动 WPS Office 后，在打开的“WPS Office”界面中单击“打开”按钮，或按“Ctrl+O”组合键，打开“打开文件”对话框，在对话框左侧选择演示文稿所在位置，然后选择要打开的演示文稿并单击“打开”按钮（见图 1-4），即可打开该演示文稿。

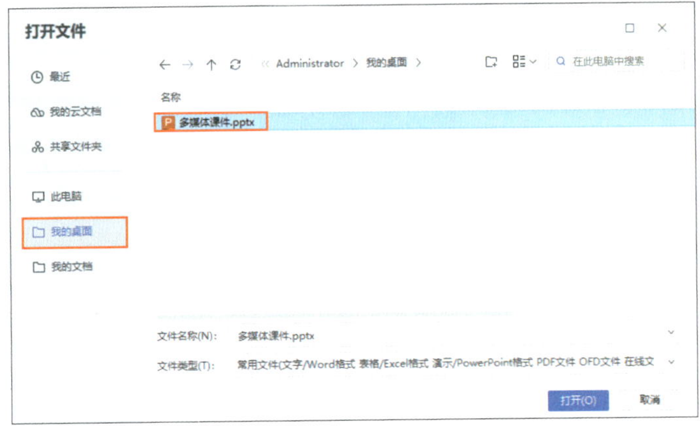

图 1-4　打开演示文稿

三、幻灯片的基本操作

演示文稿是由若干张幻灯片组成的。幻灯片的基本操作包括新建、选择、复制、移动和删除幻灯片等。

1．新建幻灯片

在“幻灯片”窗格中选择幻灯片，然后单击“开始”选项卡中的“新建幻灯片”按钮，或选择幻灯片后按“Enter”键，或选择幻灯片后按“Ctrl+M”组合键，均可在所选幻灯片的后面新建一张幻灯片。如果单击“新建幻灯片”下拉按钮，或单击“幻灯片”窗格下方的“新建幻灯片”按钮+，在展开的列表中选择相应选项，可新建相应版式的幻灯片。

2．选择幻灯片

要选择单张幻灯片，可直接在“幻灯片”窗格中单击该幻灯片；要选择连续的多张幻灯片，可在“幻灯片”窗格中单击要选择的第一张幻灯片，然后在按住“Shift”键的同时单击要选择的最后一张幻灯片；要选择不连续的多张幻灯片，可在按住“Ctrl”键的同时依次单击要选择的幻灯片；要选择演示文稿中的所有幻灯片，可在“幻灯片”窗格中按“Ctrl+A”组合键。

3．复制幻灯片

在“幻灯片”窗格中右击要复制的幻灯片，在弹出的快捷菜单中选择“复制幻灯片”选项，可在所选幻灯片的后面插入一张相同的幻灯片。此外，选择幻灯片后，按

“Ctrl+C”组合键或单击“开始”选项卡中的“复制”按钮，然后在“幻灯片”窗格中要插入复制幻灯片的位置单击，最后按“Ctrl+V”组合键或单击“开始”选项卡中的“粘贴”按钮，可将选择的幻灯片复制到所需位置。

4. 移动幻灯片

要移动幻灯片，可在“幻灯片”窗格中选择要移动的幻灯片，然后将其拖到目标位置。

5. 删除幻灯片

要删除幻灯片，可在“幻灯片”窗格中选择要删除的幻灯片，然后按“Delete”键，或右击要删除的幻灯片，在弹出的快捷菜单中选择“删除幻灯片”选项。

案例演示——新建并保存“叶子的秘密”课件

扫一扫

新建并保存“叶子的秘密”课件

步骤 1 在计算机中安装好WPS 365，然后双击桌面上的“WPS Office教育版”图标（见图1-5），启动WPS Office。

安装好WPS 365后，系统会自动在桌面上添加“WPS Office教育版”图标，双击该图标，即可快速启动软件

图1-5 “WPS Office教育版”图标

步骤 2 登录金山办公账号后，单击“新建”按钮（见图1-6），在打开的“新建”界面中选择“演示”选项，如图1-7所示。

图1-6 单击“新建”按钮

图1-7 选择“演示”选项

高手点拨

登录金山办公账号后，用户可以利用 WPS 演示提供的在线模板资源（包含商务、教育、艺术等各种风格）制作精美的演示文稿；也可以轻松访问个人云端空间，随时调取过往制作的演示文稿；还可以开启多人在线协作，实现同步编辑内容、发表评论等，极大提高工作效率。此外，还可以对重要文件进行加密保护，确保数据安全。

步骤 3 打开“新建演示文稿”界面，选择“空白演示文稿”选项，如图 1-8 所示。

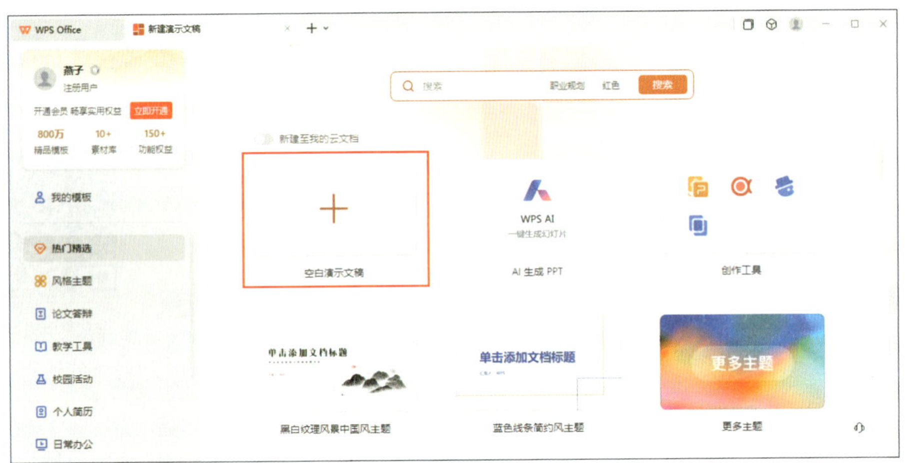

图 1-8　选择“空白演示文稿”选项

步骤 4 WPS Office 会自动新建一个空白演示文稿，其默认名称为“演示文稿 1”，如图 1-9 所示。

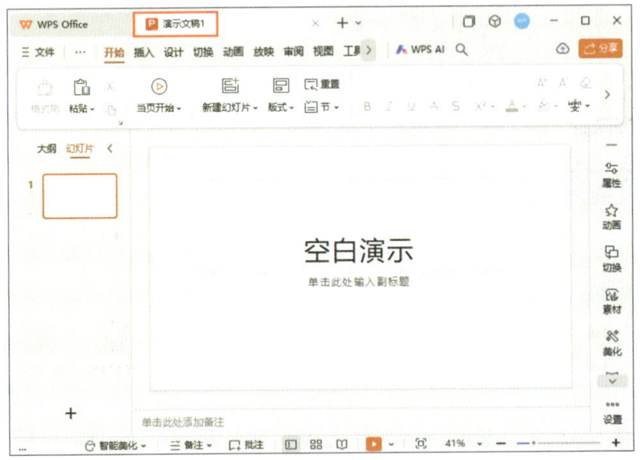

图 1-9　新建的空白演示文稿

步骤 5　在左侧“幻灯片”窗格中选择第 1 张幻灯片，然后按“Enter”键，在第 1 张幻灯片后面新建一张幻灯片。

步骤 6　使用相同的方法，在第 2 张幻灯片后面新建 13 张幻灯片。

步骤 7　单击快速访问工具栏中的“保存”按钮，在打开的“另存为”对话框中选择演示文稿的保存位置，并在“文件名称”编辑框中输入“叶子的秘密”，最后单击“保存”按钮。

举一反三——新建并保存“我运动，我快乐”课件

新建并保存名称为“我运动，我快乐”的演示文稿，要求幻灯片数量与脚本一致。

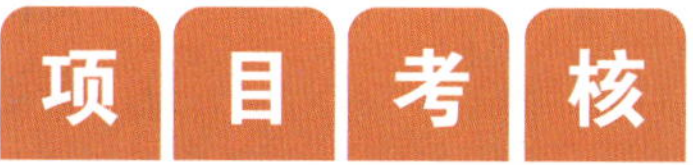

1. 选择题

（1）下列关于多媒体课件作用的说法，错误的是（　　）。

A. 多媒体课件可以利用多种媒体元素将复杂、抽象的知识以直观、形象的形式呈现出来

B. 多媒体课件凭借其丰富的视觉和听觉元素、生动的动画和交互设计等，能够有效吸引学生的注意力，激发学生的学习兴趣

C. 多媒体课件会降低教学效率，因为制作课件需要花费大量时间，且在教学过程中可能出现技术问题

D. 多媒体课件可以快速呈现大量教学内容，大大节省了教师板书的时间，使教学时间更加充足

（2）下列关于 WPS 演示的说法，错误的是（　　）。

A. WPS 演示是金山公司研发的 WPS Office 套件中的一个组件

B. WPS 演示界面复杂，操作难度高

C. WPS 演示有多种主题模板，可满足不同教学场景

D. WPS 演示支持插入多种媒体元素

（3）当需要通过互动和实践来帮助学生巩固所学知识和技能时，最适合使用（　　）多媒体课件。

A. 演示型　　B. 练习型　　C. 模拟型　　D. 游戏型

（4）（　　）多媒体课件在内容上以简单的图示、故事、儿歌等为主，并通过动画、视频等多种形式进行呈现。

A．幼儿园　　B．小学

C．中学　　D．大学

（5）编写课件脚本时，文字脚本中不包括（　　）。

A．课件名称　　B．创作思路

C．课件结构图　　D．页面内容

（6）在 WPS 演示中，幻灯片编辑区中带有虚线边框的编辑框称为（　　）。

A．占位符　　B．文本框

C．图片边界　　D．表格边界

（7）在 WPS 演示中，默认的视图模式是（　　）。

A．幻灯片浏览视图　　B．备注页视图

C．阅读视图　　D．普通视图

2．填空题

（1）根据表现形式的不同，多媒体课件可划分为________、________、________、________、操作演练型多媒体课件、资料工具型多媒体课件、协作交流型多媒体课件和问题解决型多媒体课件等。

（2）幼儿园多媒体课件的制作原则包括________、________、________和________。

（3）幼儿园多媒体课件的制作流程大多会遵循________、________、________、制作课件和调试完善的顺序。

（4）幼儿园多媒体课件脚本通常分为________和________两个模块。

项目评价

请学生结合本项目的学习情况，对学习成果进行自评和互评（组内成员相互评分），请指导教师进行师评和总评，并将评价结果填入表 1-5 中。

表 1-5　学习成果评价表

<table>
<tr><th rowspan="2">评价项目</th><th rowspan="2">评价内容</th><th rowspan="2">分值</th><th colspan="3">评价分数</th></tr>
<tr><th>自评</th><th>互评</th><th>师评</th></tr>
<tr><td rowspan="4">知识（50%）</td><td>多媒体课件的概念、作用、制作软件和分类</td><td>10 分</td><td></td><td></td><td></td></tr>
<tr><td>幼儿园多媒体课件的特点、制作原则和制作流程</td><td>15 分</td><td></td><td></td><td></td></tr>
<tr><td>幼儿园多媒体课件脚本的设计原则</td><td>12 分</td><td></td><td></td><td></td></tr>
<tr><td>WPS 演示中演示文稿和幻灯片的基本操作</td><td>13 分</td><td></td><td></td><td></td></tr>
<tr><td rowspan="3">能力（30%）</td><td>能够合理分析教学设计，为后续设计与制作幼儿园多媒体课件打好基础</td><td>10 分</td><td></td><td></td><td></td></tr>
<tr><td>能够根据实际需要设计与编写幼儿园多媒体课件脚本</td><td>10 分</td><td></td><td></td><td></td></tr>
<tr><td>能够新建并保存演示文稿</td><td>10 分</td><td></td><td></td><td></td></tr>
<tr><td rowspan="4">素养（20%）</td><td>文明礼貌，遵守课堂纪律</td><td>5 分</td><td></td><td></td><td></td></tr>
<tr><td>认真负责，按时完成学习与实践任务</td><td>5 分</td><td></td><td></td><td></td></tr>
<tr><td>互帮互助，具有团队精神</td><td>5 分</td><td></td><td></td><td></td></tr>
<tr><td>激发创新热情，培养创新精神</td><td>5 分</td><td></td><td></td><td></td></tr>
<tr><td colspan="2">合计</td><td>100 分</td><td></td><td></td><td></td></tr>
<tr><td rowspan="2">总评</td><td>综合分数：__________</td><td colspan="4" rowspan="2">指导教师签字：__________</td></tr>
<tr><td>综合等级：__________</td></tr>
</table>

注：综合分数可按照“自评（25%）+ 互评（25%）+ 师评（50%）”进行计算；综合等级可以“优”（90 分≤综合分数≤100 分）、“良”（80 分≤综合分数＜90 分）、“中”（60 分≤综合分数＜80 分）、“差”（综合分数＜60 分）为标准进行评价。

项目二 幼儿园多媒体课件的界面设计

本章导读

界面设计是影响幼儿园多媒体课件质量的一个重要因素，一个精心设计的界面不仅能吸引幼儿的注意力，还能激发幼儿的学习兴趣。

本项目介绍幼儿园多媒体课件界面设计的原则、主要元素、主要内容、常见问题及其解决方法，以及在幼儿园多媒体课件中使用幻灯片主题、版式与母版的方法。

学习目标

知识目标

- 熟悉幼儿园多媒体课件界面设计的原则、主要元素、主要内容、常见问题及其解决方法。
- 掌握在 WPS 演示中设置幻灯片主题与母版，以及更改幻灯片版式的方法。

能力目标

- 能够根据实际需求设计幼儿园多媒体课件界面。
- 能够使用幻灯片主题与母版统一幼儿园多媒体课件的风格。

素质目标

- 培养想象力和创造力。
- 培养对美的感知和欣赏能力。

任务一　设计幼儿园多媒体课件界面

任务描述

幼儿园多媒体课件的界面不仅影响课件的美观度，还直接影响课件的教学效果。一个优秀的幼儿园多媒体课件，其界面一定是美观、合理的，且是符合教学需要的。

本任务首先介绍设计幼儿园多媒体课件界面的基础知识，然后赏析优秀幼儿园多媒体课件“多吃蔬菜身体棒”界面，最后让学生自主完成优秀幼儿园多媒体课件“有趣的颜色”界面的赏析。

知识探究

一、幼儿园多媒体课件界面设计的原则

幼儿园多媒体课件界面设计的原则包括趣味性原则、一致性原则、简洁性原则、留白原则、主题突出原则和少字化原则。

（1）趣味性原则。在设计幼儿园多媒体课件界面时，应融入一些幼儿喜爱的元素，如鲜艳的颜色，有趣的图形、图片（见图 2-1）等，吸引幼儿的注意力，激发幼儿主动探索与学习的兴趣。

图 2-1　趣味性原则示例

（2）一致性原则。幼儿园多媒体课件所有界面中各元素的位置、形式等应保持一致，以增强课件的整体协调性和专业性。例如，同一级别文本的字体、字号、字体颜色应保持一致（除需要重点强调的外）；对于功能相同的交互元素（如要实现超链接的按钮），在外观和格式上应保持一致。

（3）简洁性原则。在设计幼儿园多媒体课件界面时，尽量减少不必要的元素，以免分散幼儿的注意力，影响教学效果。例如，在输入标题和说明文本等时，尽量使用简单的文本和短句描述；在制作图标和按钮等时，尽量使用简洁、直观的图形或图片展现。

（4）留白原则。留白是在遵循简洁性原则的前提下，在界面中适当留出空白区域，以达到内容分布均匀、条理清晰、重点突出的效果。

（5）主题突出原则。在设计幼儿园多媒体课件主界面时，应突出主题，使幼儿能够通过界面中的文本、图片或其他元素猜测出活动的主题，如图 2-2 所示。

图 2-2　主题突出原则示例

（6）少字化原则。在设计幼儿园多媒体课件界面时，应尽可能少地出现文本，尽量采用图片、音频、视频、动画等直观元素传达信息，使教学内容更加易于幼儿理解和接受，如图 2-3 所示。

图 2-3　少字化原则示例

二、幼儿园多媒体课件界面设计的主要元素

设计幼儿园多媒体课件界面，实际上是设计文本、图片和图形 3 大元素在页面中的布局和呈现效果。

（1）文本。文本是多媒体课件中的重要元素，但由于幼儿的识字量有限，在幼儿园多媒体课件中应尽量少出现文本。

（2）图片。在幼儿园多媒体课件中，图片除可以作为教学内容外，还经常用于美化课件界面。在制作幼儿园多媒体课件时，应采用富有趣味的高清图片呈现教学内容，如卡通人物、动物、自然景观等，以激发幼儿的学习兴趣和想象力。

（3）图形。在幼儿园多媒体课件中，合理使用图形不仅能使内容条理清晰、层次分明、重点突出，还能优化界面空间，如图 2-4 所示。需要注意的是，在幼儿园多媒体课件中使用图形时，图形风格应与课件的整体风格保持一致。

图 2-4　图形在幼儿园多媒体课件中的应用

提 示

幼儿园多媒体课件界面设计的元素还包括视频，它与图片类似，在吸引幼儿注意力和增强内容表现力方面起着重要作用。在幼儿园多媒体课件中，视频虽然播放时呈现动态效果，但它是以一个静态预览图（视频封面帧或指定帧）的形式呈现的，该预览图在本质上可以视为一种特殊的图片。

三、幼儿园多媒体课件界面设计的主要内容

幼儿园多媒体课件界面设计主要涉及整体风格、主题颜色、结构布局、封面和封底的设计，以优化文本、图片和图形等元素的呈现。

1. 整体风格

每个幼儿园多媒体课件都具有独特的风格，这些风格主要由课程特色、教学内容等要素决定。因此，在确定幼儿园多媒体课件的整体风格时，须从幼儿的年龄特点、学习内容等方面考虑，这样才能提升幼儿园多媒体课件的质量。

图 2-5 和图 2-6 分别为幼儿园大班科学活动多媒体课件“有趣的十二生肖”和幼儿园中班语言活动多媒体课件“收获的季节”部分界面效果。这两个多媒体课件的整体风格分别为活泼卡通风格和暖色自然风格，符合幼儿的年龄特点和学习内容。从这两个幼儿园多媒体课件可看出，针对不同年龄段幼儿、不同活动领域等制作的幼儿园多媒体课件各有特色。

图 2-5　幼儿园大班科学活动多媒体课件部分界面效果

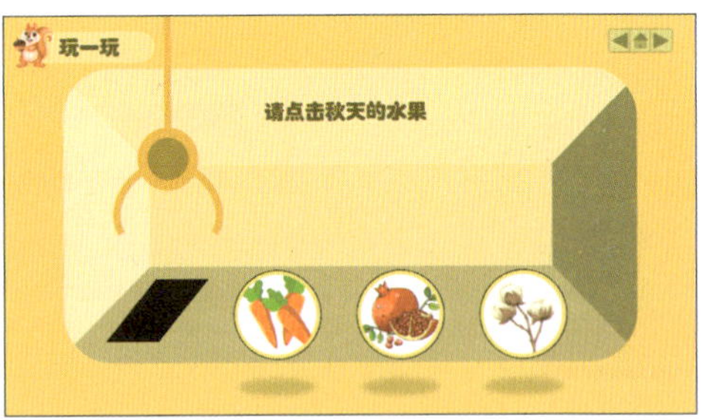

图 2-6　幼儿园中班语言活动多媒体课件部分界面效果

2. 主题颜色

主题颜色是指幼儿园多媒体课件运用的主色调。在幼儿园多媒体课件中应用主题颜色时应注意如下几点。

（1）界面整体色调的风格应统一，便于幼儿识别和记忆。

（2）界面中的颜色种类不宜过多，避免造成幼儿视觉混淆。

（3）不选择过于刺眼的颜色，避免刺激幼儿的眼睛。

知识库

色调是指整体画面所呈现的色彩倾向。常见的色调包括冷暖色调、明暗色调等。在幼儿园多媒体课件中使用温暖、明亮的色调可以增强课件的吸引力，激发幼儿的学习兴趣。以色调为基础的颜色搭配可以分为同类色搭配、近似色搭配和对比色搭配。

（1）同类色搭配。同类色搭配是指将色相性质相同，但色调深浅不一的颜色搭配在一起，如将深蓝色与浅蓝色、红色与橙红色搭配。同类色搭配方式能够营造出一种和谐、统一的视觉效果，但由于色彩差异较小，容易产生平淡、单调的感觉。

（2）近似色搭配。近似色搭配是指将色相环中相邻的颜色搭配在一起，如将红色与橙色、黄色与绿色搭配。近似色搭配方式在保持整体和谐的同时，能够引入一些变化，增加界面的多样性。

（3）对比色搭配。对比色搭配是指将色相环中相隔较远的颜色搭配在一起，如将红色与蓝色、橙色与绿色搭配。对比色搭配方式能够营造出强烈的视觉效果，易于突出主体。

3．结构布局

在设计幼儿园多媒体课件界面时，结构布局非常关键，它涉及对课件中的文本、图片和图形等元素的全面规划与安排，确保各元素都能清晰地展示其重要性，并且整体上遵循视觉传达的原则。在进行结构布局时，可以采用三分法构图技巧。

三分法构图是利用井字线将界面划分为 9 个大小相等的矩形区域，井字线的交叉点为界面的视觉中心，是易于吸引幼儿视线的位置。因此，在对幼儿园多媒体课件界面进行结构布局时，可将课件的重要信息置于井字线的交叉点或井字线边缘（见图 2-7），以增强视觉吸引力和教学效果。

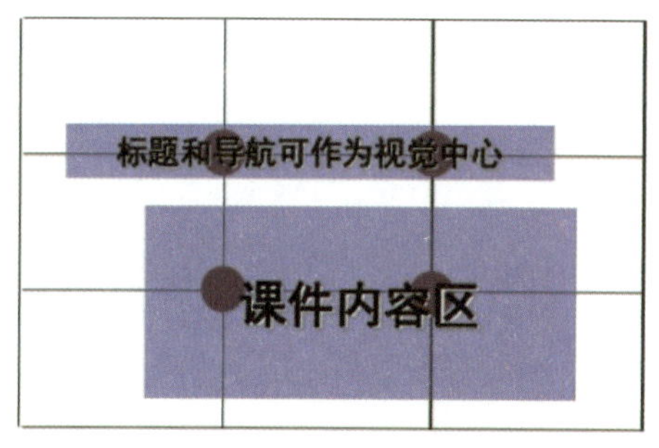

图 2-7　三分法构图

4．封面和封底

封面是指幼儿园多媒体课件的第一页，主要用于添加课件的名称和制作人等信息。设计幼儿园多媒体课件封面时应遵循简洁明了、主题突出、形式活泼等原则。

封底是指幼儿园多媒体课件的最后一页，主要用于添加结束语和感谢语等信息。设计幼儿园多媒体课件封底时遵循的原则与设计幼儿园多媒体课件封面时遵循的原则基本相同。图 2-8 为幼儿园多媒体课件的封面和封底效果。

图 2-8　幼儿园多媒体课件的封面和封底效果

四、幼儿园多媒体课件界面设计常见问题及其解决方法

幼儿园多媒体课件界面设计常见问题有界面风格不统一、色彩搭配不当等，这些问题都有相应的解决方法。

1. 界面风格不统一

界面风格不统一是设计幼儿园多媒体课件界面时的常见问题，主要表现在两个方面：一是不同界面的风格不统一，如各界面中的背景图片、文本样式等差异较大；二是同一界面中各元素风格不统一，如同一界面中各按钮的风格不统一。

解决界面风格不统一的方法是，确保各界面的背景图片、文本样式等的风格统一；确保同一界面中各元素的风格统一。

2. 色彩搭配不当

如果幼儿园多媒体课件界面设计者对色彩知识缺乏深入了解，则可能导致课件界面的色彩搭配出现问题，如课件的主色调与课件主题不符。

解决色彩搭配不当的方法是，在设计幼儿园多媒体课件界面时先选择一个与课件主题相符的主色调，然后尽量使用与主色调接近的颜色。

案例演示 ——优秀幼儿园多媒体课件“多吃蔬菜身体棒”界面赏析

幼儿园多媒体课件界面设计的优秀与否并没有统一的评判标准，只要在整体上遵循趣味性、一致性、简洁性、留白、主题突出和少字化等原则即可。下面赏析优秀幼儿园多媒体课件“多吃蔬菜身体棒”界面。

图 2-9 为幼儿园中班健康活动多媒体课件“多吃蔬菜身体棒”的封面页、目录页和部分内容页效果。可以看出，该课件的界面严格遵循了幼儿园多媒体课件界面设计的趣味性、一致性、简洁性、留白、主题突出和少字化原则。在视觉呈现上，该课件界面中的文本、图片和图形齐全，结构布局合理，风格和色调与课件主题相符，并营造出一种清新的气息和健康向上的氛围。综上所述，从界面设计角度来说，“多吃蔬菜身体棒”是一个优秀的幼儿园多媒体课件。

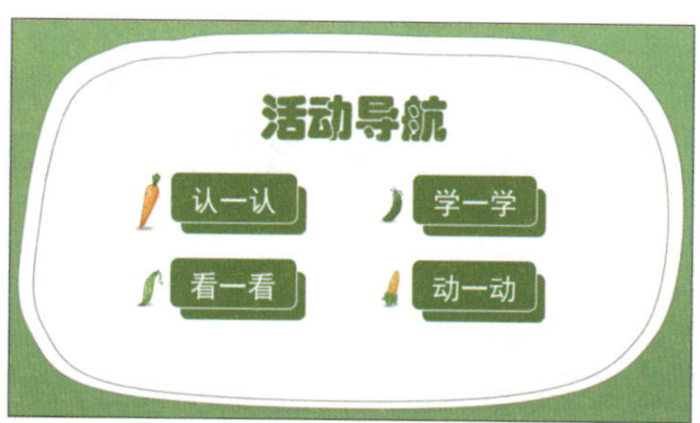

图 2-9　幼儿园中班健康活动多媒体课件“多吃蔬菜身体棒”的封面页、目录页和部分内容页效果

举一反三——优秀幼儿园多媒体课件“有趣的颜色”界面赏析

图 2-10 为幼儿园大班艺术活动多媒体课件“有趣的颜色”的封面页和部分内容页效果，从幼儿园多媒体课件界面设计的原则、主要元素和主要内容 3 个方面对界面进行赏析。

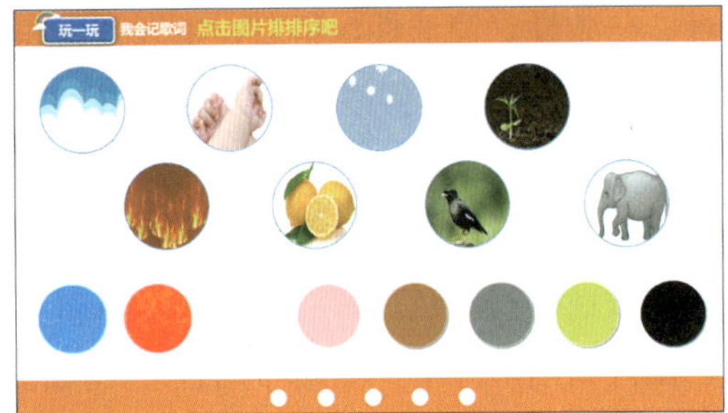

图 2-10　幼儿园大班艺术活动多媒体课件“有趣的颜色”的封面页和部分内容页效果

任务二　使用幻灯片主题、版式与母版

任务描述

WPS 演示提供了许多实用的功能帮助用户制作幼儿园多媒体课件。例如，可以使用主题统一设置幼儿园多媒体课件的风格；使用版式布局幼儿园多媒体课件的界面；使用母版统一设置幼儿园多媒体课件的外观等。

本任务首先介绍在 WPS 演示中使用幻灯片主题、版式与母版的方法，然后演示为“叶子的秘密”课件设置母版的操作，最后让学生自主完成“我运动，我快乐”课件母版的设置。

知识探究

一、使用幻灯片主题

幻灯片主题是指一组预定义的设计元素，包括颜色、字体、背景样式等，用于统一整个演示文稿的风格。

要设置幻灯片主题，可在“设计”选项卡中单击按钮，在展开的列表中选择所需主题，或单击“更多主题”按钮，打开“主题方案”窗口，在“推荐方案”列表中显示了各种风格的主题，用户可根据需要选择。在“推荐方案”列表的“颜色”下拉列表中可选择主题的颜色；在“字体”下拉列表中可选择主题的字体；在“付费类型”下拉列表中可选择付费主题或免费主题，如图 2-11 所示。

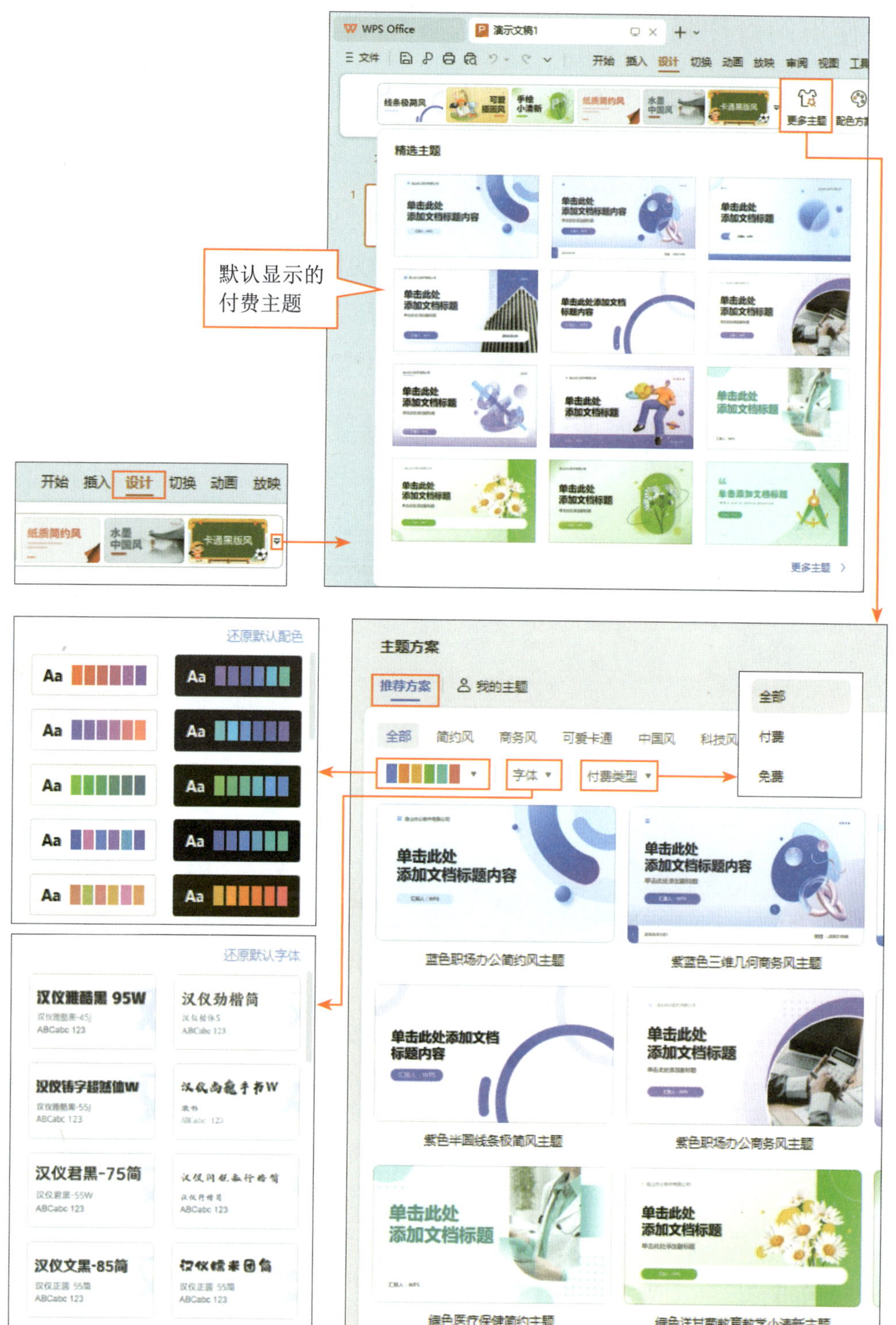

图 2-11　WPS 演示的主题

二、使用幻灯片版式

幻灯片版式主要通过占位符规划幻灯片中各元素的布局，用户只需选择一种符合要求的版式，在其规划好的占位符中输入文本或插入对象，即可快速制作出符合要求的幻灯片。

要更改幻灯片版式，可在“幻灯片”窗格中选择要更改版式的幻灯片，在“开始”选项卡中单击“版式”下拉按钮，在展开的下拉列表（见图 2-12）中选择所需版式。

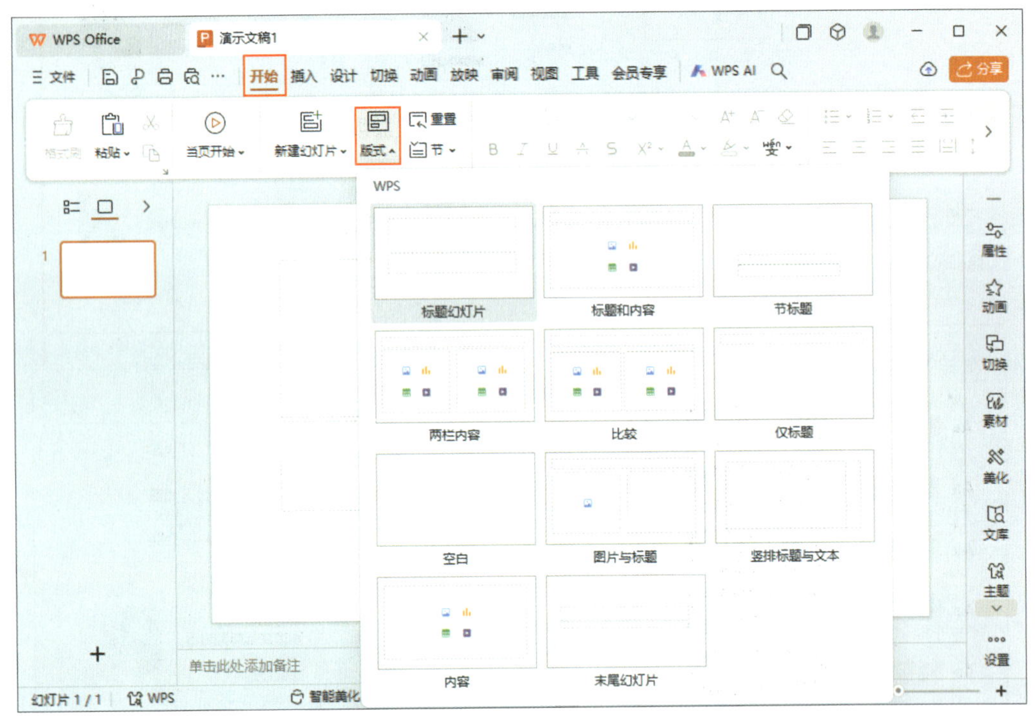

图 2-12 “版式”下拉列表

三、使用幻灯片母版

幻灯片母版用于存储有关演示文稿主题和幻灯片版式的信息，包括背景、颜色、字体、占位符大小和位置等。由于幻灯片母版影响整个演示文稿的外观，因此经常利用它统一设置演示文稿中所有幻灯片或指定版式幻灯片的外观。

要设置幻灯片母版，可在“视图”选项卡中单击“幻灯片母版”按钮，进入幻灯片母版视图（见图 2-13），此时功能区自动显示“幻灯片母版”选项卡，在左侧窗格中选择要设置的母版，在右侧编辑区设置母版。

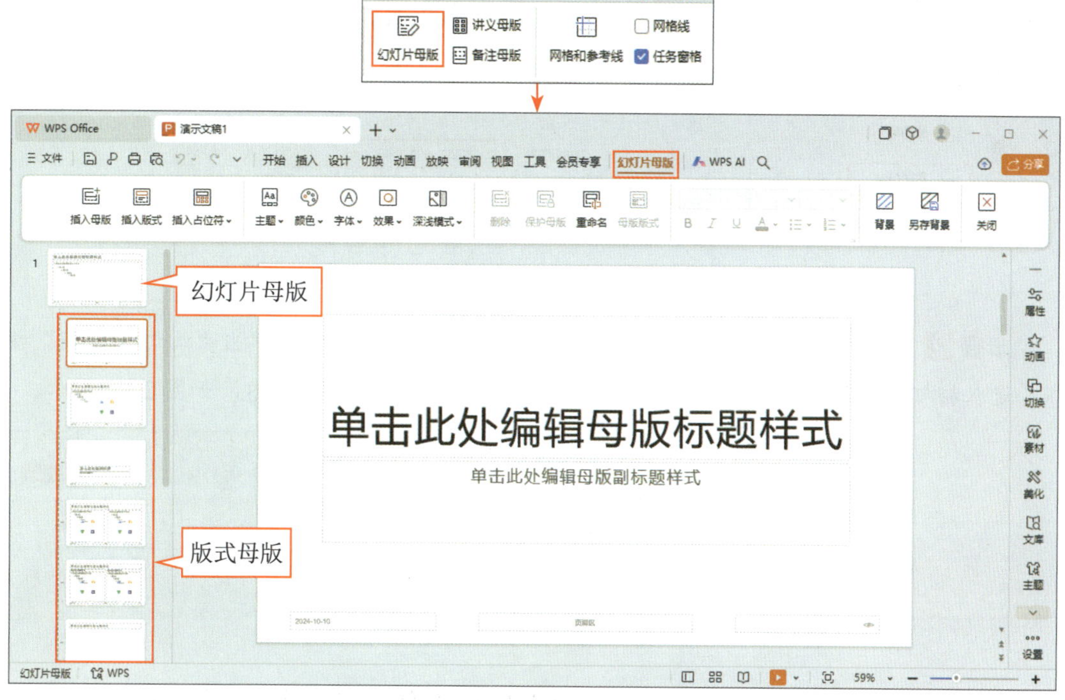

图 2-13　幻灯片母版视图

WPS 演示默认提供了一个幻灯片母版（WPS 母版），它包含 11 个版式母版。幻灯片母版用于设计整体风格，在其中进行的设置会应用于当前演示文稿的所有幻灯片；版式母版用于设计各个版式的风格，在其中进行的设置会应用于使用了当前演示文稿对应版式的幻灯片。将鼠标指针移到母版上方，会显示母版的名称及其应用于演示文稿的幻灯片。母版设置完成后，在“幻灯片母版”选项卡中单击“关闭”按钮，可退出幻灯片母版视图。

案例演示——为“叶子的秘密”课件设置母版

本案例演示通过为“叶子的秘密”课件设置封面页和封底页、内容页、目录页版式母版，练习选择和编辑母版，以及重命名版式的操作。

步骤 1　打开本书配套素材“素材与实例”/“项目二”/“任务二”/“叶子的秘密”/“叶子的秘密”课件，单击“文件”按钮，在展开的列表中选择“另存为”选项，打开“另存为”对话框，选择课件的保存位置，输入课件的名称“叶子的秘密（设置母版）”，单击“保存”按钮（见图 2-14），将课件另存。

扫一扫

为“叶子的秘密”课件设置母版

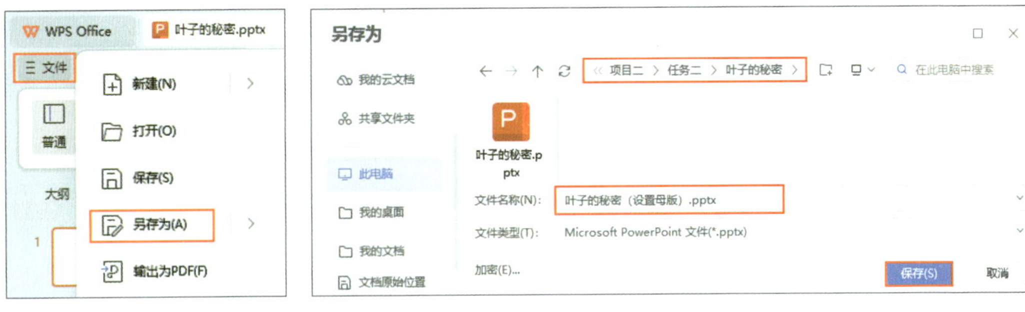

图 2-14　另存课件

步骤 2　设置封面页和封底页版式母版。在“视图”选项卡中单击“幻灯片母版”按钮，进入幻灯片母版视图，此时功能区自动显示“幻灯片母版”选项卡，如图 2-15 所示。

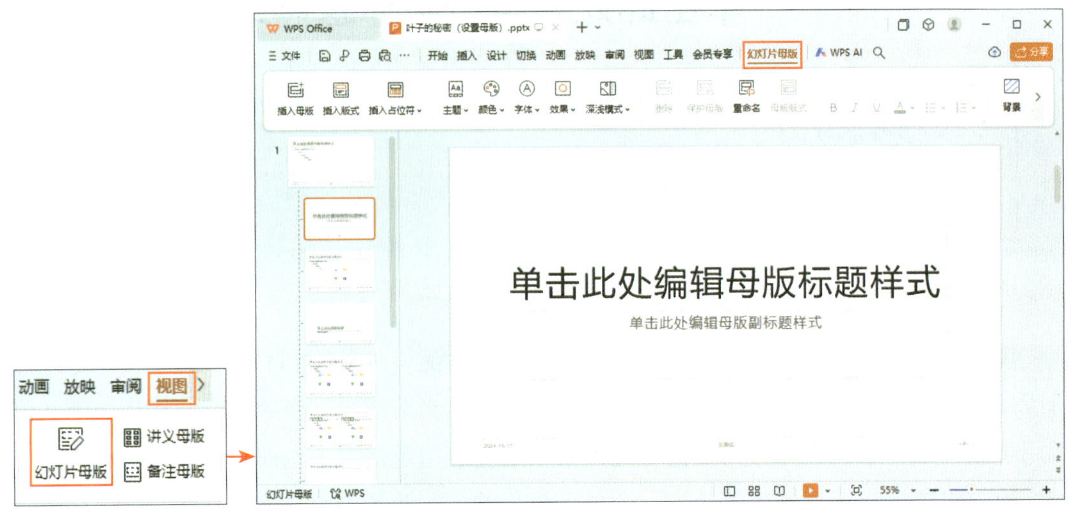

图 2-15　进入幻灯片母版视图

步骤 3　在左侧窗格中保持“标题幻灯片 版式”选项的选中状态，在“幻灯片母版”选项卡中单击“背景”按钮，打开“对象属性”任务窗格，在“填充”选项的“填充”设置区保持“纯色填充”单选钮的选中状态，单击“颜色”下拉按钮，在展开的下拉列表中选择“灰色 -25%, 背景 2”选项（见图 2-16），将所选颜色作为“标题幻灯片 版式”母版的背景颜色。

提 示

如果单击“对象属性”任务窗格中的“全部应用”按钮，可以将为当前母版设置的背景颜色应用于演示文稿中的所有幻灯片，否则只应用于使用当前母版的幻灯片。

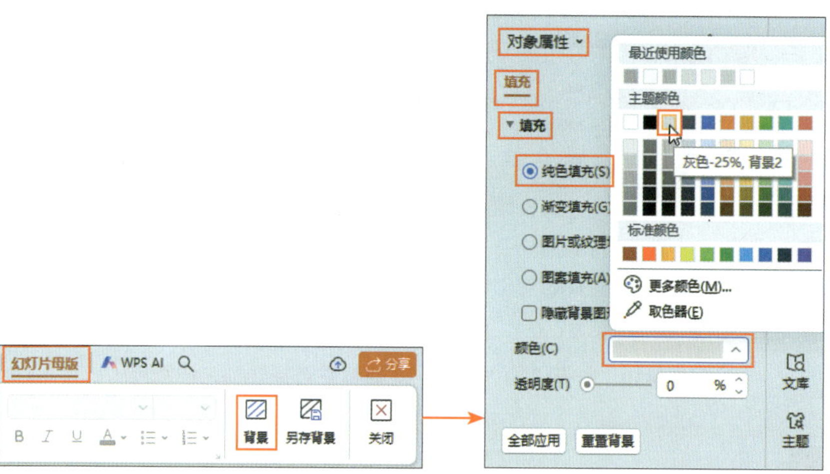

图 2-16 选择背景颜色

步骤 4 在“标题幻灯片 版式”母版中选择副标题占位符（见图 2-17），按“Delete”键将其删除。

步骤 5 在“标题幻灯片 版式”母版中选择标题占位符，在“绘图工具”选项卡中设置其高度为 6 厘米、宽度为 18 厘米，并将其移到幻灯片下方的合适位置，然后单击“对齐”下拉按钮，在展开的下拉列表中选择“水平居中”选项（见图 2-18），将标题占位符相对于幻灯片水平居中对齐。

图 2-17 选择副标题占位符

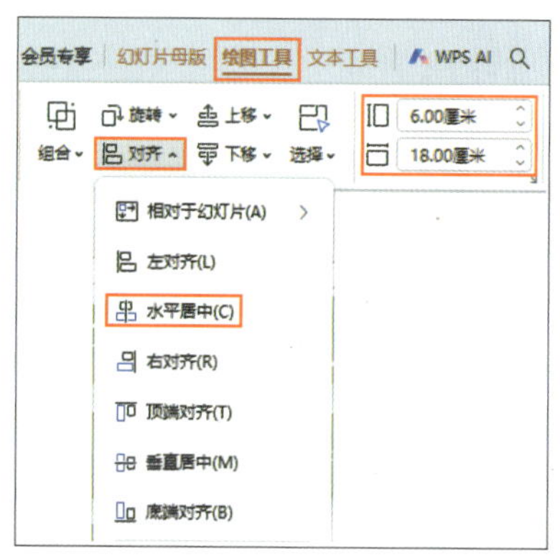

图 2-18 设置标题占位符的大小和对齐方式

步骤 6 在“插入”选项卡中单击“图片”下拉按钮，在展开的下拉列表中选择“本地图片”选项，打开“插入图片”对话框，选择本书配套素材“素材与实例”/“项目二”/“任务二”/“叶子的秘密”/“修饰”图片（见图 2-19），单击“打开”按钮，将所选图片插入母版中，此时功能区自动显示“图片工具”选项卡。

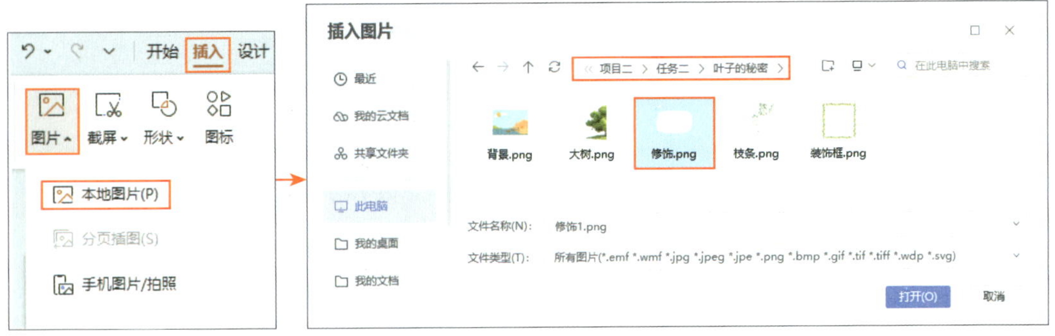

图 2-19　打开“插入图片”对话框并选择要插入的图片

提　示

为“叶子的秘密”课件设置母版使用的素材均在本书配套素材“素材与实例”/“项目二”/“任务二”/“叶子的秘密”文件夹中。

步骤 7　保持“修饰”图片的选中状态，在“图片工具”选项卡中设置图片的高度为 17.3 厘米，并将图片相对于幻灯片水平且垂直居中对齐；单击“下移”下拉按钮⌄，在展开的下拉列表中选择“置于底层”选项，将图片置于底层，如图 2-20 所示。

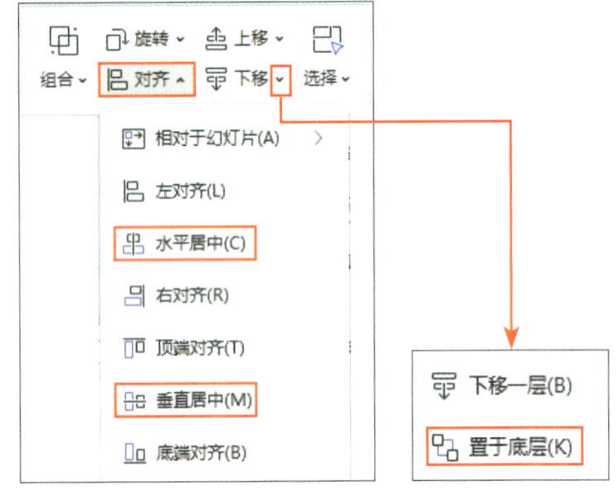

图 2-20　设置图片的高度、对齐方式和叠放次序

步骤 8　再次打开“插入图片”对话框，配合“Ctrl”键选择素材图片“大树”“枝条”，单击“打开”按钮，然后单击图片外的任意位置，取消图片的选中状态。

步骤 9　选择“枝条”图片，在“对象属性”任务窗格“大小与属性”选项的“大小”设置区取消勾选“锁定纵横比”复选框，并设置图片的高度为 8.2 厘米、宽度为 5.2 厘米、旋转角度为 270°，如图 2-21 所示。

步骤 10 保持“枝条”图片的选中状态，在“对象属性”任务窗格“大小与属性”选项的“位置”设置区设置图片相对于幻灯片左上角沿水平方向的距离为 2.3 厘米、沿垂直方向的距离为 -0.7 厘米，如图 2-22 所示。

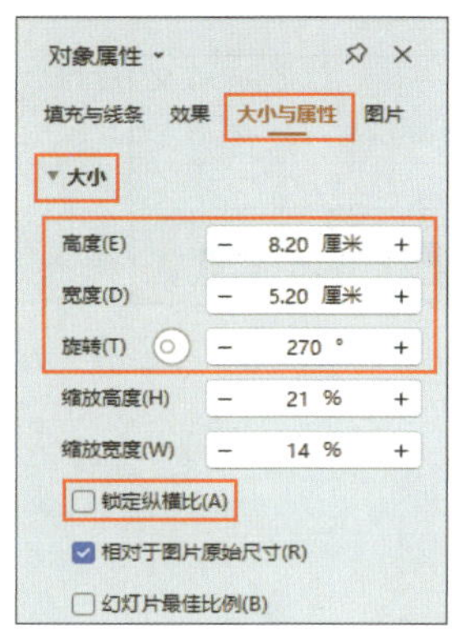

图 2-21 设置图片的大小和旋转角度

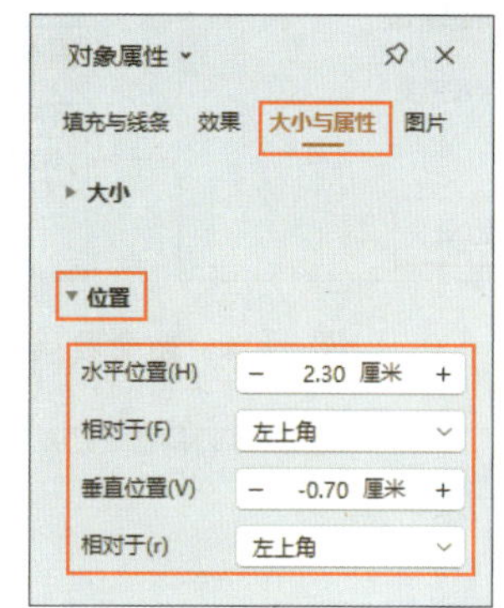

图 2-22 设置图片的位置

步骤 11 选择“大树”图片，在“图片工具”选项卡的“对齐”下拉列表中分别选择“右对齐”选项和“底端对齐”选项，将图片相对于幻灯片右侧和底端对齐。

步骤 12 保持“大树”图片的选中状态，在“图片工具”选项卡中单击“设置透明色”按钮，在“大树”图片的白色区域单击，将图片的背景颜色设置为透明，如图 2-23 所示。

图 2-23 设置图片的背景颜色

步骤 13 在左侧窗格中右击“标题幻灯片 版式”选项，在弹出的快捷菜单中选择“重命名版式”选项，打开“重命名”对话框，在“名称”编辑框中输入文本“封面页和封底页”，单击“重命名”按钮，如图 2-24 所示。至此，封面页和封底页版式母版设置完毕，如图 2-25 所示。

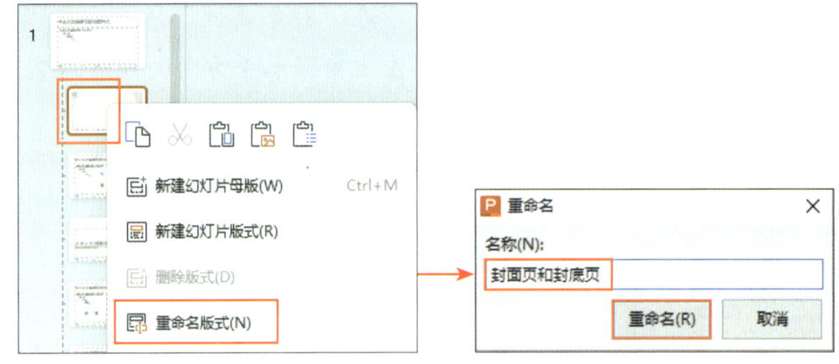

图 2-24　重命名版式

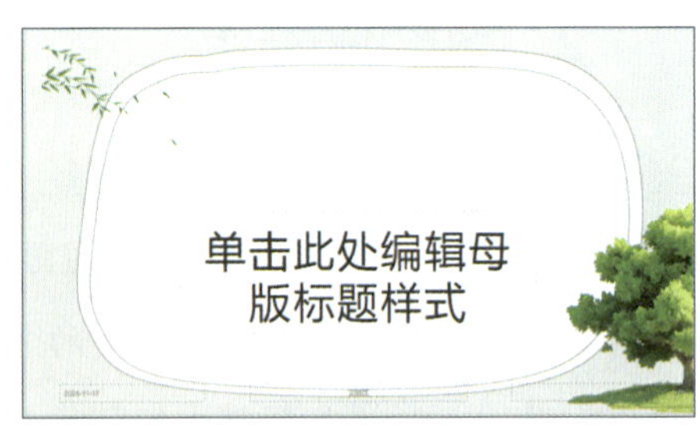

图 2-25　封面页和封底页版式母版

步骤 14　设置目录页版式母版。在左侧窗格中选择“空白 版式”选项。

步骤 15　在“对象属性”任务窗格“填充”选项的“填充”设置区选中“图片或纹理填充”单选钮，单击“图片填充”下拉按钮，在展开的下拉列表中选择“本地文件”选项，打开“选择纹理”对话框，选择素材图片“背景”（见图 2-26），单击“打开”按钮，将所选图片作为“空白 版式”母版的背景，然后在“对象属性”任务窗格“填充”选项的“填充”设置区设置“向下偏移”为“-24”。

图 2-26　打开“选择纹理”对话框并选择背景图片

步骤 16　在“插入”选项卡中单击“形状”下拉按钮，在展开的下拉列表中选择“矩形”类别中的“圆角矩形”选项，在母版中单击，绘制圆角矩形（见图 2-27），此时功能区自动显示“绘图工具”选项卡和“文本工具”选项卡。

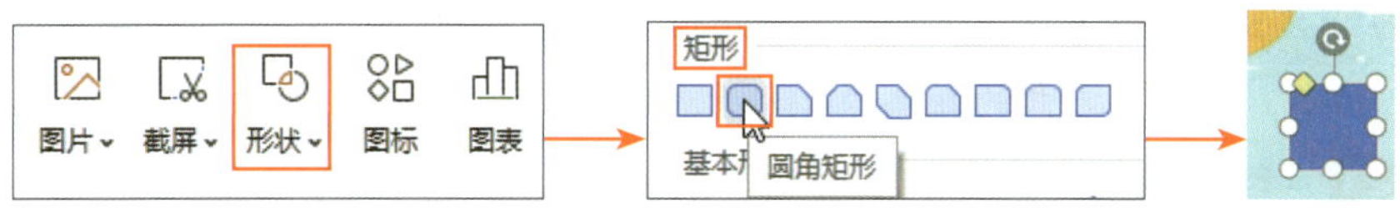

图 2-27　在母版中绘制圆角矩形

步骤 17　保持圆角矩形的选中状态，在“对象属性”任务窗格“形状选项”选项卡“大小与属性”选项的“大小”设置区设置圆角矩形的高度为 16.5 厘米、宽度为 31.2 厘米；在“填充与线条”选项的“填充”设置区保持“纯色填充”单选钮的选中状态，在“颜色”下拉列表中选择“白色，背景 1”选项，在“透明度”编辑框中输入“22”，在“线条”设置区选中“无线条”单选钮（见图 2-28），然后将圆角矩形相对于幻灯片水平且垂直居中对齐。

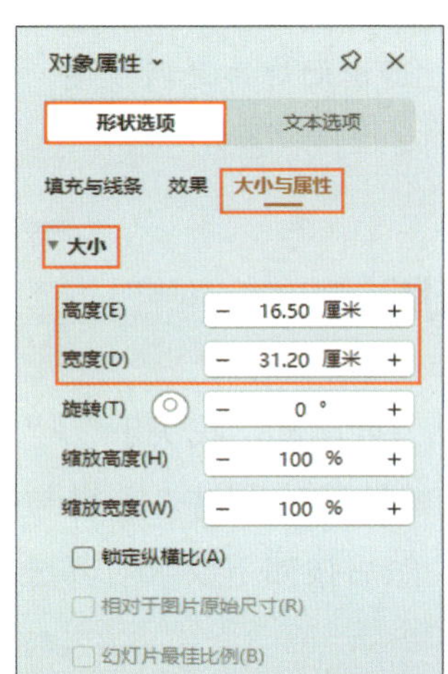

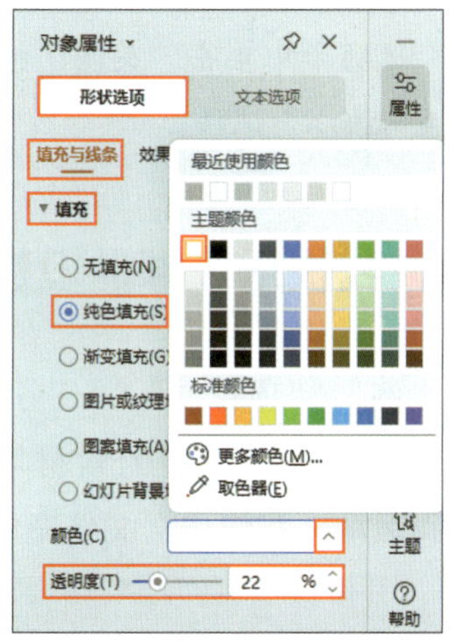

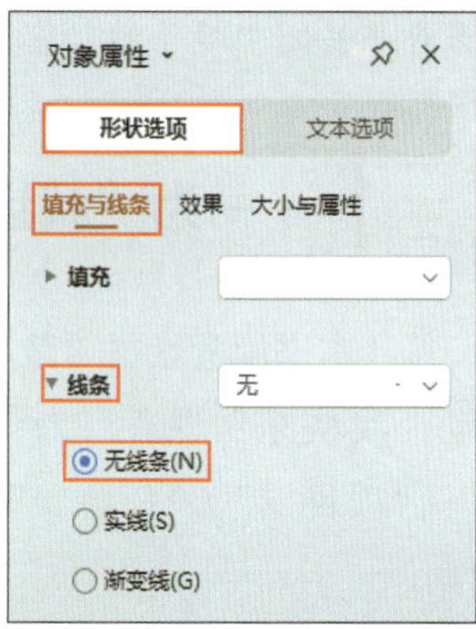

图 2-28　设置圆角矩形的大小、填充颜色、透明度和轮廓线条

步骤 18　参照步骤 13 将“空白”版式重命名为“目录页”。至此，目录页版式母版设置完毕，如图 2-29 所示。

图 2-29　目录页版式母版

步骤 19　设置内容页版式母版。在左侧窗格中右击“目录页 版式”选项，在弹出的快捷菜单中依次选择“复制”选项和“粘贴”选项（见图 2-30），复制一份所选母版。

步骤 20 在复制得到的“1_目录页 版式”母版中插入素材图片“装饰框”，设置图片的高度为 2.7 厘米、宽度为 10.7 厘米，并设置图片相对于幻灯片左上角沿水平方向的距离为 3.2 厘米、沿垂直方向的距离为 1.8 厘米。

步骤 21 参照步骤 13 将“1_目录页”版式重命名为“内容页”。至此，内容页版式母版设置完毕，如图 2-31 所示。

图 2-30 复制母版

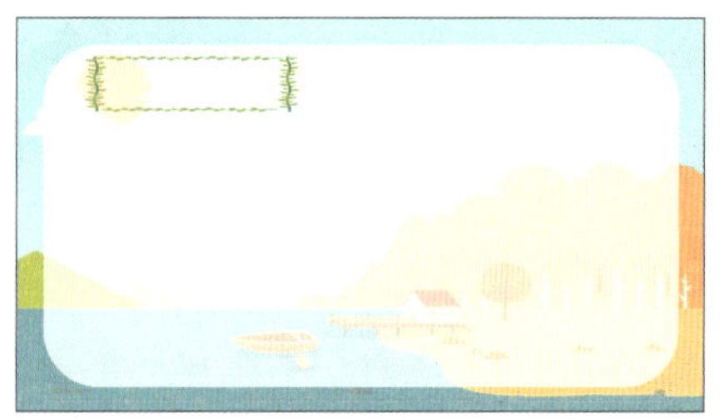

图 2-31 内容页版式母版

步骤 22 在“幻灯片母版”选项卡中单击“关闭”按钮，退出幻灯片母版视图，然后保存并关闭“叶子的秘密（设置母版）”课件。

举一反三——为“我运动，我快乐”课件设置母版

打开本书配套素材“素材与实例”/“项目二”/“任务二”/“我运动，我快乐”/“我运动，我快乐”课件（为该课件设置母版使用的素材均在本书配套素材“素材与实例”/“项目二”/“任务二”/“我运动，我快乐”文件夹中），然后按如下要求对其进行操作。

（1）将课件另存为“我运动，我快乐（设置母版）”。

（2）设置“标题幻灯片 版式”母版。设置母版的背景为素材图片“背景图”，并删除母版中的副标题占位符，如图 2-32 所示。

图 2-32 “标题幻灯片 版式”母版

（3）设置“仅标题 版式”母版。在“对象属性”任务窗格中保持“纯色填充”单选钮的选中状态，在“颜色”下拉列表中选择“更多颜色”选项，在打开的“颜色”对话框的“自定义”选项卡中设置母版的背景颜色为 RGB（248，255，243），如图 2-33 所示。

在母版中绘制一个高度为 2.5 厘米、宽度为 33.87 厘米、填充颜色为 RGB（108，170，217）、轮廓颜色为无、置于底层、相对于幻灯片顶端且水平居中对齐的矩形；将矩形复制一份，将复制得到的矩形置于底层并相对于幻灯片底端且水平居中对齐；在“文本工具”选项卡中设置标题文本的格式为 28 磅、加粗、“白色，背景 1”、居中对齐，并将标题占位符移到母版顶端矩形中部，如图 2-34 所示。

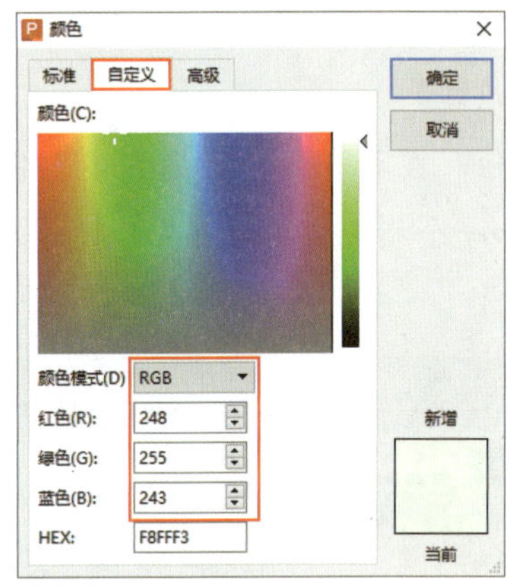

图 2-33　设置母版背景颜色

图 2-34　“仅标题 版式”母版

技能提高

一、使用多个母版

WPS 演示支持在一个演示文稿中使用多个母版，以展示两种或两种以上的界面设计风格。下面以在演示文稿中添加自定义幻灯片母版和指定主题幻灯片母版为例介绍多个母版的使用方法。

步骤 1　新建一个空白演示文稿，进入幻灯片母版视图。

步骤 2　在左侧窗格中选择母版，在“幻灯片母版”选项卡中单击“插入母版”按钮，在所选母版下方添加一个自定义幻灯片母版，如图 2-35 所示。

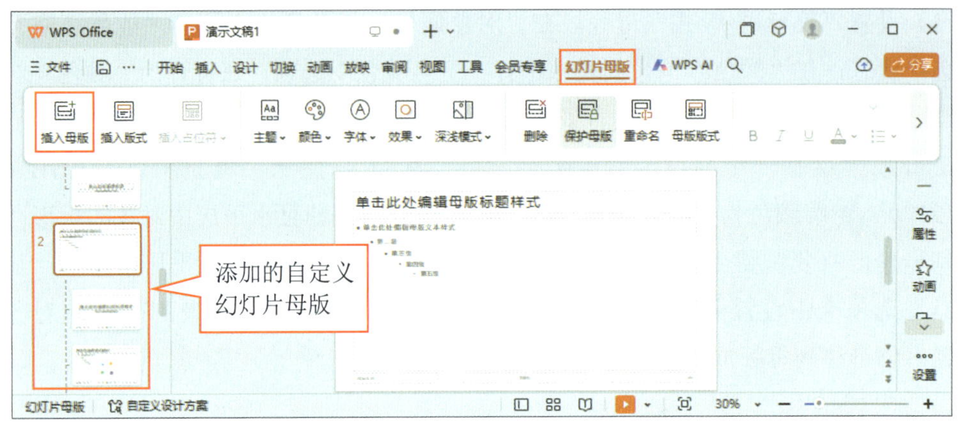

图 2-35　在演示文稿中添加自定义幻灯片母版

步骤 3　在“设计”选项卡中单击“更多主题”按钮，在打开的“主题方案”窗口“推荐方案”列表中选择一个主题，在所有母版下方添加一个指定主题幻灯片母版，如图 2-36 所示。

图 2-36　在演示文稿中添加指定主题幻灯片母版

二、使用模板

模板是 WPS 演示中一种预先设计好的演示文稿，其中包含特定的布局、色彩搭配、文本样式、图片和图形等，使用模板可以快速新建专业的演示文稿。WPS 演示提供了许多付费和免费的模板，用户可根据需要选择。下面以使用 WPS 演示提供的免费模板新建演示文稿为例介绍模板的使用方法。

步骤 1　在“新建演示文稿”界面右侧的“搜索”编辑框中输入文本“免费”，单击“搜索”按钮，此时在界面右侧会显示搜索的免费模板，如图 2-37 所示。

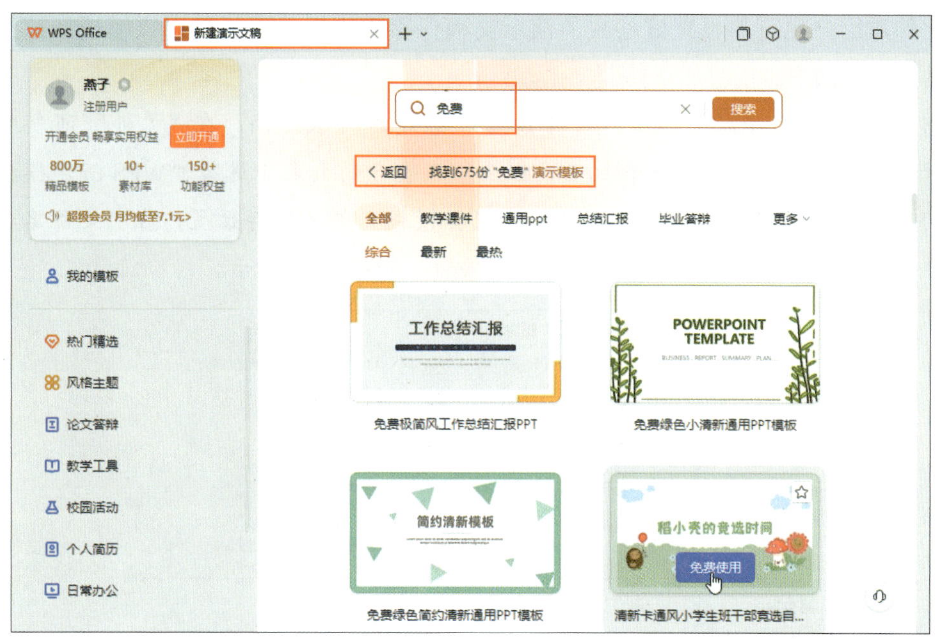

图 2-37　搜索免费模板

步骤 2　将鼠标指针移到要使用的模板上并单击出现的“免费使用”链接，从网络上下载该模板并使用该模板新建演示文稿，如图 2-38 所示。

图 2-38　使用免费模板新建演示文稿

此外，用户也可将设置好格式的演示文稿保存为模板，然后使用该模板新建演示文稿，具体方法如下。

步骤 1 保存自定义模板。打开设置好格式的演示文稿，在“文件”列表中将鼠标指针移到“另存为”选项右侧的 › 按钮上，在展开的列表中选择“WPS 演示模板文件（*.dpt）”选项，打开“另存为”对话框，选择模板文件的保存位置，在“文件名称”编辑框中输入模板文件的名称，单击“保存”按钮，如图 2-39 所示。

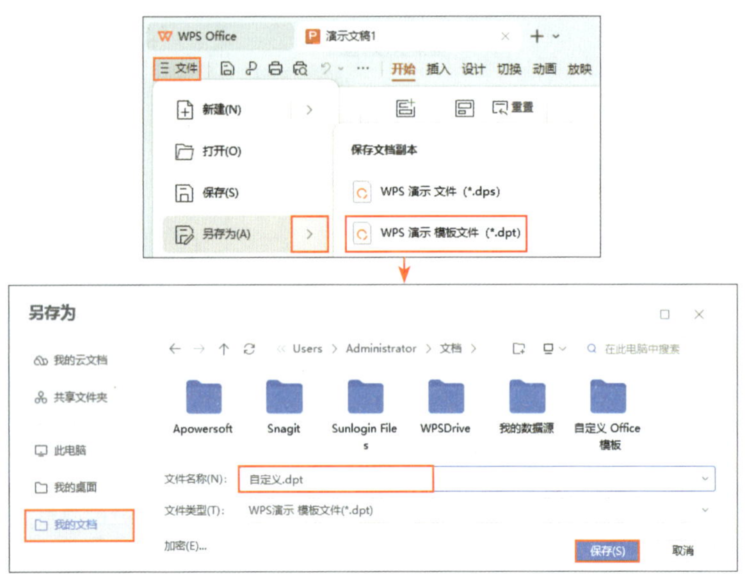

图 2-39　保存自定义模板

步骤 2 使用自定义模板新建演示文稿。新建一个空白演示文稿，在“文件”列表中将鼠标指针移到“新建”选项右侧的 › 按钮上，在展开的列表中选择“本机上的模板”选项，打开“模板”对话框并显示“常规”选项卡，如图 2-40 所示。

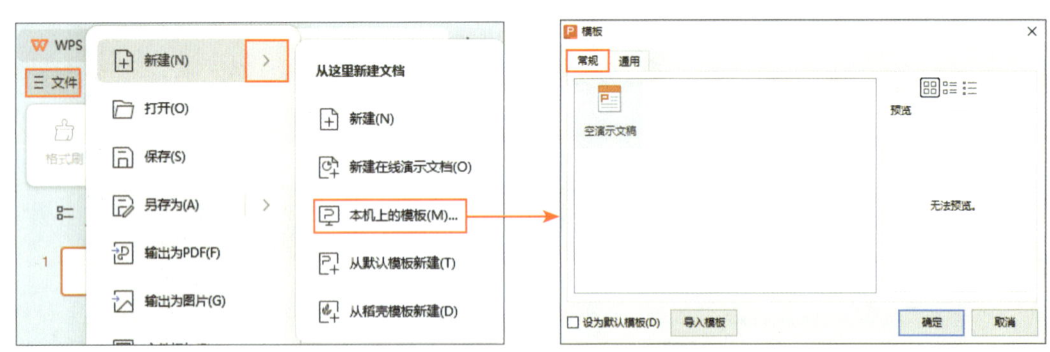

图 2-40　打开“模板”对话框

步骤 3 单击“导入模板”按钮，打开“导入模板”对话框，选择创建的自定义模板（见图 2-41），单击“打开”按钮，将所选模板导入“模板”对话框“常规”选项卡的模板列表框中。

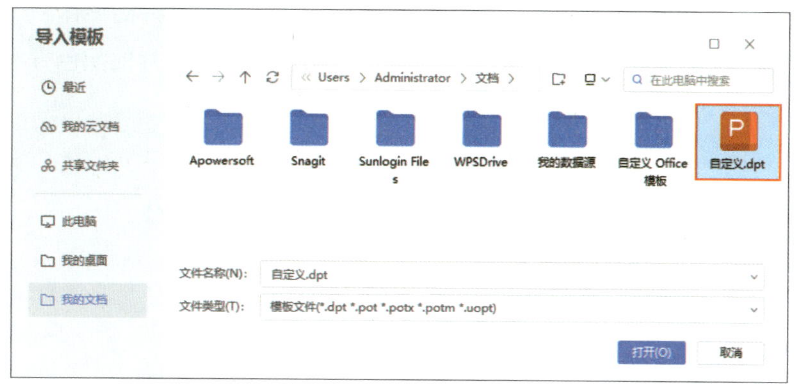

图 2-41　选择创建的自定义模板

步骤 4　在“常规”选项卡的模板列表框中选择导入的模板，单击“确定”按钮，使用所选自定义模板新建演示文稿。

1. 选择题

(1) 在设计幼儿园多媒体课件界面时，文本内容和界面布局应简洁明了，尽量减少不必要的元素，这是界面设计的（　　）原则。

A. 简洁性　　B. 主题突出

C. 趣味性　　D. 一致性

(2) 下列关于幼儿园多媒体课件界面设计的说法，错误的是（　　）。

A. 整体风格应根据幼儿年龄特点和教学内容确定

B. 使用明亮、温暖的色调能够吸引幼儿的注意力

C. 功能相同的交互元素在外观和格式上应保持一致

D. 封面和封底设计只需遵循美观原则即可

(3) 在幼儿园多媒体课件中应用主题颜色的要求不包括（　　）。

A. 界面整体色调的风格应统一

B. 界面中的颜色种类不宜过多

C. 不选择过于刺眼的颜色

D. 同一界面中标题文本和正文文本的字体颜色必须统一

（4）在 WPS 演示中，无法使用幻灯片主题实现的是（　　）。

A．为每张幻灯片添加图片　　B．统一幻灯片的字体

C．统一幻灯片的背景　　D．统一幻灯片的配色方案

（5）下列关于 WPS 演示中幻灯片版式的说法，正确的是（　　）。

A．一种版式只能应用于一张幻灯片

B．不同版式可以有不同的布局和元素

C．版式一旦确定就不能更改

D．版式只影响文本的排版，不影响图片等元素

（6）在 WPS 演示中，能够使用幻灯片母版统一设置的是（　　）。

A．文本的格式　　B．幻灯片的页脚内容

C．幻灯片的背景颜色　　D．以上均是

（7）在 WPS 演示中，更改所有幻灯片背景最便捷的方法是（　　）。

A．逐一修改每张幻灯片的背景　　B．在主题中设置背景

C．在版式母版中设置背景　　D．在幻灯片母版中设置背景

（8）下列关于 WPS 演示模板的说法，正确的是（　　）。

A．WPS 演示的模板只能用于新建演示文稿，不能用于现有演示文稿中

B．WPS 演示的模板包含幻灯片的布局、配色方案和字体样式，不包含动画效果

C．使用 WPS 演示的模板可以快速统一演示文稿的整体风格

D．WPS 演示的模板仅适用于特定主题内容的演示文稿

2．填空题

（1）设计幼儿园多媒体课件界面时需要遵循趣味性、一致性、简洁性、__________、__________和__________等原则。

（2）幼儿园多媒体课件界面设计的 3 大元素分别为__________、__________和图形。

（3）幼儿园多媒体课件界面设计主要涉及整体风格、__________、结构布局、__________的设计。

（4）WPS 演示中的__________是指一组预定义的设计元素，包括颜色、字体、背景样式等，用于统一整个演示文稿的风格。

（5）在 WPS 演示中，__________主要通过占位符规划幻灯片中各元素的布局。

（6）在 WPS 演示中，__________用于存储有关演示文稿主题和幻灯片版式的信息，包括背景、颜色、字体、占位符的大小和位置等。

（7）__________是 WPS 演示中一种预先设计好的演示文稿，其中包含特定的布局、色彩搭配、文本样式、图片和图形等。

项目评价

请学生结合本项目的学习情况，对学习成果进行自评和互评（组内成员相互评分），请指导教师进行师评和总评，并将评价结果填入表 2-1 中。

表 2-1　学习成果评价表

评价项目	评价内容	分值	评价分数		
			自评	互评	师评
知识（50%）	幼儿园多媒体课件界面设计的原则	10 分			
	幼儿园多媒体课件界面设计的主要元素	10 分			
	幼儿园多媒体课件界面设计的主要内容	10 分			
	幼儿园多媒体课件界面设计常见问题及其解决方法	10 分			
	幻灯片主题、版式与母版的使用方法	10 分			
能力（30%）	使用幻灯片主题统一整个演示文稿的风格	8 分			
	使用幻灯片版式布局幻灯片内容	8 分			
	使用幻灯片母版统一设置演示文稿中所有幻灯片或指定版式幻灯片的外观	8 分			
	在演示文稿中使用多个母版	3 分			
	使用模板新建演示文稿	3 分			
素养（20%）	文明礼貌，遵守课堂纪律	5 分			
	认真负责，按时完成学习与实践任务	5 分			
	具有想象力和创造力	5 分			
	具有对美的感知和欣赏能力	5 分			
合计		100 分			
总评	综合分数：______	指导教师签字：______			
	综合等级：______				

注：综合分数可按照“自评（25%）+ 互评（25%）+ 师评（50%）”进行计算；综合等级可以“优”（90 分≤综合分数≤100 分）、“良”（80 分≤综合分数＜90 分）、“中”（60 分≤综合分数＜80 分）、“差”（综合分数＜60 分）为标准进行评价。

项目三

幼儿园多媒体课件的文本设计

本章导读

文本在幼儿园多媒体课件中发挥着至关重要的作用，它不仅是幼儿园多媒体课件的核心组成部分，还是增强课件吸引力、引导幼儿思考和学习的重要手段。因此，在设计与制作幼儿园多媒体课件时，应重视文本设计的质量和效果，以确保课件的有效性和吸引力。

本项目介绍在幼儿园多媒体课件中使用文本、特殊文本与符号的方法。

学习目标

知识目标

- 熟悉获取文本素材的方法。
- 掌握在 WPS 演示中输入文本、设置文本格式与美化文本的方法。
- 熟悉幼儿园多媒体课件文本使用常见问题及解决方法。
- 掌握在 WPS 演示中插入拼音、特殊符号与数学公式的方法。

能力目标

- 能够根据实际需求在幼儿园多媒体课件中使用文本、特殊文本与符号。

素质目标

- 增强文化自信，传承汉字文明。

任务一　使用文本

任务描述

在幼儿园多媒体课件中，文本是不可或缺的元素，它不仅能辅助幼儿认知事物，引导幼儿参与活动，还能有效提升幼儿的记忆力。

本任务首先介绍在 WPS 演示中使用文本的方法，然后演示为“叶子的秘密”课件添加文本的操作，最后让学生自主完成“我运动，我快乐”课件文本的添加。

知识探究

一、获取文本素材

在实际应用中，可以采用复制的方式从 Word 文档、网页等中获取文本，也可以利用软件从图片、视频等中提取文本。从图片中提取文本的常用方法有使用腾讯 QQ 软件提取文本、使用专业文字识别软件（如捷速 OCR）提取文本等。下面介绍使用腾讯 QQ 软件从图片中提取文本的方法。

在腾讯 QQ 软件中，将包含所需文本的图片复制到消息编辑框中，然后双击图片查看大图，在图片下方的工具栏中单击“提取文字”按钮，图片右侧窗格中即可显示从图片中识别的文本。将识别的文本复制到可编辑的文档中，以便后续使用。

二、输入文本

要在幻灯片中输入文本，可利用占位符和文本框。

（1）利用占位符输入文本。要利用占位符输入文本，可单击占位符，然后在其中输入所需文本，最后单击占位符外的任意区域。

（2）利用文本框输入文本。要利用文本框输入文本，可在“插入”选项卡中单击“文本框”按钮，或单击“文本框”下拉按钮，在展开的下拉列表中选择“横向文本框”选项或“竖向文本框”选项，然后在幻灯片编辑区的合适位置单击，或按住鼠标左键并拖动绘制文本框，并在其中输入所需文本，最后单击文本框外的任意区域。

知识库

单击占位符或文本框的边框，可选择占位符或文本框。选择占位符或文本框后，将鼠标指针移到其边框的任意控制点上并拖动，可调整其大小；将鼠标指针移到其边框上方的旋转控制点上并拖动，可调整其旋转角度；将鼠标指针移到其边框的非控制点上并拖动，可调整其位置。

三、设置文本格式

设置文本格式包括设置文本的字符格式和段落格式。

1. 设置文本的字符格式

在 WPS 演示中，文本的字符格式主要包括字体、字号、字体颜色、字形、文字阴影和字符间距等。要设置文本的字符格式，可先选择文本，然后在“开始”选项卡、“文本工具”选项卡或“字体”对话框中进行设置，如图 3-1 所示。

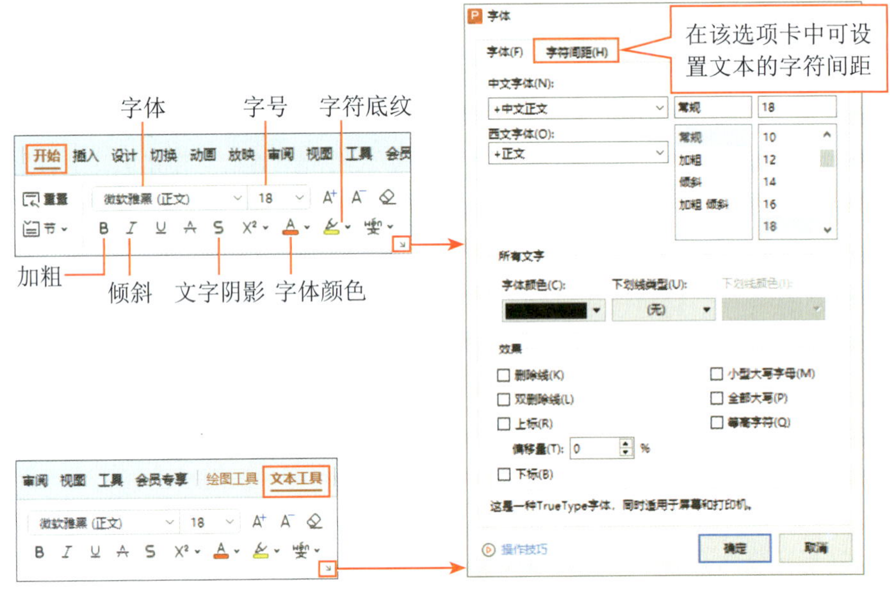

图 3-1 设置文本字符格式的选项

2. 设置文本的段落格式

在 WPS 演示中，文本的段落格式主要包括对齐方式、缩进、行距和段落间距等。要设置文本的段落格式，可先选择文本，然后在“开始”选项卡、“文本工具”选项卡或“段落”对话框中进行设置，如图 3-2 所示。

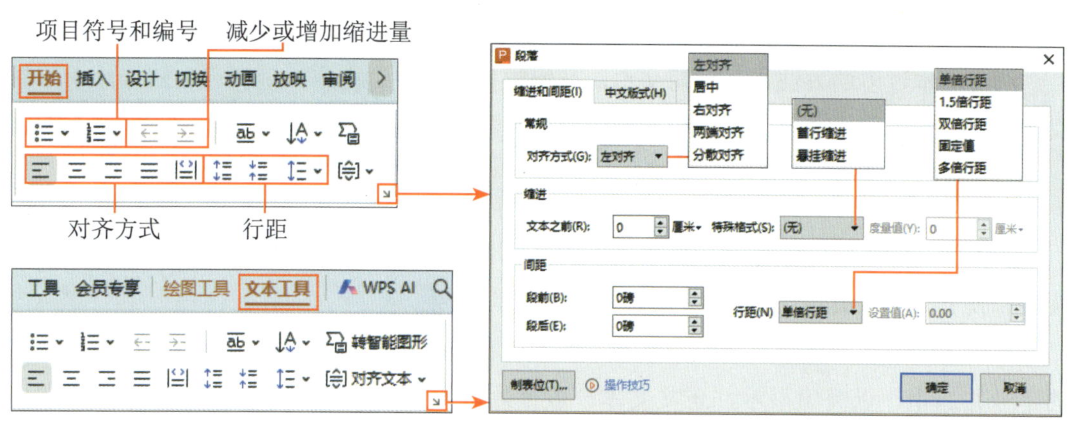

图 3-2　设置文本段落格式的选项

四、美化文本

美化文本包括设置文本的艺术字样式和占位符或文本框的形状样式。要美化文本，可先选择占位符或文本框，然后在“文本工具”选项卡中进行设置，如图 3-3 所示。

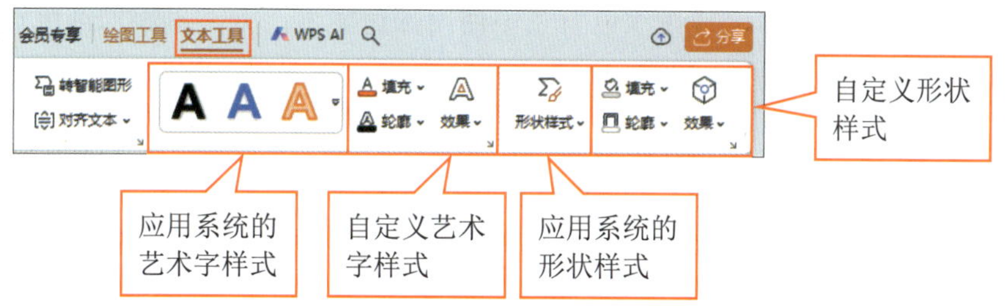

图 3-3　美化文本的选项

在 WPS 演示中，除可以设置文本的艺术字样式外，还可以直接在幻灯片中插入艺术字，具体方法是，在“插入”选项卡中单击“艺术字”下拉按钮，在展开的下拉列表中选择所需艺术字样式，此时幻灯片编辑区自动显示艺术字占位符（其中默认显示“请在此处输入文字”文本），在其中输入文本。

五、幼儿园多媒体课件中文本使用常见问题及解决方法

幼儿园多媒体课件中文本使用常见问题有文本过多、字体与字号选择不当、文本颜色搭配不合理等，这些问题都有相应的解决方法。

1. 文本过多

文本过多是制作幼儿园多媒体课件时最常见的问题，这容易使幼儿产生视觉疲劳，难以聚焦重点，并且由于幼儿识字能力有限，过多的文本不利于幼儿理解关键信息，可能会

降低幼儿的学习兴趣和积极性。

解决文本过多的方法是，精简文本，只保留标题和关键内容；确保一张幻灯片中尽量只体现一个重点；尽量用图片、图形、视频或动画代替文本。

2. 字体与字号选择不当

制作幼儿园多媒体课件时，如果文本的字体与字号选择不当，则可能会降低课件的可读性和吸引力，分散幼儿的注意力，从而影响教学效果。

解决字体与字号选择不当的方法是，文本以突出重点为主，如标题文本一般使用较大的字号并加粗，以突出显示，正文文本一般使用较小的字号和细体字体，以保持清晰易读；不同界面中级别相同的文本的字体与字号保持一致。

3. 文本颜色搭配不合理

制作幼儿园多媒体课件时，如果文本颜色与背景颜色之间的对比不明显，则可能会导致幼儿难以识别文本内容，从而影响幼儿的视觉体验。

解决文本颜色搭配不合理的方法是，为文本设置与背景颜色形成鲜明对比的颜色，如在深色背景中使用浅色文本，或在浅色背景中使用深色文本；为文本添加纯色背景，提高文本的可读性，使幼儿轻松识别文本内容。

案例演示——为“叶子的秘密”课件添加文本

为“叶子的秘密”课件添加文本

本案例演示通过为“叶子的秘密”课件的封面页和封底页添加文本，练习在幻灯片中输入文本、设置文本格式与美化文本的操作。

步骤 1 打开本书配套素材“素材与实例”/“项目三”/“任务一”/“叶子的秘密”/“叶子的秘密”课件，将其另存为“叶子的秘密（添加文本）”。

步骤 2 在“幻灯片”窗格中选择第 1 张幻灯片，在“开始”选项卡中单击“版式”下拉按钮，在展开的下拉列表中选择“封面页和封底页”选项（见图 3-4），为第 1 张幻灯片重新应用“封面页和封底页”版式，然后单击标题占位符，在其中输入文本“叶子的秘密”。

步骤 3 选择标题占位符，在“文本工具”选项卡中单击“字体”下拉按钮⌄，在展开的下拉列表中选择“华文琥珀”选项；单击“字号”下拉按钮⌄，在展开的下拉列表中选择“80”选项；单击“加粗”按钮，将文本加粗显示，如图 3-5 所示。

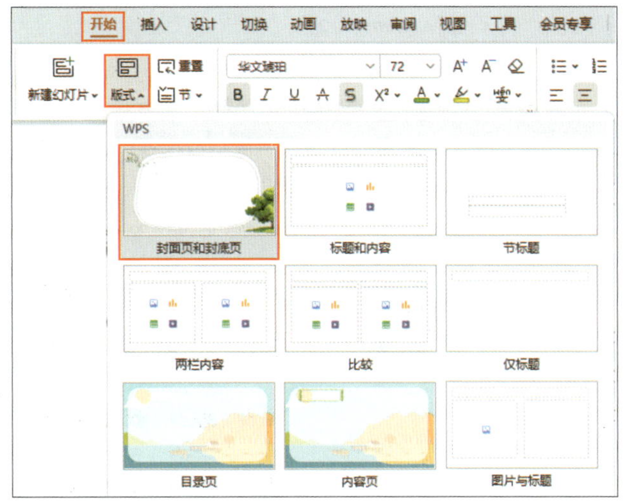

图 3-4 选择“封面页和封底页”选项

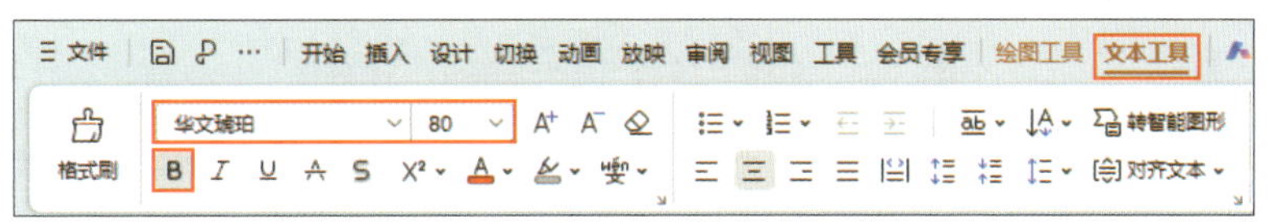

图 3-5 设置标题文本的格式

步骤 4 保持标题占位符的选中状态，在“文本工具”选项卡中单击 按钮，在展开的列表中选择“填充 - 浅绿，着色 4，软边缘”选项；单击“效果”下拉按钮，在展开的下拉列表中选择“倒影”/“半倒影，接触”选项，如图 3-6 所示。

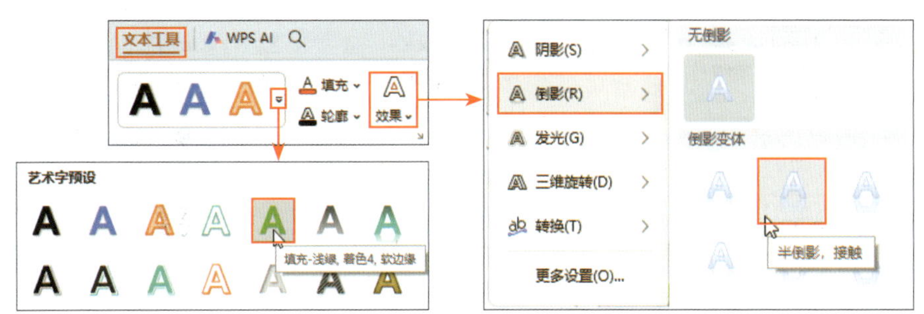

图 3-6 设置艺术字样式和倒影效果

步骤 5 保持标题占位符的选中状态，在“文本工具”选项卡的“效果”下拉列表中选择“转换”/“波形 1”选项，如图 3-7 所示。

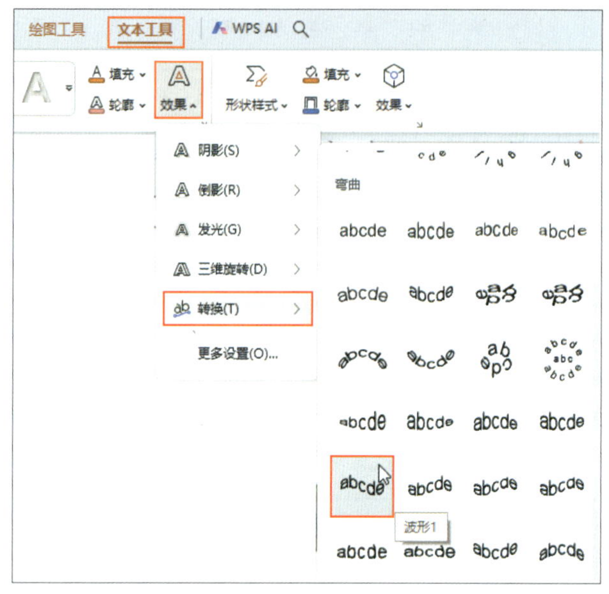

图 3-7　选择“转换”/“波形 1”选项

步骤 6　在“插入”选项卡中单击“文本框”按钮，在幻灯片中单击，绘制横向文本框，并在其中输入文本“大班科学活动”，如图 3-8 所示。

步骤 7　选择“大班科学活动”文本所在文本框，在“文本工具”选项卡中单击“填充”下拉按钮，在展开的下拉列表中选择“浅绿，着色 4，浅色 40%”选项（见图 3-9），为文本框设置填充颜色。

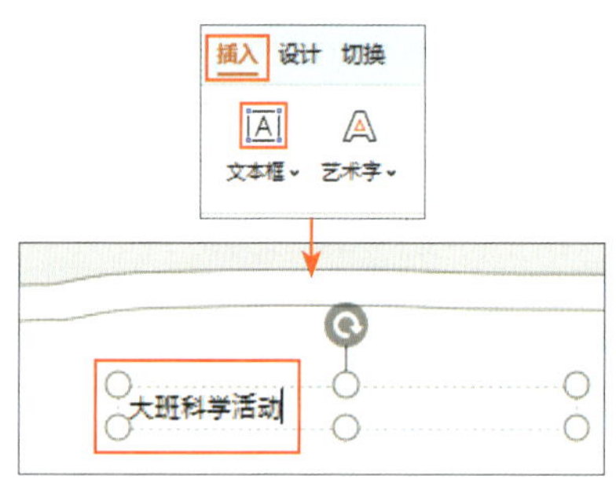

图 3-8　利用文本框输入文本

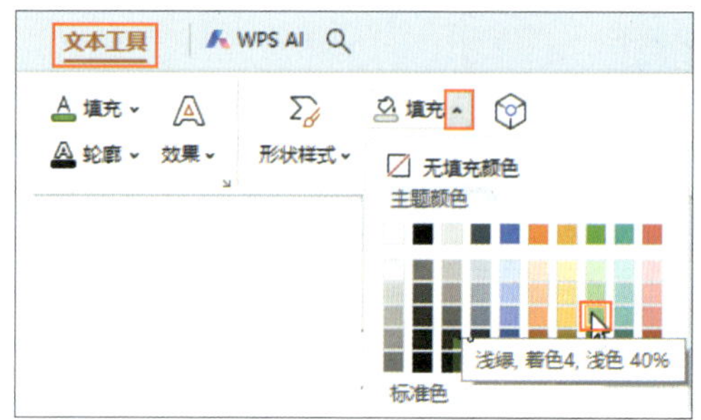

图 3-9　选择“浅绿，着色 4，浅色 40%”选项

步骤 8　保持文本框的选中状态，在“文本工具”选项卡中设置文本的格式为 36 磅、“白色，背景 1”、加粗、居中对齐，如图 3-10 所示。

步骤 9　调整文本框的大小，使其正好容纳输入的文本，并将文本框移到合适位置，如图 3-11 所示。

步骤 10　在“幻灯片”窗格中选择最后一张幻灯片，在“版式”下拉列表中选择“封面页和封底页”选项，为幻灯片应用所选版式，然后删除标题占位符。

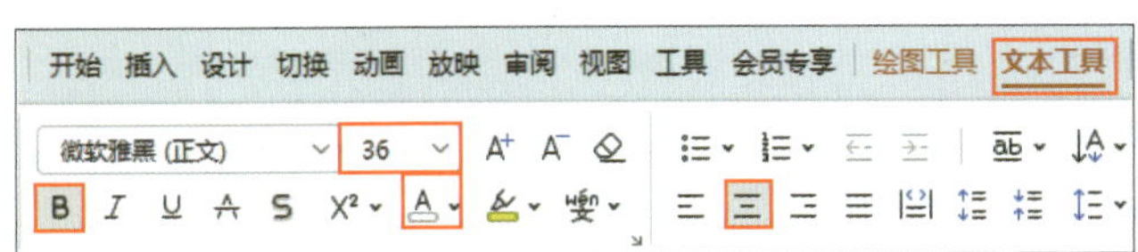

图 3-10　设置文本框中文本的格式

图 3-11　第 1 张幻灯片效果

步骤 11　在“插入”选项卡中单击“艺术字”下拉按钮，在展开的下拉列表中选择“填充 - 矢车菊蓝，着色 5，轮廓 - 背景 1，清晰阴影 - 着色 5”选项（见图 3-12），并在显示的艺术字占位符中输入文本“我们都是好朋友”。

图 3-12　选择“填充 - 矢车菊蓝，着色 5，轮廓 - 背景 1，清晰阴影 - 着色 5”选项

步骤 12　选择艺术字占位符，在“文本工具”选项卡中设置文本的格式为华文琥珀；单击“填充”下拉按钮，在展开的下拉列表中选择“浅绿，着色 4”选项（见图 3-13），为文本设置填充颜色。

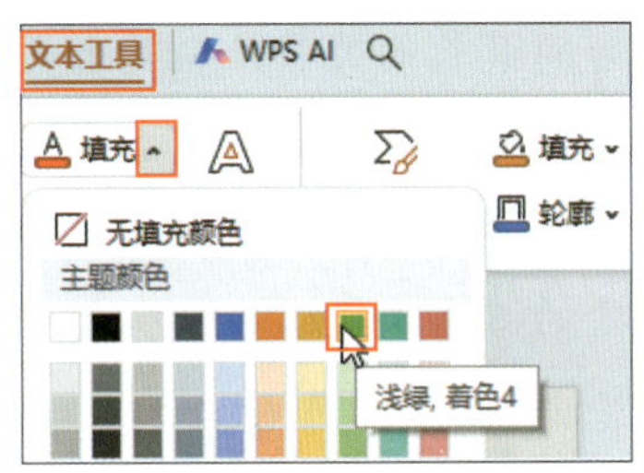

图 3-13　选择“浅绿，着色 4”选项

步骤 13　保持艺术字占位符的选中状态，在“文本工具”选项卡的“效果”下拉列表中分别选择“阴影”/“右下斜偏移”选项和“转换”/“正 V 形”选项（见图 3-14），然后将艺术字移到幻灯片下方合适位置，如图 3-15 所示。至此，“叶子的秘密”课件文本添加完毕，保存并关闭该课件。

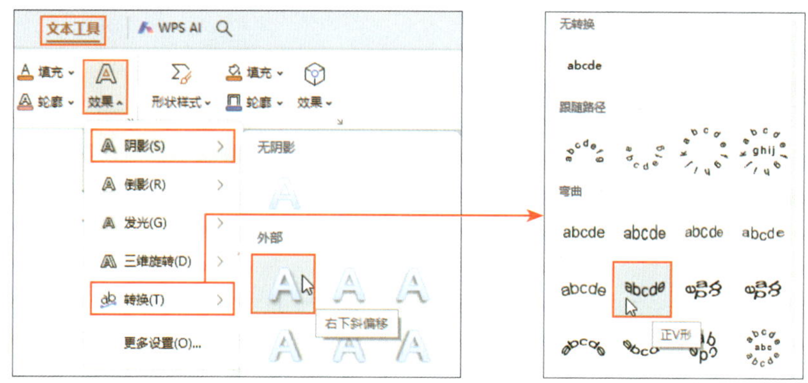

图 3-14　选择“阴影”/“右下斜偏移”选项和“转换”/“正 V 形”选项

图 3-15　第 15 张幻灯片效果

拓展阅读

汉字是世界上持续使用时间最长的文字，也是世界上独一无二的集形音义于一体的文字。汉字的演变过程如同一部生动的历史长卷。从甲骨文到金文、小篆、隶书……每一次的变革都蕴含着时代的变迁与文化的传承。作为汉字的使用者、传承者，我们应该怀着敬畏、自豪的心态珍视汉字、弘扬汉字文化，让汉字文化不断焕发生机与活力。

举一反三——为“我运动，我快乐”课件添加文本

打开本书配套素材“素材与实例”/“项目三”/“任务一”/“我运动，我快乐”/“我运动，我快乐”课件，然后按如下要求对其进行操作。

（1）将课件另存为“我运动，我快乐（添加文本）”。

（2）为第 1 张幻灯片重新应用“标题幻灯片”版式，在标题占位符中输入文本“我运动，我快乐”，并在“文本工具”选项卡中设置文本的格式为华文琥珀、80 磅、“钢蓝 , 着色 1”。

（3）利用横向文本框在第 1 张幻灯片中输入文本“中班健康活动”，并设置文本的格式为华文琥珀、32 磅、“钢蓝 , 着色 1”、字符间距加宽 10 磅、居中对齐；设置“健康”文本的格式为 36 磅、深蓝色，并将文本框移到幻灯片左上方，如图 3-16 所示。

（4）为第 2～9 张幻灯片应用“仅标题”版式。

（5）删除第 2 张幻灯片中的标题占位符，插入“填充 - 钢蓝 , 着色 1, 阴影”样式的艺术字“活动导航”（以 4 行显示），并设置文本的字符格式为隶书、66 磅，效果为“倒影”/“紧密倒影 , 4 pt 偏移量”，将艺术字移到幻灯片中部偏左位置。

利用横向文本框在“活动导航”艺术字右侧输入文本；设置文本的格式为 24 磅、“白色 , 背景 1”、加粗、居中对齐，文本框的填充颜色从上到下依次为“浅蓝”“浅绿 , 着色 4”“橙色 , 着色 3, 深色 25%”“巧克力黄 , 着色 2”，如图 3-17 所示。

图 3-16　第 1 张幻灯片效果

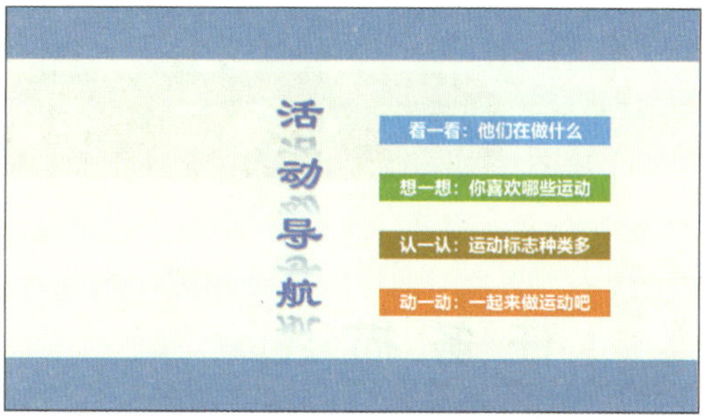

图 3-17　第 2 张幻灯片效果

（6）在第 3～4 张幻灯片的标题占位符中输入文本“看一看：他们在做什么”；利用竖向文本框在两张幻灯片右侧输入文本“做运动”，并设置文本的格式为华文琥珀、54 磅、“钢蓝 , 着色 1”、文字阴影、字符间距加宽 10 磅、居中对齐，如图 3-18 所示。

图 3-18　第 3～4 张幻灯片效果

（7）在第 5~6 张幻灯片的标题占位符中输入文本“想一想：你喜欢哪些运动”；在第 7~8 张幻灯片的标题占位符中输入文本“认一认：运动标志种类多”；在第 9 张幻灯片的标题占位符中输入文本“动一动：一起来做运动吧”。

（8）为第 10 张幻灯片应用“标题幻灯片”版式；在标题占位符中输入文本“让我们一起来做运动吧！”，并设置文本的格式为华文琥珀、60 磅、“钢蓝 , 着色 1”，如图 3-19 所示。

图 3-19　第 10 张幻灯片效果

任务二　使用特殊文本与符号

任务描述

在幼儿园多媒体课件中适当使用特殊文本与符号，可以使教学内容更加生动有趣，同时有助于幼儿对知识的理解和记忆。

本任务首先介绍在 WPS 演示中使用特殊文本与符号的方法，然后演示为“学拼音，学算术”课件添加拼音与数学公式的操作，最后让学生自主完成“乐学拼音与算术”课件拼音与数学公式的添加。

知识探究

一、插入拼音与特殊符号

要在幻灯片中插入拼音与特殊符号，可利用“符号”下拉列表、“符号”对话框和输入法。

1. 利用“符号”下拉列表或“符号”对话框插入拼音与特殊符号

要利用“符号”下拉列表插入拼音与特殊符号，可在“插入”选项卡中单击“符号”下拉按钮，在展开的下拉列表（见图 3-20）中选择所需符号，然后单击文本框外的任意区域；如果“符号”下拉列表中没有所需符号，可在“符号”下拉列表中选择“其他符号”选项，或在“插入”选项卡中单击“符号”按钮 Ω，打开“符号”对话框（见图 3-21），在其中选择所需符号并单击“插入”按钮，然后单击“关闭”按钮，关闭“符号”对话框，最后单击文本框外的任意区域。

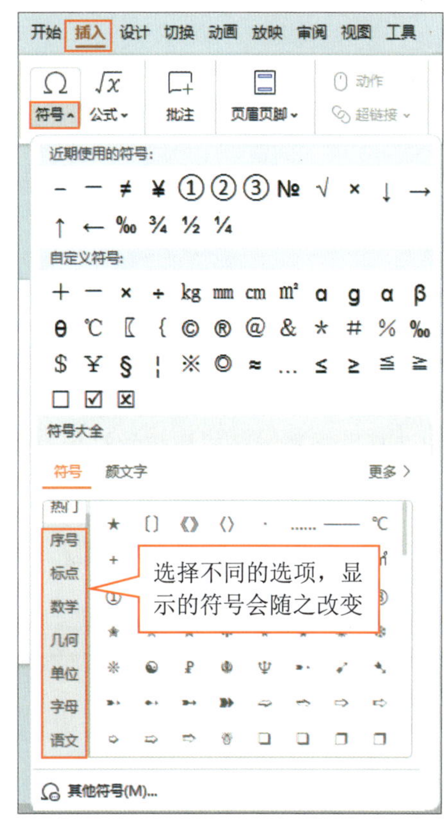

图 3-20　“符号”下拉列表

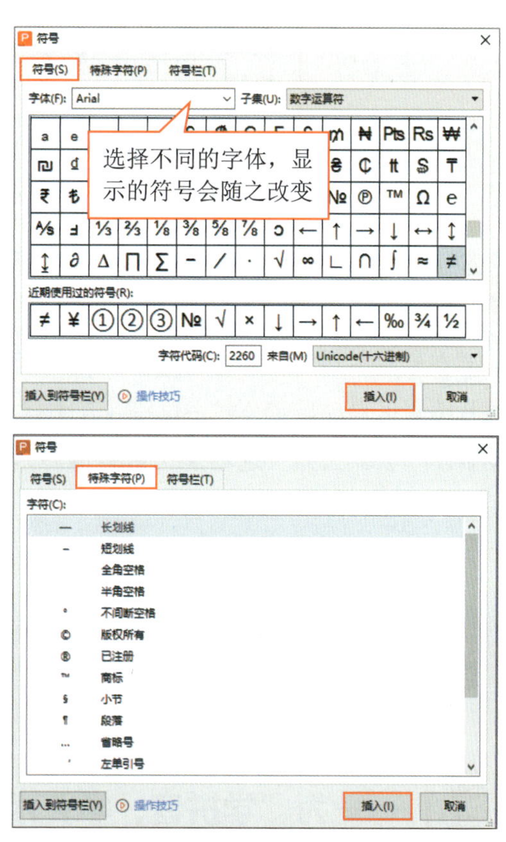

图 3-21　“符号”对话框

2. 利用输入法插入拼音与特殊符号

要利用输入法（如搜狗拼音输入法、QQ 五笔输入法、微软拼音输入法）插入拼音与特殊符号，可单击输入法（以搜狗拼音输入法为例）状态条中的“输入方式”按钮，在展开的列表中选择“符号大全”选项，打开“符号大全”对话框（见图 3-22），在其中选择所需符号，最后单击文本框外的任意区域。

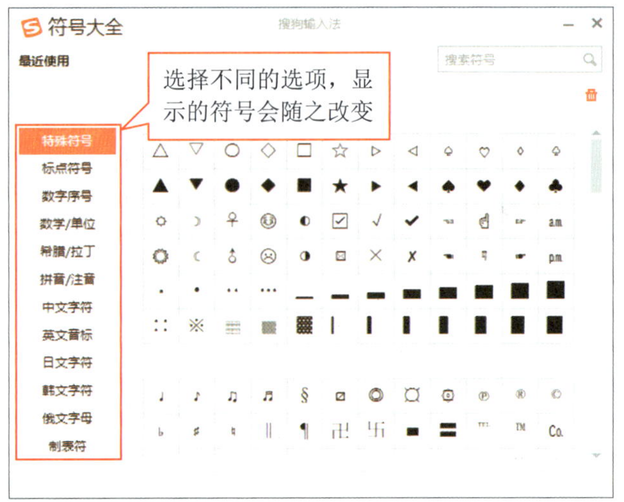

图 3-22 “符号大全”对话框

二、插入数学公式

要在幻灯片中插入数学公式，可在“插入”选项卡中单击“公式”按钮 $\sqrt{x}$，此时在幻灯片编辑区自动显示公式占位符（其中默认显示“在此处键入公式。”文本），且功能区自动显示“公式工具”选项卡（见图 3-23），在其中选择所需数学公式和数学符号，最后单击公式占位符外的任意区域。

图 3-23 “公式工具”选项卡

案例演示——为“学拼音，学算术”课件添加拼音与数学公式

本案例演示通过为“学拼音，学算术”课件添加单韵母与数学公式，练习在幻灯片中插入拼音与数学公式并设置其格式的操作。

步骤 1 打开本书配套素材“素材与实例”/“项目三”/“任务二”/“学拼音，学算术”/“学拼音，学算术”课件，将其另存为“学拼音，学算术（添加拼音与数学公式）”。

为“学拼音，学算术”课件添加拼音与数学公式

步骤 2 添加单韵母。在“幻灯片”窗格中选择第 4 张幻灯片，在“插入”选项卡中单击“文本框”按钮，在幻灯片中单击，绘制横向文本框，并在其中输入文本“a”。

步骤 3 选择“a”文本所在文本框，在“文本工具”选项卡中设置文本的格式为微软雅黑、88 磅、“巧克力黄，着色 2”、加粗、居中对齐，然后调整文本框的大小，使其正好容纳输入的文本，最后将文本框移到幻灯片左侧的圆角矩形上，如图 3-24 所示。

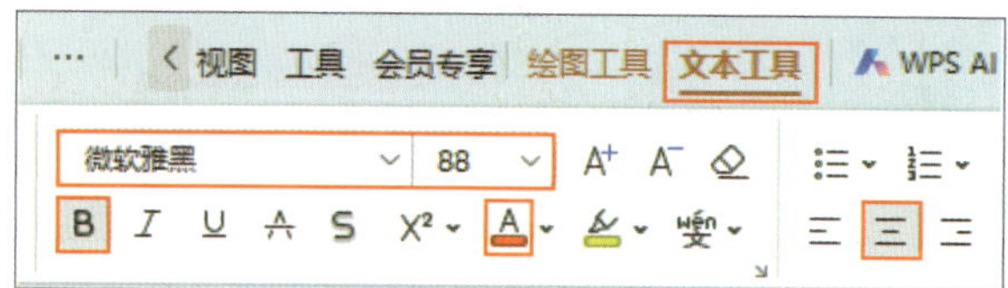

图 3-24　设置文本框中文本的格式、大小和位置

步骤 4 利用横向文本框在幻灯片中输入文本“张大嘴巴”，并设置文本的格式为华文琥珀、36 磅、“巧克力黄，着色 2，深色 25%”，然后将文本框移到圆角矩形右侧合适位置。

步骤 5 将“张大嘴巴”文本所在文本框复制一份，然后将复制得到的文本框中的文本修改为“aaa”（在第 2 个“a”的两侧各输入一个空格），并将文本的格式修改为 Times New Roman、44 磅、加粗，最后将文本框移到幻灯片的合适位置，如图 3-25 所示。

步骤 6 将“a”“张大嘴巴”“a a a”文本所在文本框复制一份，并将复制得到的文本框中的文本分别修改为“o”“公鸡打鸣”“o o o”，然后将这 3 个文本框移到幻灯片的合适位置，如图 3-26 所示。

图 3-25　“a a a”文本效果

图 3-26　第 4 张幻灯片效果

步骤 7 配合“Shift”键选择第 4 张幻灯片中的 6 个文本框，按“Ctrl+C”组合键，在“幻灯片”窗格中分别选择第 5 张幻灯片和第 6 张幻灯片，按“Ctrl+V”组合键，将所选文本框复制到这两张幻灯片中。

步骤 8 将第 5 张幻灯片 6 个文本框中的文本分别修改为“e”“一只白鹅”“e e e”“i”“一把椅子”“i i i”，然后将文本框移到幻灯片的合适位置，如图 3-27 所示。

步骤 9 将第 6 张幻灯片 6 个文本框中的文本分别修改为“u”“一只乌鸦”“u u u”“ü”“一条金鱼”“ü ü ü”（文本“ü”可利用“符号”对话框输入），然后将文本框移到幻灯片的合适位置，如图 3-28 所示。

图 3-27　第 5 张幻灯片效果

图 3-28　第 6 张幻灯片效果

步骤 10　在“幻灯片”窗格中选择第 7 张幻灯片，在其中绘制横向文本框并保持插入点在文本框中，在“插入”选项卡“符号”下拉列表“符号大全”类别的“符号”选项卡中选择“语文”选项，然后在右侧的符号列表框中选择“ā”选项，在文本框中输入文本“ā”，如图 3-29 所示。

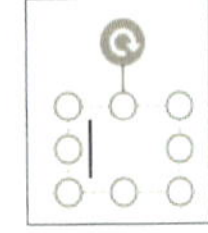

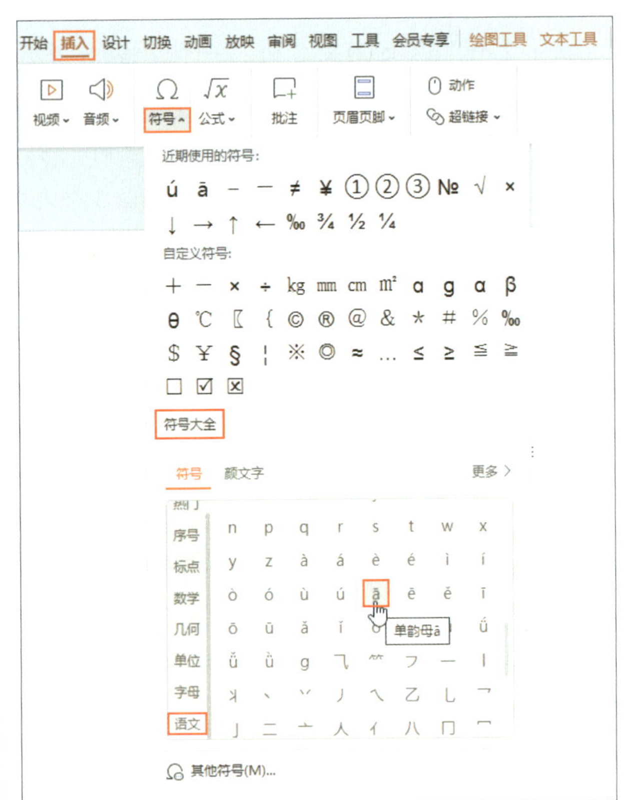

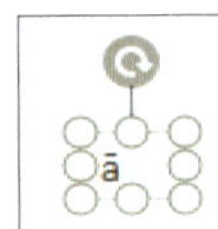

图 3-29　利用横向文本框输入文本“ā”

步骤 11　选择“ā”文本所在文本框，在“文本工具”选项卡中设置文本的格式为 24 磅、“白色，背景 1”、加粗、居中对齐，然后将文本框移到幻灯片中第 1 个圆上（从上到下、从左到右计数），如图 3-30 所示。

步骤 12 使用同样的方法在幻灯片中插入其他文本，并将文本框移到幻灯片的合适位置，如图 3-31 所示。

图 3-30　“ā”文本效果

图 3-31　第 7 张幻灯片效果

步骤 13 添加数学公式。在“幻灯片”窗格中选择第 12 张幻灯片，在“插入”选项卡中单击“公式”按钮 $\sqrt{x}$，在显示的公式占位符中输入“3”，然后在“公式工具”选项卡中单击 ▾ 按钮，在展开的列表中选择“–”选项，并在公式占位符中输入“2”，接着在“公式工具”选项卡中选择“=”选项，并在公式占位符中输入“1”，如图 3-32 所示。

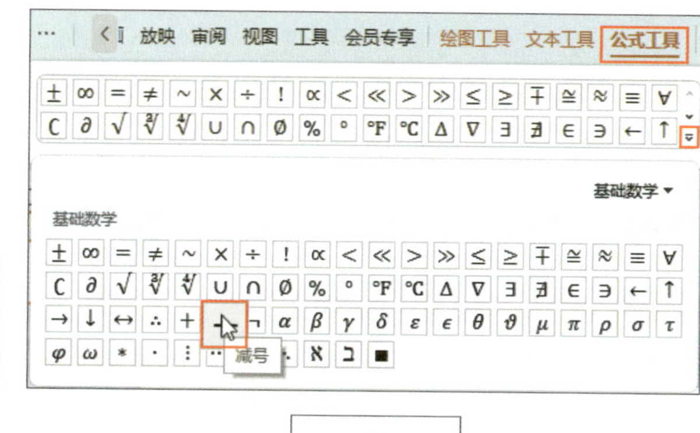

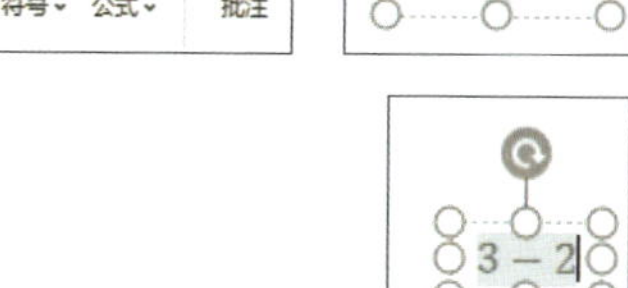

3 − 2

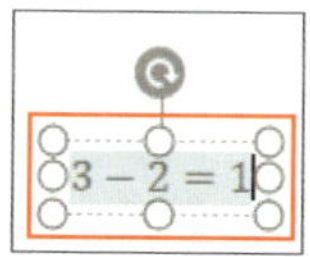

图 3-32　输入公式

步骤 14 选择公式占位符，在“文本工具”选项卡中设置文本的格式为 32 磅、“巧克力黄，着色 2”、加粗，然后将公式占位符移到幻灯片右侧上方的圆角矩形上，如图 3-33 所示。

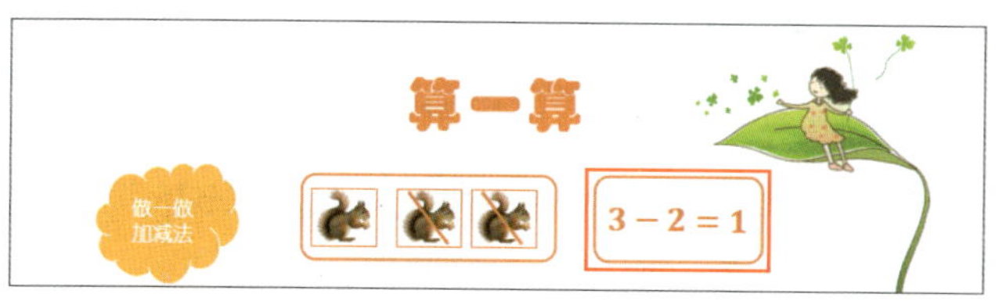

图 3-33　公式效果

步骤 15 将公式占位符复制两份，并将复制得到的公式占位符分别移到幻灯片右侧的其他两个圆角矩形上，然后根据图示修改公式占位符中的公式，如图 3-34 所示。至此，“学拼音，学算术”课件的拼音与数学公式添加完毕，保存并关闭该课件。

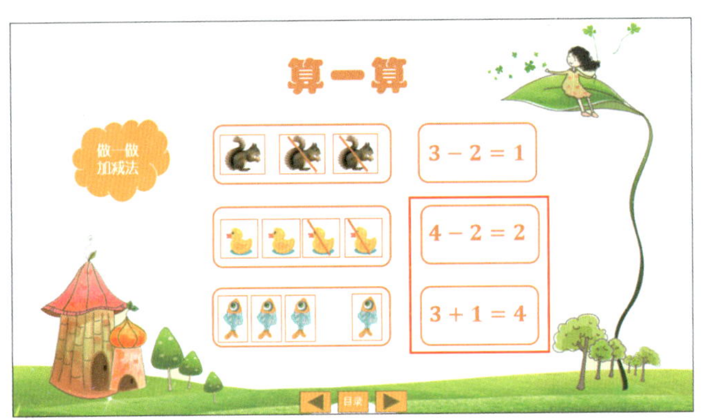

图 3-34　第 12 张幻灯片效果

举一反三——为“乐学拼音与算术”课件添加拼音与数学公式

打开本书配套素材“素材与实例”/“项目三”/“任务二”/“乐学拼音与算术”/“乐学拼音与算术”课件，然后按如下要求对其进行操作。

（1）将课件另存为“乐学拼音与算术（添加拼音与数学公式）”。

（2）在第 3 张幻灯片“像个 6 字”“像面小旗”“两扇小门”“像根拐杖”文本右侧分别输入文本“bbb”“ppp”“mmm”“fff”，并设置文本的格式为 48 磅、加粗，如图 3-35 所示。使用同样的方法在第 4 张幻灯片相应文本右侧输入文本并设置其格式，如图 3-36 所示。

图 3-35　第 3 张幻灯片效果

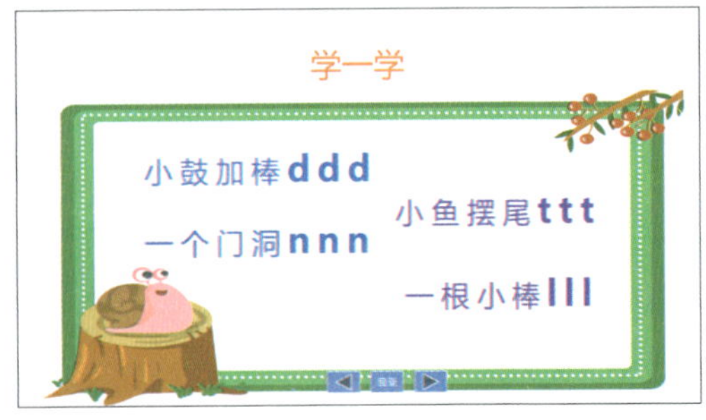

图 3-36　第 4 张幻灯片效果

（3）利用横向文本框在第 5 张幻灯片中分别输入文本“bdp”“mn”“ft”，并设置文本的格式为微软雅黑、60 磅、蓝色、加粗、字符间距加宽 20 磅，然后参照图 3-37 排列文本框。

图 3-37　第 5 张幻灯片效果

（4）在第 6 张和第 7 张幻灯片中根据左侧图示，在右侧对应圆角矩形中输入公式，并设置公式占位符中文本的格式为 36 磅、蓝色、加粗，如图 3-38 所示。

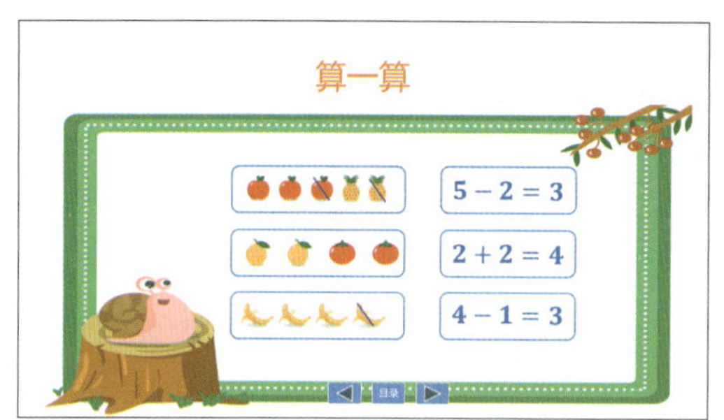

图 3-38　第 6～7 张幻灯片效果

技能提高

一、保存特殊字体

为了获得更好的效果，课件制作者通常会在幻灯片中使用一些具有吸引力的字体，但将课件拷贝或传输到其他计算机演示时，有些字体可能会变为默认字体，甚至出现因字体导致格式混乱的情况，严重影响演示效果。

为此，可在“文件”列表中选择“选项”选项，打开“选项”对话框，首先选择左侧的“常规与保存”选项，然后在右侧勾选“将字体嵌入文件”复选框，接着根据需要选中“仅嵌入文档中所用的字符（适于减小文件大小）”单选钮或“嵌入所有字符（适于其他人编辑）”单选钮，最后单击“确定”按钮（见图 3-39）并保存课件。

图 3-39　保存特殊字体

二、制作渐变文本

在幼儿园多媒体课件中制作渐变文本，不仅可以增加课件的视觉效果，还可以吸引幼儿的注意力。下面介绍制作渐变文本的方法。

步骤 1　打开本书配套素材“素材与实例”/“项目三”/“技能提高”/“渐变文本”演示文稿，将其另存为“渐变文本（效果）”，在第 1 张幻灯片中利用横向文本框输入文本“小”，并在“文本工具”选项卡中设置文本的格式为华文行楷、100 磅。

步骤 2　保持“小”文本所在文本框的选中状态，单击工作界面右侧的“对象属性”按钮，打开“对象属性”任务窗格，在“文本选项”选项卡“填充与轮廓”选项的“文本填充”设置区选中“渐变填充”单选钮，设置角度为“180°”，然后选择第 1 个色标，单击“色标颜色”下拉按钮，在展开的下拉列表中选择“更多颜色”选项，打开“颜色”对话框，在“自定义”选项卡中设置色标的颜色为 RGB（201，230，58），单击“确定”按钮，如图 3-40 所示。

步骤 3　选择第 2 个色标，设置其位置为 30%、透明度为 40%、颜色为 RGB（240，161，44）；选择第 3 个色标，设置其位置为 60%、透明度为 20%、颜色为 RGB（236，112，10）；选择第 4 个色标，设置其颜色为 RGB（232，87，6），然后调整文本框的大小，使其正好容纳输入的文本，如图 3-41 所示。

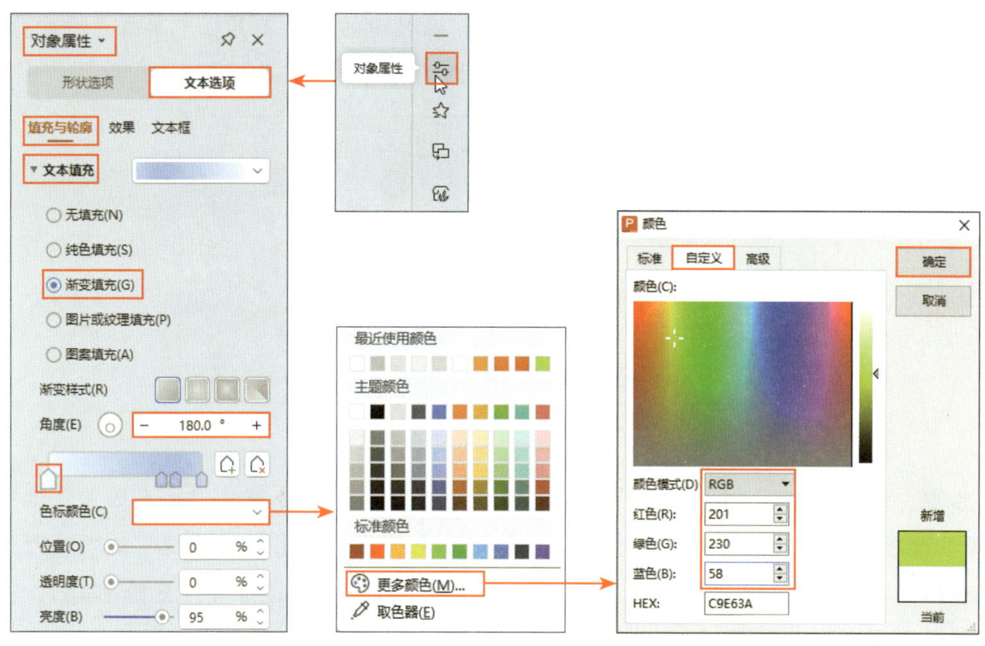

图 3-40　设置渐变角度和第 1 个色标的颜色

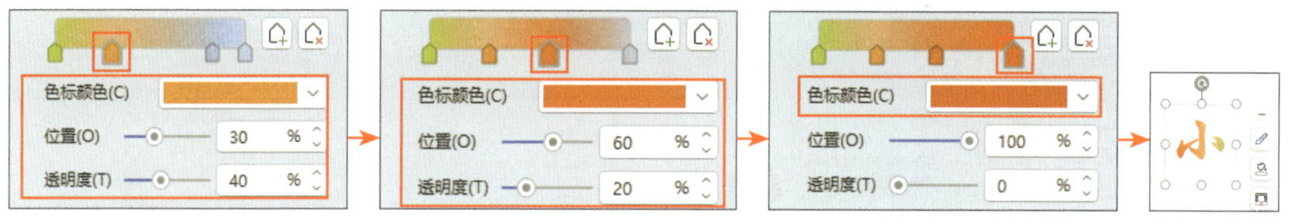

图 3-41　设置第 2～4 个色标的格式

步骤 4　保持“小”文本所在文本框的选中状态，在按住“Ctrl”组合键的同时将其向右拖动，将文本框复制一份。使用同样的方法将“小”文本所在文本框复制两份，并将复制得到的文本框中的文本分别修改为“画”“家”，如图 3-42 所示。

图 3-42　复制文本框并修改复制得到的文本框中的文本

提 示

如果在拖动文本框的同时按住“Shift+Ctrl”组合键，则可复制文本框且使复制得到的文本框与原文本框保持在同一条水平线或垂直线上。

步骤 5 配合“Shift”键选择 4 个文本框，在显示的快捷工具栏中单击“横向分布”按钮和“组合”按钮（见图 3-43），将文本框横向均匀分布并组合。

图 3-43 横向分布并组合文本框

步骤 6 保持组合对象的选中状态，在“对象属性”任务窗格“文本选项”选项卡“效果”选项“阴影”设置区的“阴影”下拉列表中选择“左上对角透视”选项，为组合对象中的文本设置阴影效果，然后将组合对象移到幻灯片的合适位置（见图 3-44），最后保存并关闭演示文稿。

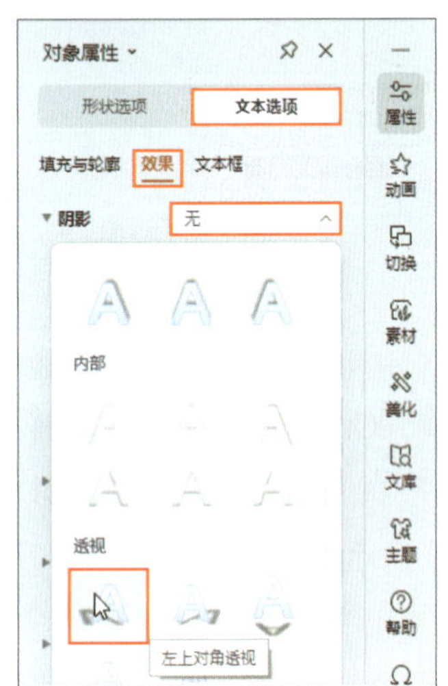

图 3-44 为组合对象中的文本设置阴影效果并移动组合对象的位置

项目考核

1. 选择题

（1）下列关于 WPS 演示文本框格式设置的说法，正确的是（　　）。

A. 文本框的轮廓粗细最大值为 6 磅

B．文本框的轮廓线型只能为实线

C．可以为文本框设置阴影效果

D．文本框的填充颜色只能为纯色

（2）在 WPS 演示中，要修改文本框中的部分文本，应（　　）。

A．首先选择该文本框中要修改的文本，然后重新输入文本

B．首先选择该文本框中要修改的文本，然后重新插入一个文本框，并在其中输入文本

C．首先删除该文本框，然后重新插入一个文本框，并在其中输入文本

D．重新插入一个文本框覆盖原文本框

（3）在 WPS 演示中，要复制占位符或文本框等对象，可在按住（　　）键的同时拖动鼠标。

A．“Shift”　　B．“Ctrl”

C．“Alt”　　D．“Enter”

（4）下列选项中，可在 WPS 演示的“字体”对话框中实现的是（　　）。

A．设置行距　　B．设置首行缩进

C．设置对齐方式　　D．设置字符间距

（5）下列关于 WPS 演示段落格式设置的说法，错误的是（　　）。

A．在“开始”选项卡中可以设置对齐方式

B．在“段落”对话框中可以设置行距

C．在“段落”对话框中可以设置段落间距

D．在“段落”对话框中可以设置项目符号

2．填空题

（1）在 WPS 演示中，可利用__________和__________输入文本。

（2）在 WPS 演示中，可在“开始”选项卡、__________选项卡或“字体”对话框中设置文本的字符格式。

（3）文本的段落格式主要包括对齐方式、__________、__________和段落间距等。

（4）幼儿园多媒体课件中文本使用常见问题有__________、字体与字号选择不当和文本颜色搭配不合理等。

（5）在 WPS 演示中，可利用“符号”下拉列表、“符号”对话框和__________等插入拼音与特殊符号。

（6）在 WPS 演示中，可利用__________选项卡插入数学公式。

项目评价

请学生结合本项目的学习情况，对学习成果进行自评和互评（组内成员相互评分），请指导教师进行师评和总评，并将评价结果填入表 3-1 中。

表 3-1 学习成果评价表

评价项目	评价内容	分值	评价分数		
			自评	互评	师评
知识（35%）	获取文本素材的方法	7 分			
	输入文本、特殊文本与符号的方法	10 分			
	设置文本格式与美化文本的方法	10 分			
	文本使用常见问题及解决方法	8 分			
能力（45%）	输入文本、特殊文本与符号	15 分			
	设置文本格式与美化文本	15 分			
	制作渐变文本	15 分			
素养（20%）	文明礼貌，遵守课堂纪律	5 分			
	认真负责，按时完成学习与实践任务	5 分			
	互帮互助，具有团队精神	5 分			
	坚定文化自信，具有传承汉字文明的使命感	5 分			
合计		100 分			
总评	综合分数：__________	指导教师签字：__________			
	综合等级：__________				

注：综合分数可按照“自评（25%）+ 互评（25%）+ 师评（50%）”进行计算；综合等级可以“优”（90 分≤综合分数≤100 分）、“良”（80 分≤综合分数＜ 90 分）、“中”（60 分≤综合分数＜ 80 分）、“差”（综合分数＜ 60 分）为标准进行评价。

项目四 幼儿园多媒体课件的图表设计

本章导读

凭借直观性和易理解性等特性，图表已经成为幼儿园多媒体课件中不可或缺的元素。精心设计的图表不仅能吸引幼儿的注意力，还能激发幼儿的学习兴趣，从而更有效地促进幼儿的学习活动。

本项目介绍在幼儿园多媒体课件中使用图片、形状、智能图形、表格与图表的方法。

学习目标

知识目标

- 熟悉获取图片素材的方法。
- 掌握在 WPS 演示中插入、编辑与美化图片的方法。
- 熟悉幼儿园多媒体课件中图片使用常见问题及解决方法。
- 掌握在 WPS 演示中插入、编辑与美化形状和智能图形，以及在其中输入文本的方法。
- 掌握在 WPS 演示中插入、编辑与美化表格和图表的方法。

能力目标

- 能够根据实际需求在幼儿园多媒体课件中使用图片、形状、智能图形、表格和图表。

素质目标

- 树立正确的版权观念，增强版权意识和法律意识。

任务一　使用图片

任务描述

在幼儿园多媒体课件中使用图片可以生动形象地展示教学内容，激发幼儿的学习兴趣，提升教学的趣味性。

本任务首先介绍在 WPS 演示中使用图片的方法，然后演示为“叶子的秘密”课件添加图片的操作，最后让学生自主完成“我运动，我快乐”课件图片的添加。

知识探究

一、获取图片素材

获取图片素材常用的方法如下。

（1）从网络上获取图片。从网络上获取图片的途径主要，一种是利用搜索引擎（如百度、搜狗、谷歌等）搜索图片关键字，并保存满足需求的图片；另一种是通过专业的图片素材网站获取图片，如包图网、花瓣网、千库网等。

拓展阅读

随着网络资源的日益丰富，获取图片素材变得更加便捷，但同时也带来了版权问题。因此，在使用任何图片资源时，必须确保自己拥有合法的使用权。例如，使用他人的摄影、绘画等作品时须确认作者是否开放商用授权；使用素材网站提供的图片资源时须确认是否需要注册账号并支付商用版权费用。

使用未经授权的图片不仅违反法律，还可能导致侵权纠纷。因此，我们必须尊重他人的知识产权，同时也要积极维护自己的知识产权，从而推动文化产业的健康和可持续发展。

（2）拍摄图片。当需要人物、建筑、自然景观等实物图片时，可以利用手机、相机等数码设备进行拍摄。

（3）利用软件制作图片。当从网络上获取或拍摄的图片无法满足需求时，可以使用

Illustrator、Photoshop 等图像制作软件制作图片。

高手点拨

在人工智能（artificial intelligence, AI）时代，利用 AI 技术生成图片已成为日益流行且高效的一种图片获取方式。利用 AI 技术，可以根据图片的主题、风格等需求快速生成特定的图片素材，充分满足了用户的个性化需求，同时有效提高了图片获取效率。

二、插入图片

在幻灯片中可以插入保存在计算机中的图片、联机图片和屏幕截图。

（1）插入保存在计算机中的图片。要插入保存在计算机中的图片，可在“插入”选项卡中单击“图片”下拉按钮，在展开的下拉列表中选择“本地图片”选项，在打开的“插入图片”对话框中选择所需图片，单击“打开”按钮。

提示

选择指定幻灯片版式后，单击内容占位符中的“插入图片”按钮，也可插入保存在计算机中的图片。

（2）插入联机图片。要插入联机图片，可在“插入”选项卡中单击“图片”下拉按钮，在展开下拉列表的“搜索图片”编辑框中输入图片关键词并单击“搜索”按钮，在打开的“图库”窗口中选择所需图片。需要注意的是，搜索的联机图片需要成为会员才能使用。

（3）插入屏幕截图。要插入屏幕截图，可在“插入”选项卡中单击“截屏”按钮，或单击“截屏”下拉按钮，在展开的下拉列表中选择一种屏幕截取方式，然后拖动鼠标截取所需屏幕区域，在显示的快捷工具栏中单击“完成截图”按钮✓。

三、编辑与美化图片

插入图片后，利用“图片工具”选项卡（见图 4-1）可对插入的图片进行各种编辑与美化操作，如设置图片的大小，裁剪、旋转图片，设置图片样式等。

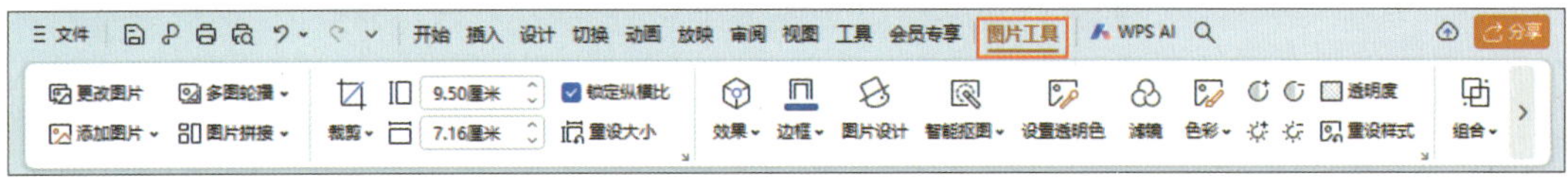

图 4-1　“图片工具”选项卡

（1）设置图片的大小。要设置图片的大小，可先将鼠标指针移到图片上，待鼠标指针变为形状时单击，选择图片，然后拖动图片边框的白色控制点○。其中，拖动图片边框上方或下方中部的控制点，可调整图片的高度；拖动图片边框左侧或右侧中部的控制点，可调整图片的宽度；拖动图片边框 4 个角的控制点，可等比例缩放图片。要精确设置图片的大小，可在“图片工具”选项卡的“高度”编辑框和“宽度”编辑框中输入数值或单击其右侧的调节按钮。

（2）裁剪图片。要裁剪图片，可先选择图片，然后在“图片工具”选项卡中单击“裁剪”按钮，接着拖动图片边框的裁剪控制点┏、┓、┗、┛、━、┃，最后按“Esc”键或单击图片外的任意区域。

要将图片裁剪为椭圆形、三角形等指定形状，或按一定比例裁剪，可先选择图片，然后将鼠标指针移到“图片工具”选项卡“裁剪”下拉列表中“裁剪”选项右侧的›按钮上，在展开的列表（见图 4-2）中选择“按形状裁剪”或“按比例裁剪”选项卡中的相应选项。

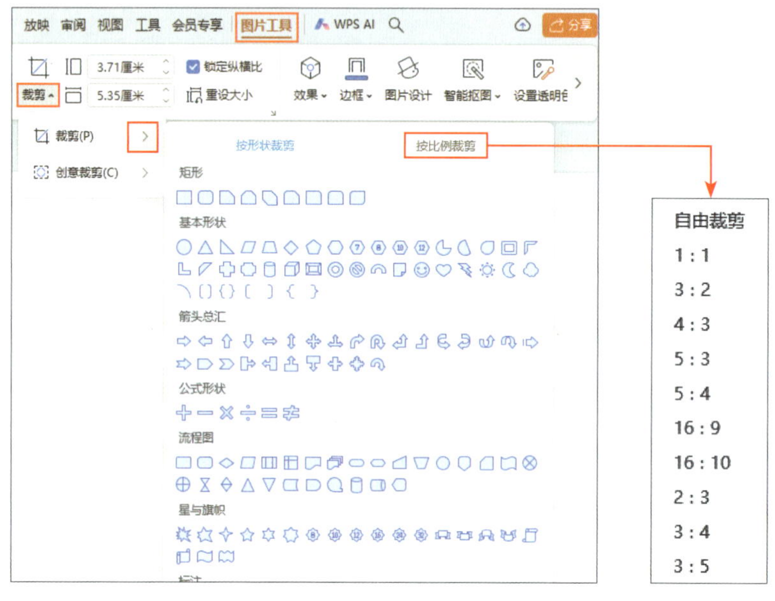

图 4-2 “裁剪”列表

（3）旋转图片。要旋转图片，可先选择图片，然后拖动图片边框上方的旋转控制点，或在“图片工具”选项卡中单击“旋转”下拉按钮，在展开的下拉列表中选择相应选项。要精确设置图片的旋转角度，可单击工作界面右侧的“对象属性”按钮，打开“对象属性”任务窗格，在“大小与属性”选项“大小”设置区的“旋转”编辑框中输入数值或单击数值两侧的调节按钮。

知识库

当在幻灯片中添加多个对象后，在“开始”选项卡或“图片工具”选项卡中单击“选择”下拉按钮，在展开的下拉列表中选择“选择窗格”选项，可打开“选择窗格”任务窗格（见图 4-3），其中显示了当前幻灯片中的所有对象（如图片、占位符和文本框等），单击对象名称可选择要操作的对象。

图 4-3　打开“选择窗格”任务窗格

四、幼儿园多媒体课件中图片使用常见问题及解决方法

幼儿园多媒体课件中图片使用常见问题有图片变形或失真，图片信息冗余，图片与课件主题或内容无关，图片排列凌乱、无序等，这些问题都有相应的解决方法。

1. 图片变形或失真

制作幼儿园多媒体课件时，如果随意拖动图片边框上下或左右的控制点，可能会造成图片变形或失真，从而降低课件的美观度，且会误导幼儿的审美观念，不利于培养幼儿对美的感知和欣赏能力。

解决图片变形或失真的方法是，选择高质量图片；设置图片大小时等比例缩放图片。

2. 图片信息冗余

制作幼儿园多媒体课件时，如果选择的图片中有水印或其他与课件主题无关的内容，则会影响课件内容的呈现和界面的美观度。

解决图片信息冗余的方法是，利用 WPS 演示的裁剪功能或设置透明色功能（见图 4-4）处理图片；利用图像制作软件，如 Photoshop 等处理图片。

图 4-4 利用设置透明色功能删除图片的白色背景

3. 图片与课件主题或内容无关

制作幼儿园多媒体课件时，制作者为避免幻灯片单调、乏味，通常会插入一些与课件主题或内容无关的图片，这不仅起不到装饰作用，还会影响课件内容的呈现。

解决图片与课件主题或内容无关的方法是，选择与课件主题或内容相关的图片。

4. 图片排列凌乱、无序

制作幼儿园多媒体课件时，如果在一张幻灯片中使用多张图片或文本与图片混排，则会导致界面杂乱无章，影响幼儿的注意力。

解决图片排列凌乱、无序的方法是，同时使用多张图片时，可以采用四宫格或九宫格等构图方法排列图片；当同时使用文本与图片时，可以将文本与图片上下或左右排列，并调整文本与图片的间距和对齐方式。

案例演示——为“叶子的秘密”课件添加图片

本案例演示通过为“叶子的秘密”课件添加图片，练习在幻灯片中插入、编辑与美化图片的操作。

为“叶子的秘密”课件添加图片

步骤 1 打开本书配套素材“素材与实例”/“项目四”/“任务一”/“叶子的秘密”/“叶子的秘密”课件，将其另存为“叶子的秘密（添加图片）”。

步骤 2 在“幻灯片”窗格中选择第 1 张幻灯片，在“插入”选项卡中单击“图片”下拉按钮，在展开的下拉列表中选择“本地图片”选项，打开“插入图片”对话框，配合“Ctrl”键选择本书配套素材“素材与实例”/“项目四”/“任务一”/“叶子的秘密”/“卡通鼠”“小树叶 3”图片（见图 4-5），单击“打开”按钮，将所选图片插入幻灯片。

图 4-5 选择要插入的图片

提 示

为“叶子的秘密”课件添加图片使用的素材均在本书配套素材“素材与实例”/“项目四”/“任务一”/“叶子的秘密”文件夹中。

步骤 3 选择“卡通鼠”图片，在“图片工具”选项卡中设置其高度为5.5厘米，然后单击“旋转”下拉按钮，在展开的下拉列表中选择“水平翻转”选项，如图4-6所示。

步骤 4 选择“小树叶3”图片，在“图片工具”选项卡中设置其高度为2厘米，然后将图片复制两份，并将复制得到的图片的高度分别修改为1.5厘米、1厘米，最后参照图4-7排列图片。

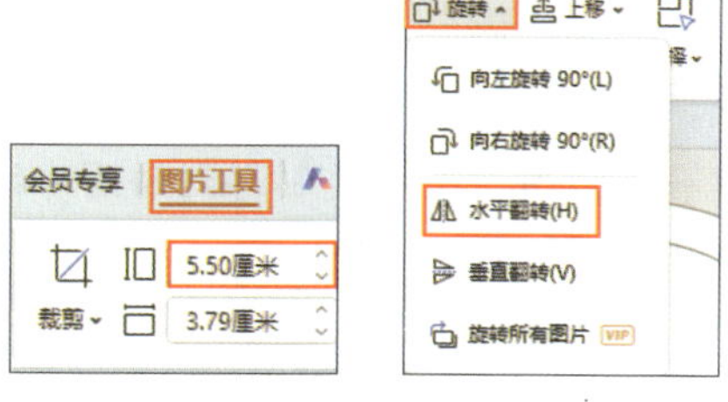

图 4-6 设置图片的高度和旋转方式

图 4-7 第1张幻灯片效果

步骤 5 在“幻灯片”窗格中选择第2张幻灯片，为其应用“目录页”版式，然后在其中插入素材图片“卡通鼠”，并设置图片的高度为10厘米，最后将图片移到幻灯片右侧中部，如图4-8所示。

图 4-8　第 2 张幻灯片效果

步骤 6　配合“Shift”键在“幻灯片”窗格中选择第 3～14 张幻灯片，为其应用“内容页”版式。

步骤 7　在第 3 张幻灯片中依次插入素材图片“房子”“小树叶 2”“大树”，并设置“房子”“大树”图片的高度均为 11 厘米。

步骤 8　选择“大树”图片，在“图片工具”选项卡中单击“设置透明色”按钮，在“大树”图片的白色区域单击，将图片的背景颜色设置为透明；单击“旋转”下拉按钮，在展开的下拉列表中选择“水平翻转”选项，将图片水平翻转；单击“对齐”下拉按钮，在展开的下拉列表中分别选择“左对齐”选项和“底端对齐”选项（见图 4-9），将图片相对于幻灯片左侧和底端对齐。

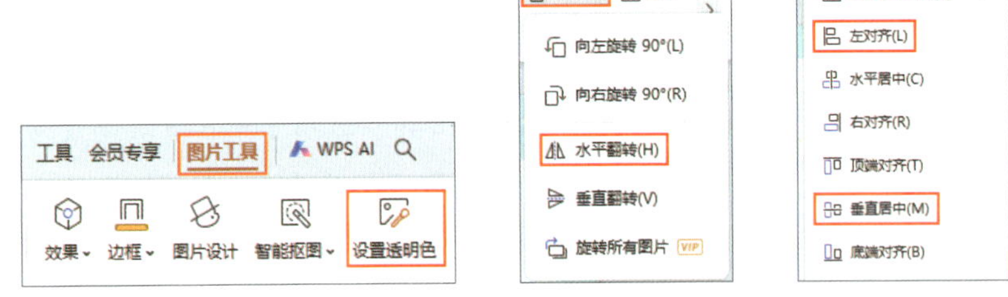

图 4-9　设置图片的背景颜色、旋转方式和对齐方式

步骤 9　选择“小树叶 2”图片，设置其高度为 3.5 厘米，并将其向左旋转 90°，然后将第 2 张幻灯片中的“卡通鼠”图片复制到第 3 张幻灯片，并将复制得到的图片的高度修改为 7 厘米，最后参照图 4-10 排列“小树叶 2”“房子”“卡通鼠”图片。

步骤 10　将第 3 张幻灯片中的“房子”“卡通鼠”图片复制到第 4 张幻灯片，然后将复制得到的“卡通鼠”图片的高度修改为 3.1 厘米，并将其水平翻转，接着在第 4 张幻灯片中插入素材图片“小树叶 3”，最后参照图 4-11 排列图片。

步骤 11　在第 5 张幻灯片中插入素材图片“盆栽黄”“小树叶 1”“卡通鼠”“问号”，然后设置“盆栽黄”图片的背景颜色为透明、高度为 8.8 厘米，“小树叶 1”图片的高度为 4.1 厘米，“卡通鼠”图片的高度为 9 厘米，“问号”图片的高度为 4.1 厘米。

图 4-10　第 3 张幻灯片效果

图 4-11　第 4 张幻灯片效果

步骤 12　选择“问号”图片，将鼠标指针移到图片上方的旋转控制点上，待鼠标指针变为形状时按住鼠标左键并向右拖动，到合适角度后释放鼠标，将图片旋转，如图 4-12 所示。

步骤 13　将“小树叶 1”图片复制两份，并将 3 张“小树叶 1”图片旋转合适角度，然后参照图 4-13 排列图片。

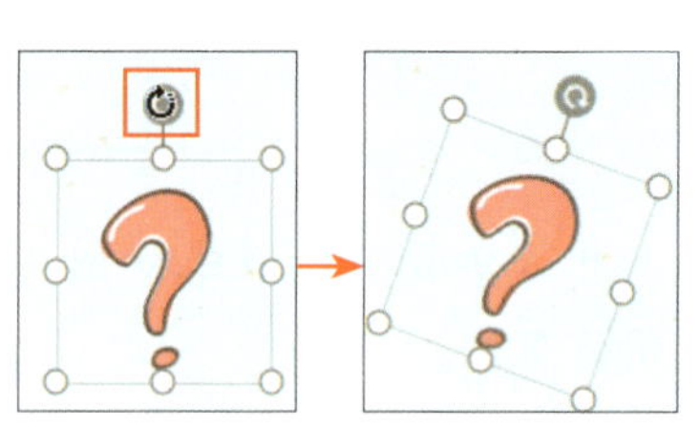
图 4-12　旋转图片

图 4-13　第 5 张幻灯片效果

步骤 14　同时选择第 5 张幻灯片左侧的“盆栽黄”“小树叶 1”（3 张）图片，将其复制到第 6 张幻灯片，然后将复制得到的图片整体移到幻灯片右侧，如图 4-14 所示。

步骤 15　在第 7 张幻灯片中插入素材图片“房子”，并设置图片的高度为 9 厘米，然后将图片移到幻灯片右下方。

步骤 16　将第 5 张幻灯片中的“卡通鼠”图片复制到第 7 张幻灯片，并将复制得到的图片移到幻灯片中下方，然后将“卡通鼠”图片复制一份，并将复制得到的图片的高度修改为 6 厘米，最后将其水平翻转后移到幻灯片左下方，如图 4-15 所示。

图 4-14　第 6 张幻灯片效果

图 4-15　复制并编辑图片

步骤 17 在第 7 张幻灯片中插入素材图片“盆栽绿”，设置图片的背景颜色为透明、高度为 3.2 厘米，并将其移到幻灯片左下方的“卡通鼠”图片上，然后同时选择幻灯片左下方的“卡通鼠”图片和“盆栽绿”图片，在“图片工具”选项卡中单击“组合”下拉按钮，在展开的下拉列表中选择“组合”选项，或单击快捷工具栏中的“组合”按钮（见图 4-16），将所选图片组合。

步骤 18 选择组合对象中的“盆栽绿”图片（见图 4-17），依次按“Ctrl+C”组合键和“Ctrl+V”组合键，将所选图片复制一份，并将两张“盆栽绿”图片重叠排列（项目六为图片设置动画效果后会显示重叠的图片）。

图 4-16 单击快捷工具栏中的“组合”按钮

图 4-17 选择组合对象中的图片

步骤 19 使用同样的方法在第 8～15 张幻灯片中添加图片，效果如图 4-18 所示。至此，“叶子的秘密”课件图片添加完毕，保存并关闭该课件。

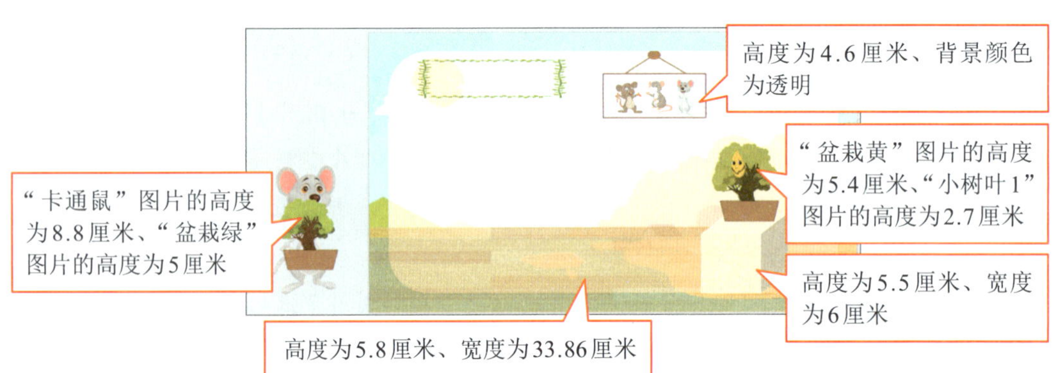

第8张幻灯片

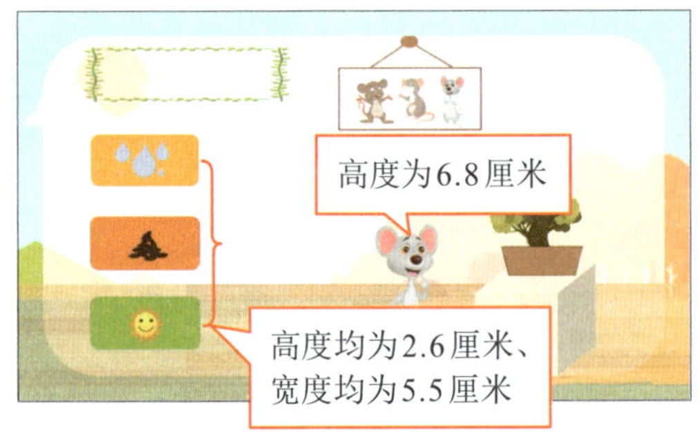

第9张幻灯片

第10～11张幻灯片

第12张幻灯片

第13张幻灯片

第14张幻灯片

第15张幻灯片

图4-18　第8～15张幻灯片效果

举一反三——为“我运动，我快乐”课件添加图片

打开本书配套素材“素材与实例”/“项目四”/“任务一”/“我运动，我快乐”/“我运动，我快乐”课件（为该课件添加图片使用的素材均在本书配套素材“素材与实例”/“项目四”/“任务一”/“我运动，我快乐”文件夹中），然后按如下要求对其进行操作。

（1）将课件另存为“我运动，我快乐（添加图片）”。

（2）参照图4-19在第2张和第5～8张幻灯片中添加图片。

第2张幻灯片

第5张幻灯片

第6张幻灯片

第7张幻灯片

第8张幻灯片

图 4-19　第 2 张和第 5～8 张幻灯片效果

任务二　使用形状与智能图形

任务描述

在幼儿园多媒体课件中使用形状与智能图形不仅能提高幼儿的认知能力，激发幼儿的创造力和想象力，还能增强课件的互动性和吸引力。

本任务首先介绍在 WPS 演示中使用形状与智能图形的方法，然后演示为“叶子的秘密”课件添加形状与智能图形的操作，最后让学生自主完成“我运动，我快乐”课件形状与智能图形的添加。

知识探究

一、使用形状

1. 插入形状

要在幻灯片中插入形状，可在“插入”选项卡中单击“形状”下拉按钮，在展开的下拉列表中选择所需形状，然后在幻灯片中要插入形状的位置单击或按住鼠标左键并拖动绘制形状。

> **提 示**
>
> 如果在绘制形状的过程中按住“Shift”键，则可绘制规则形状，如正圆、正方形、正多边形、正星形，以及水平线、垂直线等。

2. 编辑与美化形状

插入形状后，利用“绘图工具”选项卡（见图 4-20）可对形状进行各种编辑与美化操作，如设置形状的样式、大小、叠放次序、对齐方式，旋转形状，组合形状及对形状进行布尔运算等。

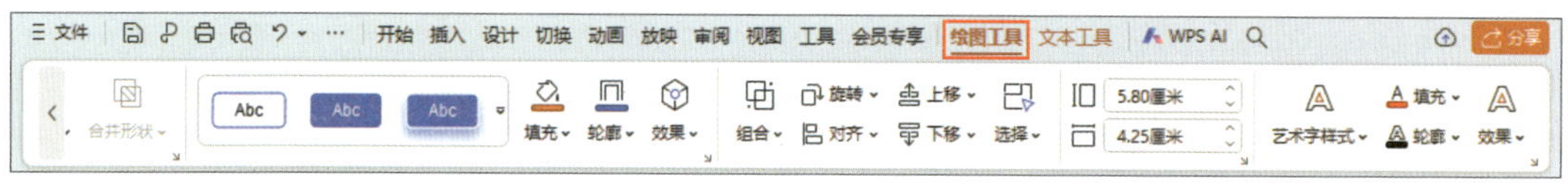

图 4-20 “绘图工具”选项卡

对形状进行布尔运算的方法是，先选择要进行布尔运算的形状（两个或两个以上），然后在“绘图工具”选项卡中单击“合并形状”下拉按钮，在展开的下拉列表中选择相应选项。图 4-21 为多个形状的结合、组合、拆分、相交和剪除效果。

原始形状

椭圆、梯形与菱形的结合效果

椭圆、梯形与菱形的组合效果

椭圆、梯形与菱形拆分并移动后的效果

椭圆与菱形的相交效果

椭圆、梯形与菱形的剪除效果

图 4-21 合并形状效果

“合并形状”下拉列表中各选项的含义如下。

（1）结合。该选项表示将选择的多个形状合并成一个形状，形状的重叠部分会融合。

（2）组合。该选项表示将选择的多个形状合并成一个形状，形状的重叠部分会删除。

（3）拆分。该选项表示将选择的多个形状与形状的重叠部分分开，得到多个独立形状。

（4）相交。该选项表示只保留选择形状的重叠部分。

（5）剪除。该选项表示保留第 1 个选择的形状与后续选择形状的非重叠部分。

提 示

对形状进行布尔运算后得到的新形状及其填充颜色、线条等与选择形状的先后顺序有关。

3. 在形状中输入文本

要在形状中输入文本，可先选择形状，然后输入所需文本，或在所选形状的右键快捷菜单中选择“编辑文字”选项，在形状中输入所需文本，最后单击形状外的任意区域。在形状中输入文本后，可利用“开始”选项卡或“文本工具”选项卡设置文本的格式、美化文本等。

二、使用智能图形

1. 插入智能图形

智能图形主要用于列示项目、演示流程、表达层次结构等。要在幻灯片中插入智能图形，可在“插入”选项卡中单击“智能图形”按钮，打开“智能图形”窗口（见图 4-22），在窗口上方选择智能图形类别、布局方式、付费类型，然后选择所需智能图形。

图 4-22 打开“智能图形”窗口

2. 编辑与美化智能图形

插入智能图形后，可对其进行编辑与美化操作，如设置智能图形的大小和样式、调整形状层级关系、更改布局、更改形状外观等。其中，编辑与美化除 SmartArt 类别外智能图形的方法和编辑与美化形状的方法基本相同。

要编辑与美化 SmartArt 类别的智能图形，可先选择智能图形，然后在“设计”选项卡（见图 4-23）中进行设置。

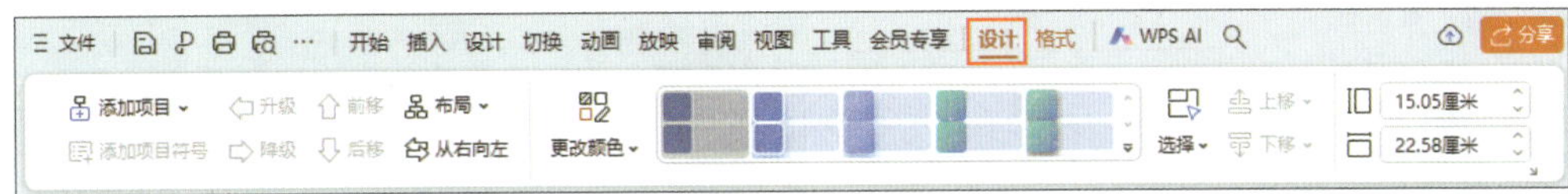

图 4-23 “设计”选项卡

要在 SmartArt 类别的智能图形中添加形状，可先选择智能图形中的某个形状，然后在“设计”选项卡中单击“添加项目”下拉按钮，在展开的下拉列表中选择要添加形状的位置，或在所选形状右侧显示的快捷工具栏中单击“添加项目”按钮，在展开的列表中选择要添加形状的位置；要删除 SmartArt 类别智能图形中的形状，可先选择智能图形中的某个形状，然后按“Delete”键。

3. 在智能图形中输入文本

要在智能图形中输入文本，可先单击智能图形中的占位符或“文本”字样，然后输入所需文本，最后单击智能图形外的任意区域。在智能图形中输入文本后，可利用“文本工具”选项卡、“格式”选项卡或“开始”选项卡设置文本的格式、美化文本等。

提 示

单击 SmartArt 图形形状中的“插入图片”按钮，在打开的“插入图片”对话框中选择图片后单击“打开”按钮，可用所选图片填充该形状。

案例演示——为“叶子的秘密”课件添加形状与智能图形

本案例演示通过为“叶子的秘密”课件添加形状与智能图形，练习在幻灯片中插入、编辑和美化形状与智能图形的操作。

为“叶子的秘密”课件添加形状与智能图形

步骤 1 打开本书配套素材“素材与实例”/“项目四”/“任务二”/“叶子的秘密”/“叶子的秘密”课件，将其另存为“叶子的秘密（添加形状与智能图形）”。

步骤 2 添加智能图形。在“幻灯片”窗格中选择第 2 张幻灯片，在“插入”选项卡中单击“智能图形”按钮，打开“智能图形”窗口，在“并列”选项卡中选择“4 项”布局方式中免费的指定智能图形，在幻灯片中插入所选智能图形，如图 4-24 所示。

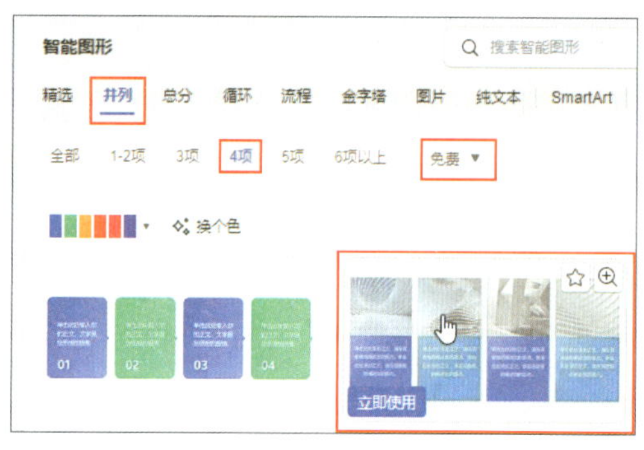

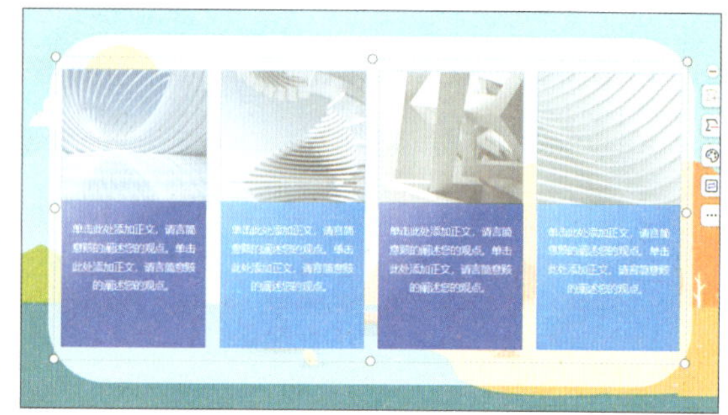

图 4-24　在幻灯片中插入智能图形

步骤 3 单击智能图形第 1 组形状中的文本占位符，输入文本“听一听”。使用同样的方法在智能图形其他 3 组形状的文本占位符中输入文本“说一说”“想一想”“学一学”，如图 4-25 所示。

步骤 4 同时选择 4 个文本占位符，在“文本工具”选项卡中设置文本的格式为 24 磅、垂直居中对齐，如图 4-26 所示。

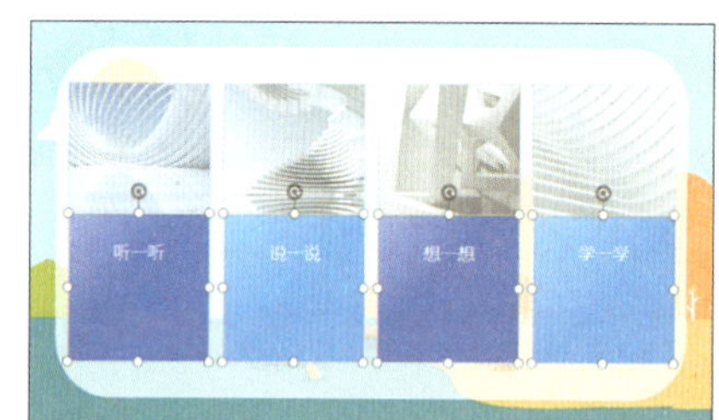

图 4-25　在文本占位符中输入文本

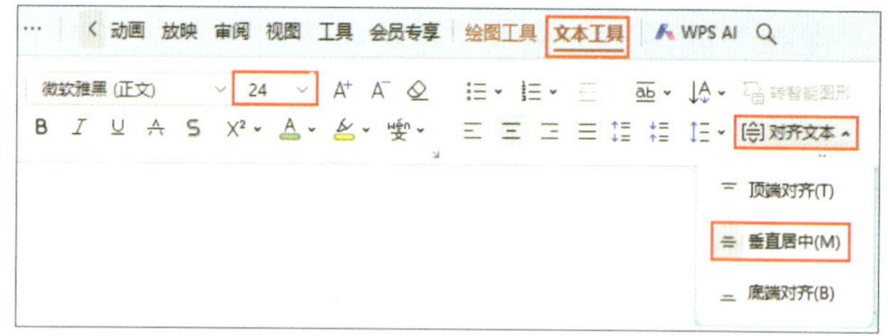

图 4-26　设置文本的格式

步骤 5 保持 4 个文本占位符的选中状态，在“绘图工具”选项卡中设置其高度为 3.4 厘米、宽度为 4.8 厘米，然后单击“编辑形状”下拉按钮，在展开的下拉列表中选择“更改形状”/“对角圆角矩形”选项，最后单击“填充”下拉按钮，在展开的下拉列表中选择“浅绿，着色 4，浅色 40%”选项，如图 4-27 所示。

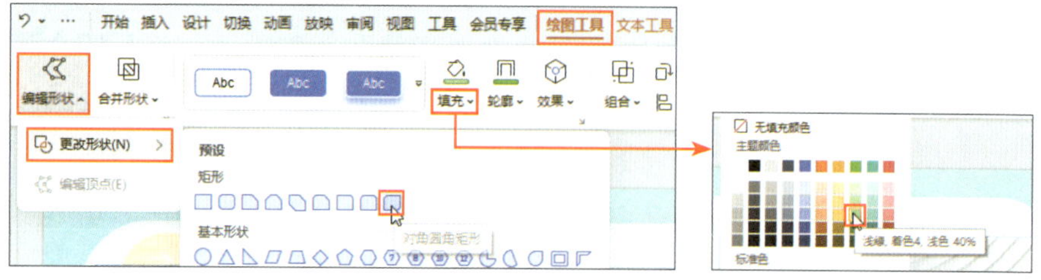

图 4-27　更改形状并设置形状的填充颜色

步骤 6　单击对角圆角矩形外的任意区域，然后选择“听一听”文本所在对角圆角矩形，将鼠标指针移到其左上方的黄色控制点◇上，待鼠标指针变为▷形状时按住鼠标左键并向右拖动，到合适位置后释放鼠标，调整其外观，如图 4-28 所示。使用同样的方法调整其他 3 个对角圆角矩形的外观。

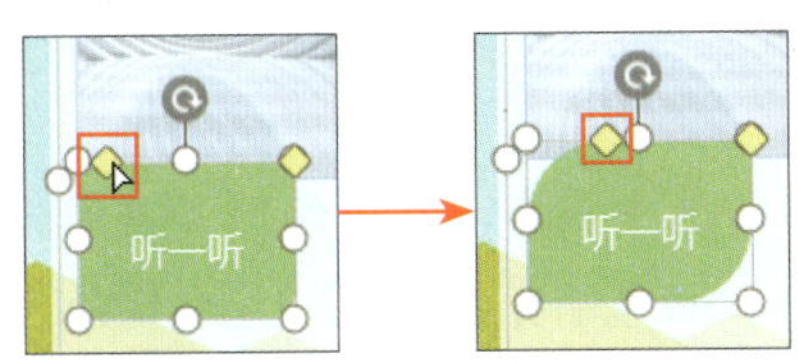

图 4-28　调整对角圆角矩形的外观

步骤 7　右击“听一听”文本所在对角圆角矩形上方的图片，在弹出的快捷菜单中选择“更改图片”选项，打开“更改图片”对话框，选择本书配套素材“素材与实例”/“项目四”/“任务二”/“叶子的秘密”/“小树叶”图片，单击“打开”按钮，使用所选图片替换智能图形中的默认图片。使用同样的方法使用素材图片“小树叶”分别替换“说一说”“想一想”“学一学”文本所在对角圆角矩形上方的图片。

步骤 8　选择“听一听”文本所在对角圆角矩形上方的图片，将鼠标指针移到“图片工具”选项卡“裁剪”下拉列表中“裁剪”选项右侧的 › 按钮上，在展开的列表中选择“按形状裁剪”选项卡“基本形状”类别中的“椭圆”选项，按“Esc”键，将图片裁剪为椭圆。

步骤 9　保持图片的选中状态，在“图片工具”选项卡中设置图片的高度为 2.7 厘米、效果为“阴影”/“右下斜偏移”、边框颜色为无，如图 4-29 所示。

步骤 10　使用同样的方法分别将“说一说”“想一想”“学一学”文本所在对角圆角矩形上方的图片裁剪为椭圆并设置其格式，然后参照图 4-30 排列图片和对角圆角矩形。

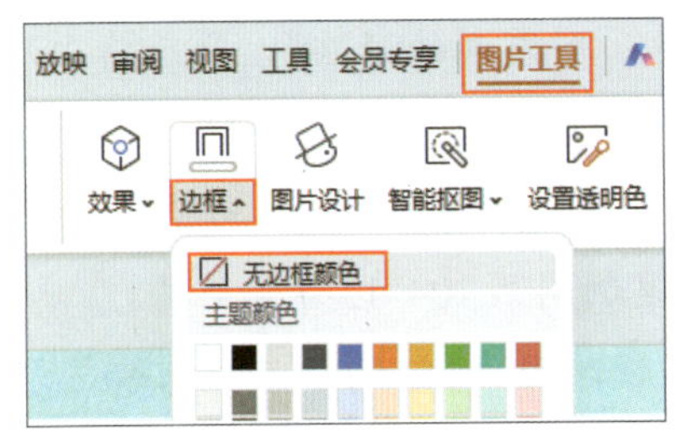

图 4-29　设置图片边框

图 4-30　图片和对角圆角矩形排列效果

步骤 11　添加形状。在“幻灯片”窗格中选择第 3 张幻灯片，在“插入”选项卡中单击“形状”下拉按钮，在展开的下拉列表中选择“矩形”类别中的“圆角矩形”选项，在幻灯片中单击，绘制圆角矩形，如图 4-31 所示。

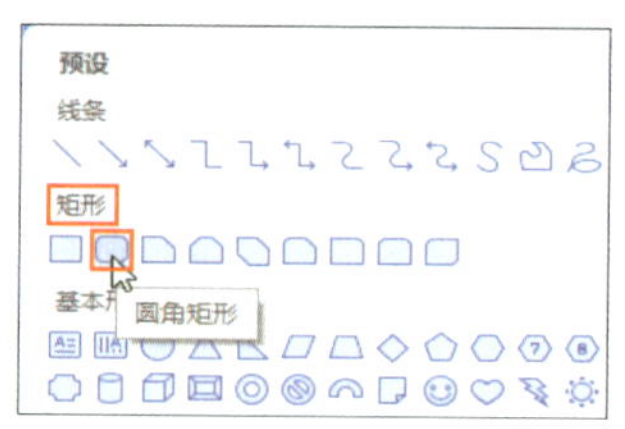

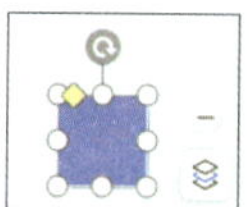

图 4-31　绘制圆角矩形

步骤 12　保持圆角矩形的选中状态，在“绘图工具”选项卡中单击“填充”下拉按钮，在展开的下拉列表中选择“白色，背景 1，深色 5%”选项，设置圆角矩形的填充颜色为所选颜色；单击“轮廓”下拉按钮，在展开的下拉列表中选择“无边框颜色”选项，设置圆角矩形的轮廓颜色为无，然后设置圆角矩形的高度为 1.8 厘米、宽度为 8.2 厘米，如图 4-32 所示。

步骤 13　在圆角矩形中输入文本“听一听：两个好朋友”，并在“文本工具”选项卡中设置文本的格式为 20 磅、“浅绿，着色 4”、文字阴影，然后将圆角矩形移到幻灯片左上方图片中部，如图 4-33 所示。

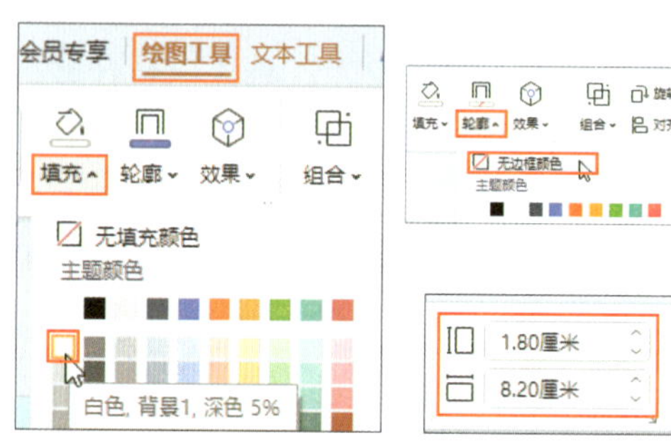

图 4-32　设置圆角矩形的填充颜色、轮廓颜色和大小

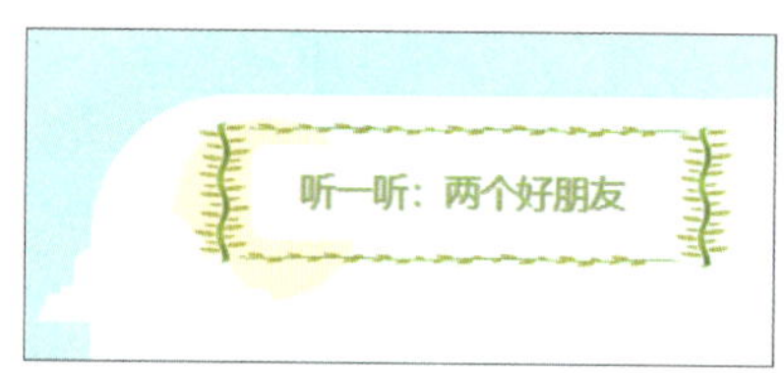

图 4-33　圆角矩形效果

步骤 14　将“听一听：两个好朋友”文本所在圆角矩形复制到第 4 张幻灯片，然后将第 4 张幻灯片圆角矩形中的文本修改为“说一说：朋友间的烦恼”，最后将“说一说：朋友间的烦恼”文本所在圆角矩形复制到第 5～9 张幻灯片。

步骤 15　将第 9 张幻灯片圆角矩形中的文本修改为“想一想：帮一帮小老鼠”，然后将“想一想：帮一帮小老鼠”文本所在圆角矩形复制到第 10～13 张幻灯片。

步骤 16　将第 13 张幻灯片圆角矩形中的文本修改为“学一学：小树叶和光”，然后将“学一学：小树叶和光”文本所在圆角矩形复制到第 14 张幻灯片。

步骤 17　在“幻灯片”窗格中选择第 4 张幻灯片，在“插入”选项卡的“形状”下拉列表中选择“标注”类别中的“云形标注”选项（见图 4-34），在幻灯片中单击，绘制云形标注。

步骤 18　保持云形标注的选中状态，在“绘图工具”选项卡中设置其填充颜色为“橙色，着色 3，浅色 40%”、轮廓颜色为无，然后在云形标注中输入文本“我的好朋友小树叶最近变得有些不一样。”，并在“文本工具”选项卡中设置文本的格式为“浅绿，着色4，深色25%”、加粗、1.5倍行距。

步骤 19 调整云形标注的大小，使其中的文本以两行显示，然后将鼠标指针移到云形标注下方的黄色控制点◇上，待鼠标指针变为▷形状时按住鼠标左键并向左拖动，到合适位置后释放鼠标，最后将云形标注移到幻灯片的合适位置，如图4-35所示。

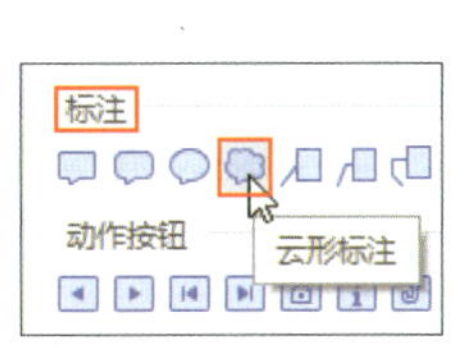

图4-34 选择“云形标注”选项

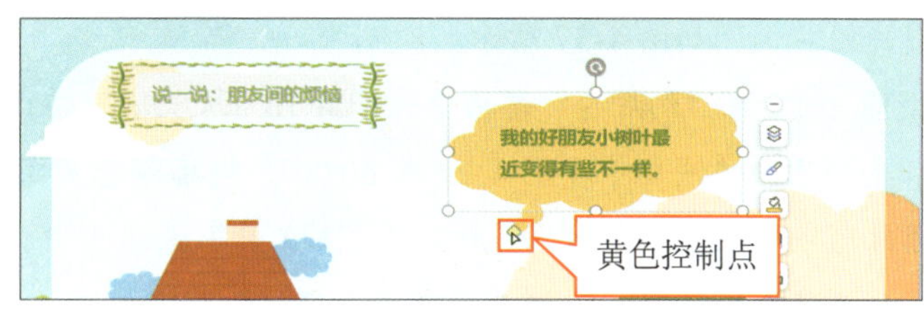

图4-35 云形标注效果

步骤 20 将“我的好朋友小树叶最近变得有些不一样。”文本所在云形标注复制到第6～14张幻灯片（第14张幻灯片中复制两份），然后分别修改第6～14张幻灯片中云形标注中的文本、云形标注的大小和位置，效果如图4-36所示。

第6张幻灯片

第7张幻灯片

第8张幻灯片

第9张幻灯片

第10张幻灯片

第11张幻灯片

第12张幻灯片

第13张幻灯片

第14张幻灯片

图4-36 第6～14张幻灯片中云形标注效果

步骤 21 在“幻灯片”窗格中选择第 9 张幻灯片，在其中绘制高度为 1.8 厘米、宽度为 2.8 厘米、填充颜色为“橙色，着色 3，浅色 80%”、轮廓颜色为无的圆角矩形。

步骤 22 在圆角矩形中输入文本“浇水”，并在“文本工具”选项卡中设置文本的格式为 22 磅、“橙色，着色 3，深色 25%”，然后将“浇水”文本所在圆角矩形复制两份，并将复制得到的圆角矩形中的文本分别修改为“施肥”“光照”，最后将圆角矩形分别移到对应图片的右侧，如图 4-37 所示。

步骤 23 在“幻灯片”窗格中选择第 10 张幻灯片，在其中绘制高度和宽度均为 3.8 厘米、填充颜色为“浅绿，着色 4，浅色 60%”、轮廓颜色为“白色，背景 1”的圆柱形，然后在圆柱形中输入文本“水”，并在“文本工具”选项卡中设置文本的格式为 28 磅，最后将圆柱形旋转合适角度，并将其移到“卡通鼠”图片右侧，如图 4-38 所示。

图 4-37　圆角矩形效果

图 4-38　圆柱形效果

步骤 24 在幻灯片中绘制高度和宽度均为 1.2 厘米、填充颜色为“钢蓝，着色 1，浅色 60%”、轮廓颜色为无的泪滴形，然后将泪滴形旋转合适角度，如图 4-39 所示。

步骤 25 将泪滴形复制两份，并将复制得到的其中一个泪滴形的高度和宽度均修改为 0.8 厘米，然后参照图 4-40 排列泪滴形。

步骤 26 将泪滴形复制两份，并将复制得到的泪滴形的高度和宽度均修改为 0.4 厘米、填充颜色修改为“钢蓝，着色 1，浅色 80%”、轮廓颜色修改为“白色，背景 1”，然后将泪滴形移到“小树叶 1”图片的合适位置，如图 4-41 所示。

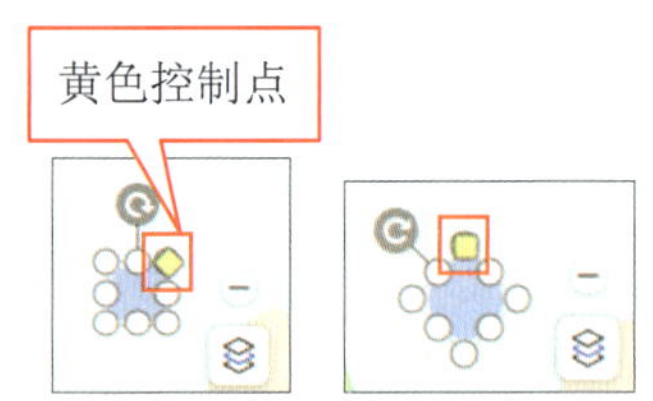

图 4-39　旋转泪滴形

图 4-40　3 个泪滴形效果

图 4-41　两个泪滴形效果

步骤 27 同时选择“小树叶 1”图片上的两个泪滴形，将其复制到第 11 张幻灯片“小树叶 1”图片的合适位置。

步骤 28 使用同样的方法在第 11～12 张幻灯片中添加形状，效果如图 4-42 所示。

至此，“叶子的秘密”课件形状与智能图形添加完毕，保存并关闭该课件。

第11张幻灯片

第12张幻灯片

图4-42 第11～12张幻灯片效果

举一反三 ——为“我运动，我快乐”课件添加形状与智能图形

打开本书配套素材“素材与实例”/“项目四”/“任务二”/“我运动，我快乐”/“我运动，我快乐”课件（为该课件添加形状与智能图形使用的素材均在本书配套素材“素材与实例”/“项目四”/“任务二”/“我运动，我快乐”文件夹中），然后按如下要求对其进行操作。

（1）将课件另存为“我运动，我快乐（添加形状与智能图形）”。

（2）在第4张幻灯片中插入图片类别的智能图形，并使用素材图片替换智能图形中的默认图片；将智能图形中的图片与其下方的矩形组合，将组合对象旋转合适角度并调整其位置，如图4-43所示。

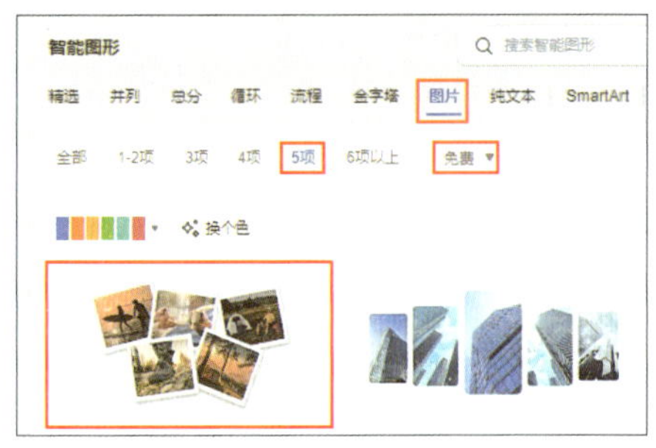

图 4-43　在第 4 张幻灯片中插入智能图形

（3）在第 5~6 张幻灯片中图片下方绘制高度为 1.5 厘米、宽度为 4.7 厘米、填充颜色为“橙色 , 着色 3”、轮廓颜色为无的圆角矩形，在其中输入说明文本并设置文本的格式为 28 磅、蓝色、加粗，如图 4-44 所示。

第 5 张幻灯片

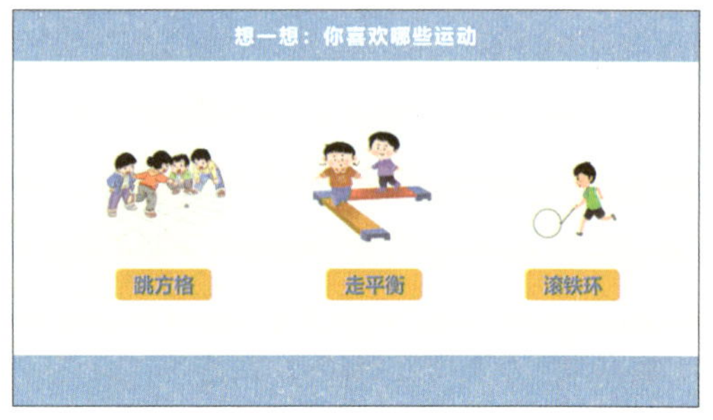

第 6 张幻灯片

图 4-44　利用圆角矩形在图片下方输入说明文本

（4）在第 7~8 张幻灯片中绘制高度为 1.6 厘米、宽度为 6.2 厘米、填充颜色为浅蓝色、轮廓颜色为无的圆角矩形，在其中输入说明文本“点击图片验证答案”；在图片下方绘制高度为 1.5 厘米、宽度为 4.7 厘米、填充颜色为“橙色 , 着色 3”、轮廓颜色为无的圆角矩形，在其中输入说明文本并设置文本的格式为 28 磅、蓝色、加粗，如图 4-45 所示。

第 7 张幻灯片

第 8 张幻灯片

图 4-45　利用圆角矩形输入说明文本

（5）在第 9 张幻灯片中绘制高度为 1.7 厘米、宽度为 1.4 厘米的矩形和高度为 2.3 厘米、宽度为 1.9 厘米的椭圆；设置矩形和椭圆的效果均为“阴影”/“右下斜偏移”，填充方式均为渐变填充，且 3 个色标的颜色从左到右依次为“白色，背景 1”“巧克力黄，着色 2”“巧克力黄，着色 2，深色 25%”，3 个色标的位置从左到右依次为 0%、50%、100%，3 个色标的亮度从左到右依次为 0%、0%、-25%，如图 4-46 所示。

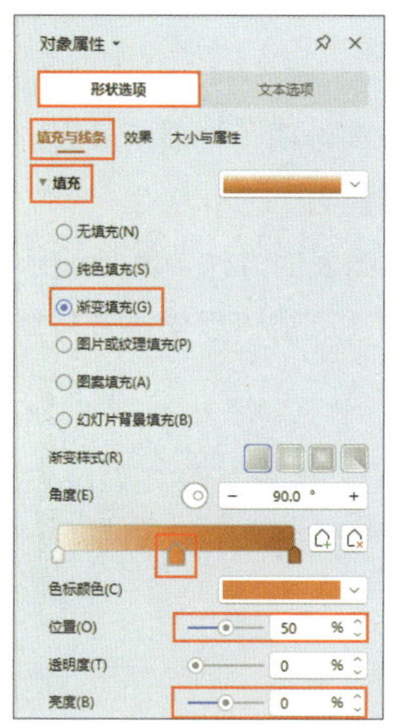

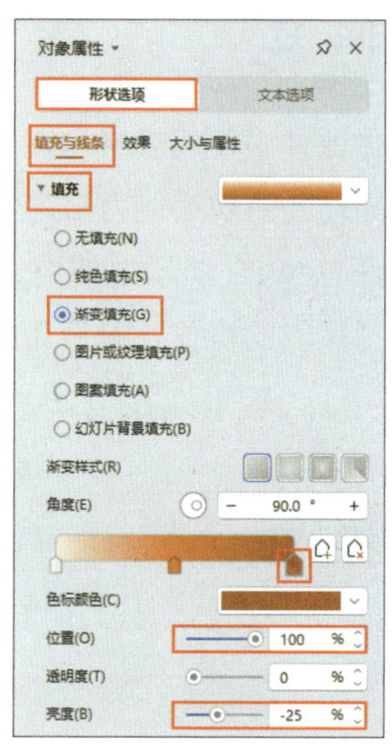

图 4-46　矩形和椭圆第 2～3 个色标的渐变填充选项

（6）利用轮廓颜色为“巧克力黄，着色 2”、轮廓粗细为 6 磅、置于底层的曲线连接符将第 9 张幻灯片中的矩形和椭圆连接，然后将矩形、椭圆和曲线连接符组合，并将组合对象置于顶层。

（7）在第 9 张幻灯片中绘制填充颜色为“巧克力黄，着色 2”、轮廓颜色为无、效果为“阴影”/“内部居中”、直径为 10.3 厘米的圆，以及轮廓颜色为无、直径为 7.6 厘米、使用素材图片“男孩”填充的圆，将小圆移到大圆中部，并参照图 4-47 排列对象。

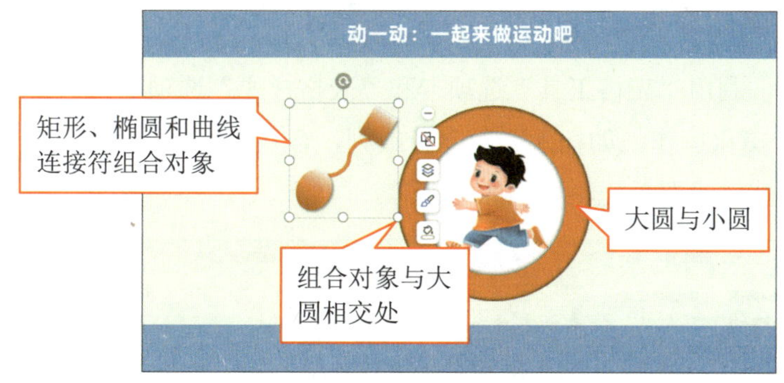

图 4-47　第 9 张幻灯片效果

任务三　使用表格与图表

任务描述

在幼儿园多媒体课件中使用表格与图表可以简洁明了地展示数据，有助于幼儿比较与分析数据，从而提高幼儿的观察能力与逻辑思维能力。

本任务首先介绍在 WPS 演示中使用表格与图表的方法，然后演示为“学拼音，学算术”课件添加表格与图表的操作，最后让学生自主完成“乐学拼音与算术”课件表格与图表的添加。

知识探究

一、使用表格

1. 插入表格

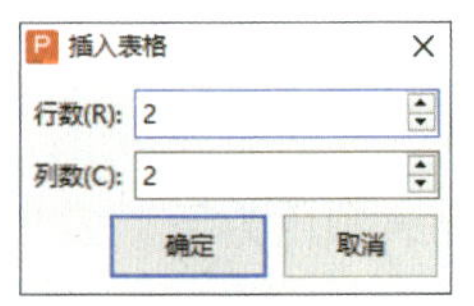

图 4-48　“插入表格”对话框

要在幻灯片中插入表格，可在“插入”选项卡中单击“表格”按钮，在展开下拉列表的网格中移动鼠标指针确定表格的行数和列数后单击，或在“表格”下拉列表中选择“插入表格”选项，在打开的“插入表格”对话框（见图 4-48）中输入表格的行数和列数后单击“确定”按钮。

2. 编辑与美化表格

插入表格后，利用“表格工具”选项卡和“表格样式”选项卡（见图 4-49）可对表格进行各种编辑与美化操作，如插入、删除行或列，合并、拆分单元格，设置表格的行高、列宽、大小和样式，设置单元格内容的格式等。

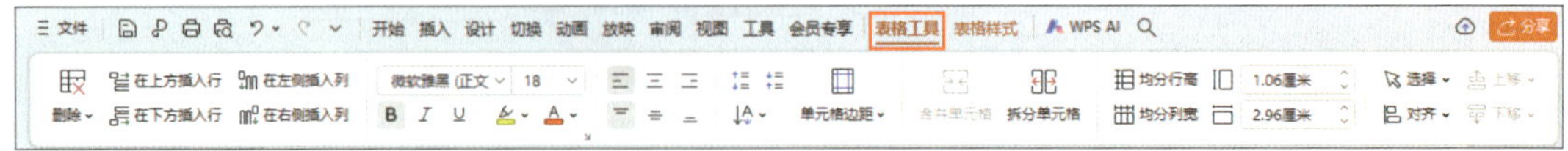

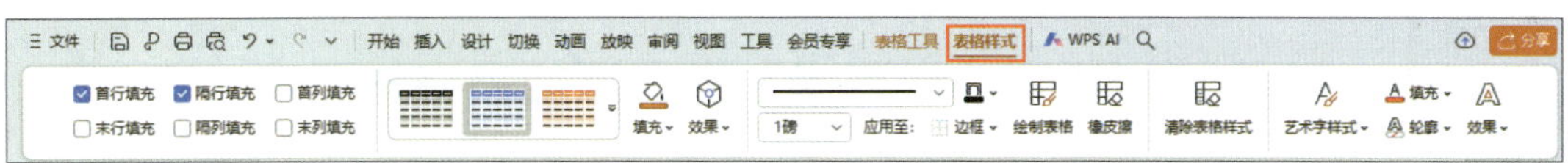

图 4-49 “表格工具”选项卡和“表格样式”选项卡

二、使用图表

1. 插入图表

要在幻灯片中插入图表，可在“插入”选项卡中单击“图表”按钮，在打开的“图表”对话框（见图 4-50）中选择图表类型和具体的图表。

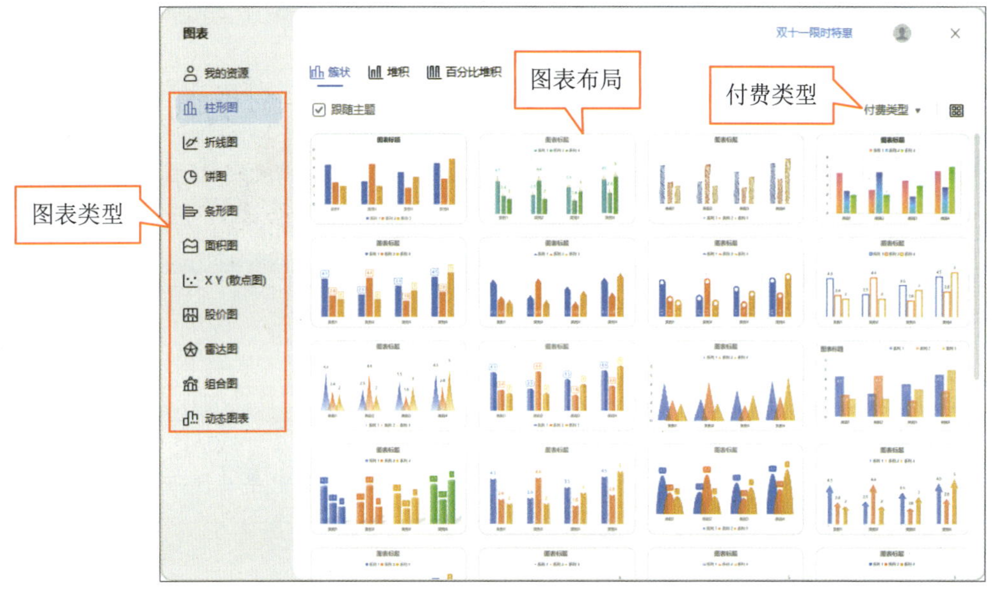

图 4-50 “图表”对话框

2. 编辑与美化图表

插入图表后，利用“图表工具”选项卡（见图 4-51）和“绘图工具”选项卡可对图表进行各种编辑与美化操作，如编辑图表数据、设置图表样式、更改图表类型、添加图表元素、调整图表大小等。

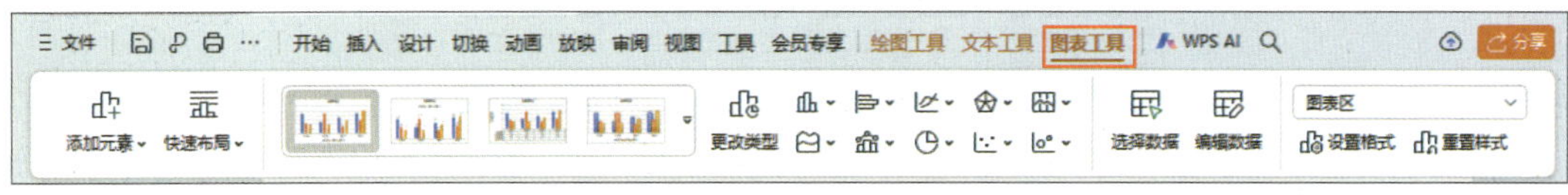

图 4-51 “图表工具”选项卡

案例演示——为“学拼音，学算术”课件添加表格与图表

本案例演示通过为“学拼音，学算术”课件添加表格与图表，练习在幻灯片中插入、编辑与美化表格和图表的操作。

为“学拼音，学算术”课件添加表格与图表

步骤 1 打开本书配套素材“素材与实例”/“项目四”/“任务三”/“学拼音，学算术”/“学拼音，学算术”课件，将其另存为“学拼音，学算术（添加表格与图表）”。

步骤 2 添加表格。在“幻灯片”窗格中选择第 13 张幻灯片，在“插入”选项卡中单击“表格”下拉按钮，在展开下拉列表的网格中移动鼠标指针，待显示“5 行 *2 列 表格”字样时单击，在幻灯片中插入 5 行 2 列的表格，并在相关单元格中单击，输入所需内容，如图 4-52 所示。

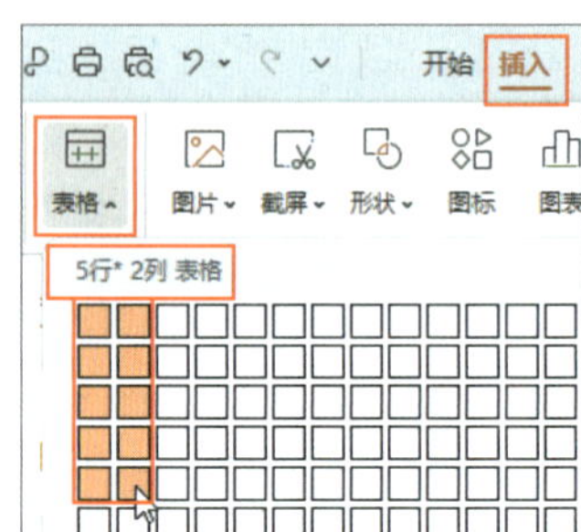

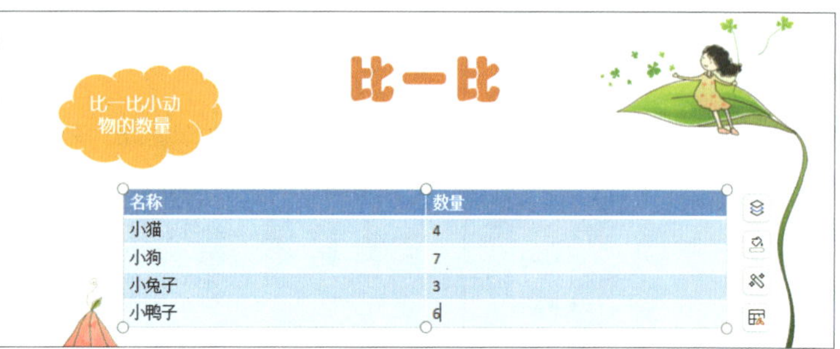

图 4-52　在幻灯片中插入表格并在其中输入内容

步骤 3 保持插入点在表格中，在“表格样式”选项卡中单击▼按钮，在展开的列表中选择“中色系”类别中的“中度样式 2- 强调 2”选项（见图 4-53），为表格应用系统提供的样式。

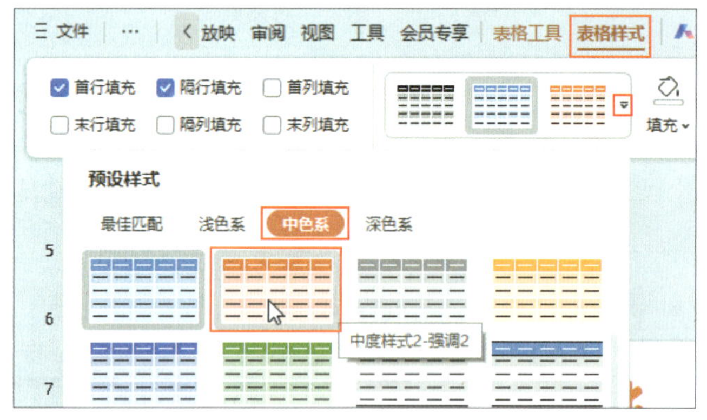

图 4-53　选择“中度样式 2- 强调 2”选项

步骤 4 单击表格边框选中表格，在“表格工具”选项卡中设置表格所有行的高度为 1.5 厘米、所有列的宽度为 4 厘米；设置表格内容的中文字体为宋体、西文字体为 Times New Roman、对齐方式为水平且垂直居中对齐，然后将表格移到幻灯片左侧合适位置，如图 4-54 所示。

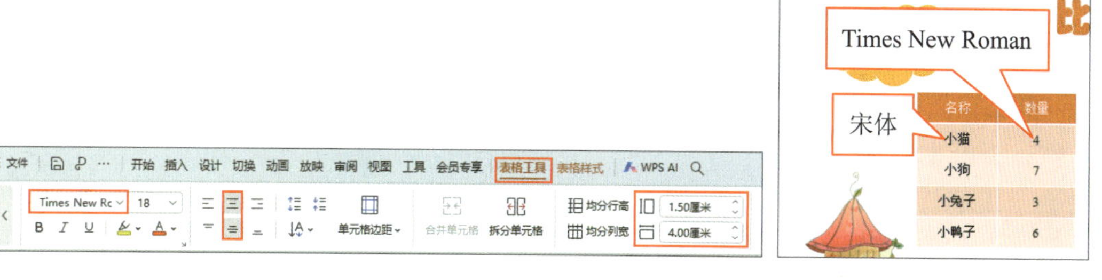

图 4-54 设置表格的格式和位置

步骤 5 添加图表。在“插入”选项卡中单击“图表”按钮，打开“图表”对话框，选择“柱形图”/“簇状”/“插入预设图表”选项，在幻灯片中插入簇状柱形图，如图 4-55 所示。

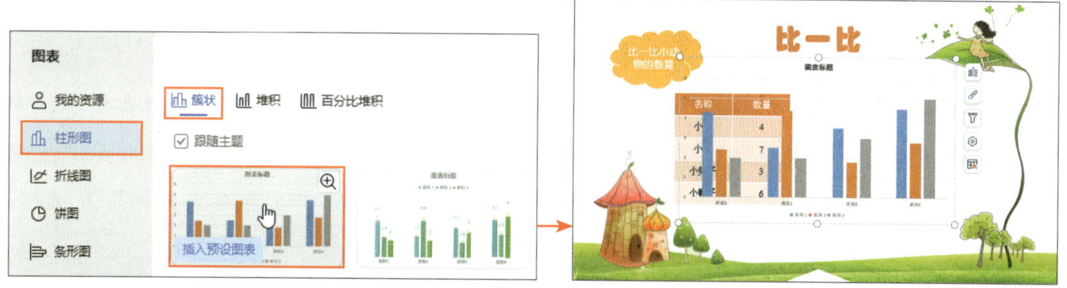

图 4-55 在幻灯片中插入簇状柱形图

步骤 6 保持图表的选中状态，在“图表工具”选项卡中单击“编辑数据”按钮，打开 WPS 表格窗口并显示预设图表数据，将该数据修改为幻灯片左侧表格中的数据（见图 4-56），然后将鼠标指针移到 D5 单元格右下角的填充柄上，待鼠标指针变为↘形状时按住鼠标左键并向左拖动，到 B5 单元格后释放鼠标，修改图表数据区域，接着同时选择 C 列和 D 列，并在其右键快捷菜单中选择“删除”选项，删除 C 列和 D 列数据，关闭 WPS 表格窗口，可看到图表自动更新。

步骤 7 保持图表的选中状态，在“绘图工具”选项卡中设置图表的高度为 7.5 厘米、宽度为 11 厘米、填充颜色为“巧克力黄，着色 2，浅色 60%”。

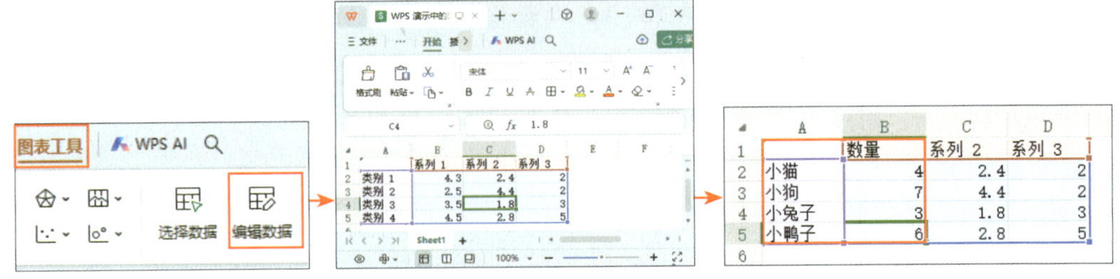

图 4-56　修改图表数据

步骤 8　选择数据系列，在“绘图工具”选项卡中设置其填充颜色为“巧克力黄，着色 2”，如图 4-57 所示。

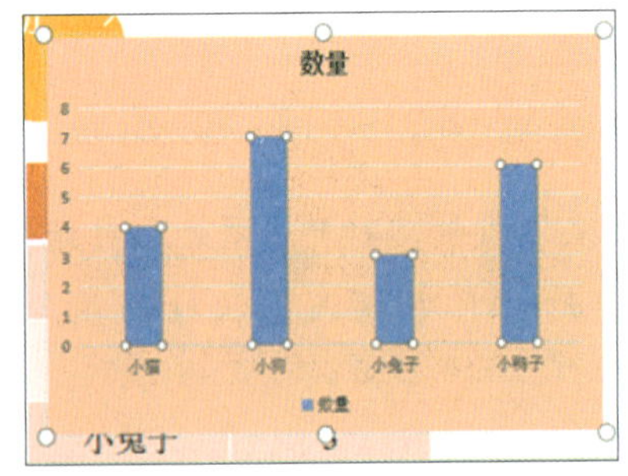

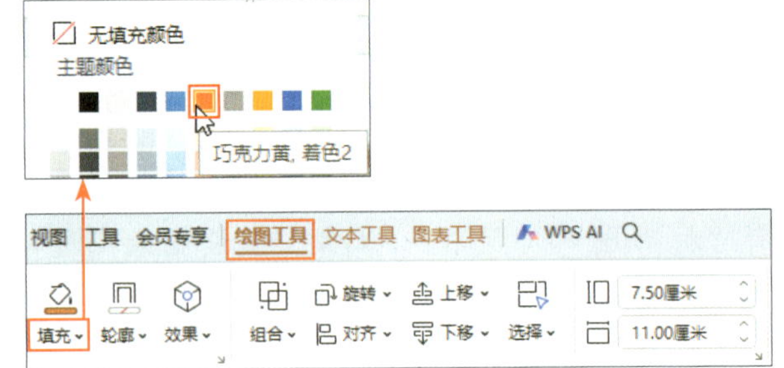

图 4-57　设置图表数据系列的填充颜色

步骤 9　选择图表，单击图表右侧的“图表元素”按钮，在展开的列表中取消勾选“网格线”“图例”复选框，并勾选“数据标签”复选框，然后将鼠标指针移到“坐标轴”选项上，单击其右侧的▸按钮，在展开的列表中取消勾选“主要纵坐标轴”复选框，最后将图表移到幻灯片右侧合适位置，如图 4-58 所示。

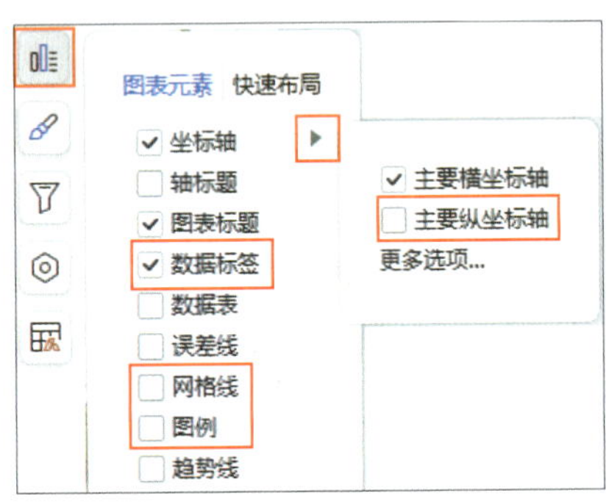

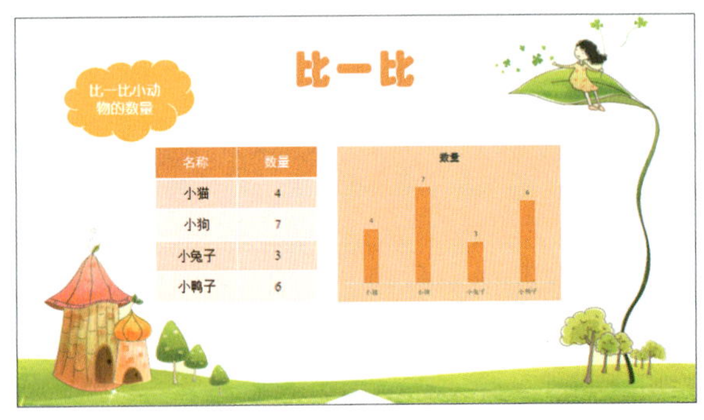

图 4-58　设置图表元素和图表位置

步骤 10　选择图表标题，在“文本工具”选项卡中设置文本的格式为 20 磅；选择图表数据标签，设置文本的格式为 Times New Roman、16 磅；选择图表水平（类别）轴，设置文本的格式为 18 磅，如图 4-59 所示。至此，“学拼音，学算术”课件表格与图表添加完毕，保存并关闭该课件。

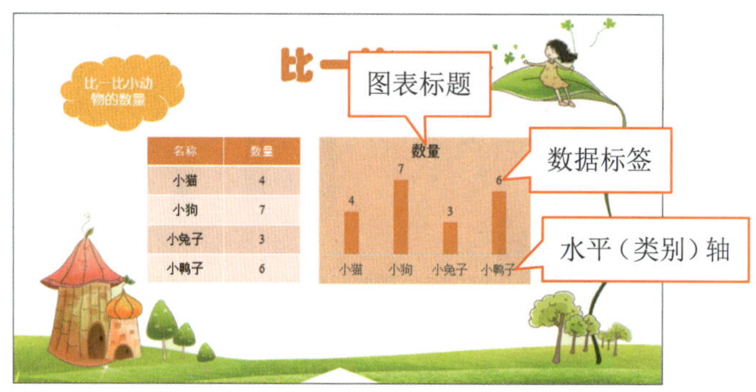

图 4-59　第 14 张幻灯片效果

举一反三——为“乐学拼音与算术”课件添加表格与图表

打开本书配套素材“素材与实例”/“项目四”/“任务三”/“乐学拼音与算术”/“乐学拼音与算术”课件，然后按如下要求对其进行操作。

（1）将课件另存为“乐学拼音与算术（添加表格与图表）”。

（2）在第 9 张幻灯片中插入 5 行 2 列的表格，并在表格中输入所需内容（见图 4-60）；设置表格所有行的高度为 1.1 厘米、所有列的宽度为 4 厘米；将表格第 1 行的两个单元格合并；设置表格内容的格式为微软雅黑、水平且垂直居中对齐，并将表格移到幻灯片左侧合适位置，如图 4-61 所示。

最爱的水果	
名称	票数
苹果	15
香蕉	20
橘子	10

图 4-60　表格内容

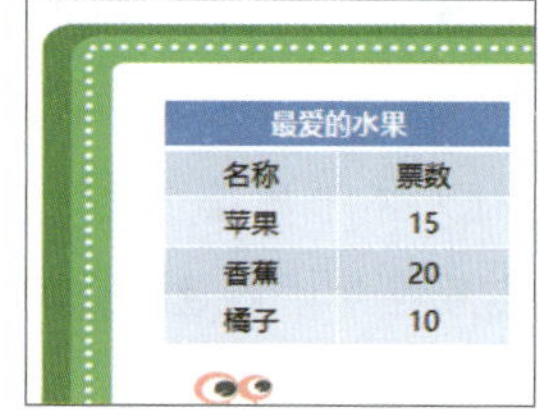

最爱的水果	
名称	票数
苹果	15
香蕉	20
橘子	10

图 4-61　表格效果

（3）在第 9 张幻灯片右侧插入簇状柱形图，图表数据为幻灯片左侧表格中的数据；设置图表的高度为 9 厘米、宽度为 11 厘米；设置图表内容的格式为微软雅黑、蓝色，图表标题为“最爱水果比较图”，且不显示图例，如图 4-62 所示。

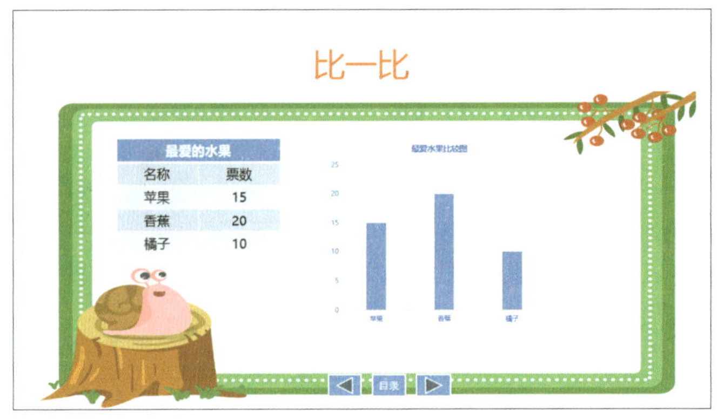

图 4-62 第 9 张幻灯片效果

技能提高

一、快速保存演示文稿中的所有图片

要快速保存演示文稿中的所有图片，可先打开目标演示文稿，然后将其另存为网页格式（.htm 或 .html）的文件。演示文稿另存后会得到以“文件名 +.files”命名的文件夹，该文件夹中保存着演示文稿中的所有图片。

二、制作双色文本

双色文本是由两种颜色组成的文本。在幼儿园多媒体课件中制作双色文本可以提高幼儿的学习兴趣与注意力。下面介绍制作双色文本的方法。

步骤 1 打开本书配套素材“素材与实例”/“项目四”/“技能提高”/“双色文本”演示文稿，将其另存为“双色文本（效果）”。

步骤 2 利用竖向文本框在幻灯片中输入文本“搭积木”，设置文本的格式为华文琥珀、120 磅、“猩红，着色 6”、加粗、文字阴影、居中对齐，然后调整文本框的高度为 14.4 厘米、宽度为 5.6 厘米，如图 4-63 所示。

步骤 3 保持“搭积木”文本所在文本框的选中状态，在“开始”选项卡中单击“复制”按钮，然后在“粘贴”下拉列表中选择“粘贴为图片”选项，将复制的文本框粘贴为图片格式（“搭积木”图片），如图 4-64 所示。

步骤 4 选择“搭积木”文本所在文本框，在“文本工具”选项卡中将文本的字体颜色修改为 RGB（210，50，80）。

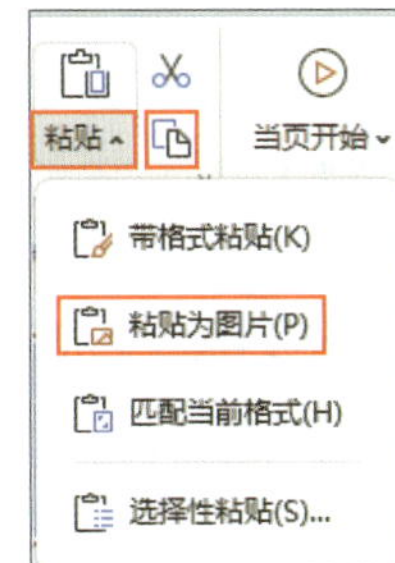

图 4-63　“搭积木”文本效果

图 4-64　将文本框粘贴为图片格式

步骤 5　将“搭积木”图片移到“搭积木”文本所在文本框上，使两者重叠排列，然后在“图片工具”选项卡中单击“裁剪”按钮，并向右拖动“搭积木”图片边框左侧中部的裁剪控制点，将图片左半部分裁掉（见图 4-65），最后单击“搭积木”图片外的任意区域。

步骤 6　选择“搭积木”图片和“搭积木”文本所在本框，在显示的快捷工具栏中单击“组合”按钮，将两者组合，然后将组合对象移到幻灯片右侧合适位置，如图 4-66 所示。

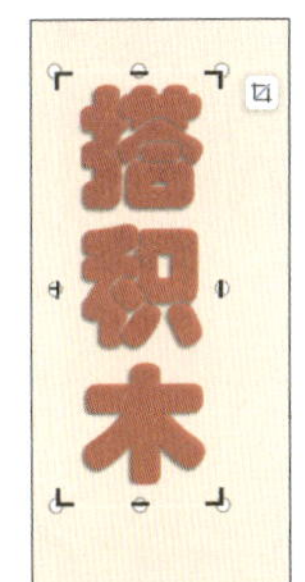

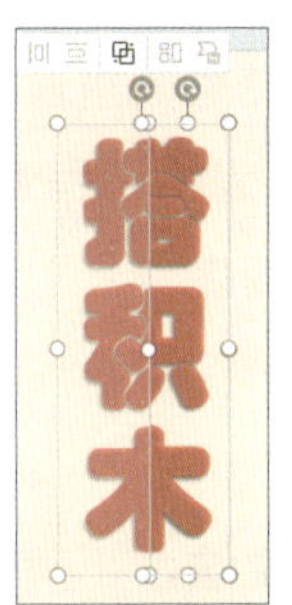

图 4-65　裁剪“搭积木”图片

图 4-66　组合对象并移动其位置

项目考核

1. 选择题

（1）下列关于在 WPS 演示中编辑图片的说法，错误的是（　　）。

A. 可以将图片按形状或按比例裁剪

B. 拖动图片 4 个角的控制点，只能调整图片的高度

C. 可以调整图片的色彩和透明度

D. 可以将插入的图片更改为其他图片

（2）去除图片冗余信息的方法是（　　）。

A．将图片更改为与课件风格统一的图片　B．裁剪图片或删除图片背景

C．缩小图片　D．放大图片

（3）要在幻灯片中绘制正圆、正方形等规则形状，可在“插入”选项卡的“形状”下拉列表中选择相应选项，然后在按住（　　）键和鼠标左键的同时拖动，到合适大小后释放鼠标。

A．“Shift”　B．“Ctrl”　C．“Alt”　D．“Esc”

（4）要在同一张幻灯片中复制形状，可选择形状后在按住（　　）键和鼠标左键的同时拖动，到目标位置后释放鼠标。

A．“Shift”　B．“Ctrl”　C．“Alt”　D．“Enter”

（5）下列关于在 WPS 演示中编辑表格的说法，正确的是（　　）。

A．无法在表格中插入特殊符号

B．无法修改表格内容的格式

C．可以合并或拆分表格中的单元格

D．无法设置表格的边框颜色和填充颜色

（6）下列关于在 WPS 演示中插入图表的说法，错误的是（　　）。

A．插入图表后，图表会自动与 WPS 表格数据源关联

B．只能在指定的幻灯片版式中插入图表

C．可以插入多种类型的图表，如柱形图、折线图和饼图

D．插入图表后，可以更改图表的数据源

（7）下列关于在 WPS 演示中编辑图表的说法，正确的是（　　）。

A．无法设置图表元素，如坐标轴和数据标签

B．无法设置图表的填充颜色

C．可以为图表应用样式

D．无法更改图表类型

2．填空题

（1）在 WPS 演示中，可利用“插入”选项卡插入__________、联机图片和屏幕截图。

（2）解决图片变形或失真的方法有两种，一是选择高质量图片，二是设置图片大小时__________图片。

（3）WPS 演示中的__________主要用于列示项目、演示流程、表达层次结构等。

（4）对表格进行编辑与美化的操作有插入、删除行或列，合并、拆分单元格，设置表格的__________、__________、大小和样式，设置单元格内容的格式等。

项目评价

请学生结合本项目的学习情况，对学习成果进行自评和互评（组内成员相互评分），请指导教师进行师评和总评，并将评价结果填入表 4-1 中。

表 4-1　学习成果评价表

评价项目	评价内容	分值	评价分数		
			自评	互评	师评
知识（40%）	获取图片素材的方法	5 分			
	插入、编辑与美化图片的方法	10 分			
	幼儿园多媒体课件中图片使用常见问题及解决方法	5 分			
	插入、编辑与美化形状和智能图形，以及在其中输入文本的方法	10 分			
	插入、编辑与美化表格和图表的方法	10 分			
能力（40%）	插入、编辑与美化图片、形状和智能图形，并在形状和智能图形中输入文本	25 分			
	插入、编辑与美化表格和图表	15 分			
素养（20%）	文明礼貌，遵守课堂纪律	5 分			
	认真负责，按时完成学习与实践任务	5 分			
	互帮互助，具有团队精神	5 分			
	具有版权意识和法律意识	5 分			
合计		100 分			
总评	综合分数：＿＿＿＿＿＿	指导教师签字：＿＿＿＿＿＿			
	综合等级：＿＿＿＿＿＿				

注：综合分数可按照“自评（25%）+ 互评（25%）+ 师评（50%）”进行计算；综合等级可以“优”（90 分≤综合分数≤100 分）、“良”（80 分≤综合分数＜90 分）、“中”（60 分≤综合分数＜80 分）、“差”（综合分数＜60 分）为标准进行评价。

项目五 幼儿园多媒体课件的影音处理

本章导读

视频和音频是幼儿园多媒体课件中非常重要的组成部分，它们能够丰富课件内容，吸引幼儿的注意力，而且在解释抽象概念时，相较于文本，视频和音频更容易让幼儿理解和接受。因此，合理运用视频和音频是提升幼儿园多媒体课件质量和教学效果的关键。

本项目介绍在幼儿园多媒体课件中使用视频和音频的方法。

学习目标

知识目标

- 熟悉获取视频素材和音频素材的方法。
- 掌握在 WPS 演示中插入与编辑视频和音频的方法。

能力目标

- 能够根据实际需求在幼儿园多媒体课件中使用视频和音频。

素质目标

- 培养视听感知能力。
- 培养自主学习能力和信息整合能力。

任务一　使用视频

视频能以生动直观的方式展示日常生活技能、有趣的故事等。在幼儿园多媒体课件中使用视频不仅能丰富教学内容，还能激发幼儿的好奇心和探索欲，进而提高他们的学习兴趣和参与度。

本任务首先介绍在 WPS 演示中使用视频的方法，然后演示为“叶子的秘密”课件添加视频的操作，最后让学生自主完成“我运动，我快乐”课件视频的添加。

一、获取视频素材

获取视频素材常用的方法如下。

（1）从网络上获取视频。网络上的视频资源非常丰富，因此可以在热门视频网站（如腾讯网、优酷网）上搜索视频，然后下载并保存满足需求的视频。

（2）录制视频。当视频需要匹配特定内容或无法从网络上获取时，可以利用手机、相机等数码设备进行录制。

知识库

利用 WPS 演示的屏幕录制功能可以录制视频或音频，具体方法是，在“插入”选项卡中单击“视频”下拉按钮，在展开的下拉列表中选择“屏幕录制”选项，此时系统自动启动屏幕录制功能并显示“屏幕录制”窗口（见图 5-1），在该窗口左上角选择录制类型；在窗口中部选择录制区域，设置摄像头、系统声音等。设置完毕，单击“开始录制”按钮，WPS 演示会根据设置开始录制屏幕，并显示录制工具栏，如图 5-2 所示。录制完毕，单击“停止”按钮■，录制的视频或音频会保存到计算机中。

图 5-1 “屏幕录制”窗口

图 5-2 录制工具栏

高手点拨

利用 AI 技术生成视频也是获取视频的方法之一。这种方法能够快速为用户提供定制化视频素材，显著提升了视频获取的效率与便捷性。

二、插入视频

要在幻灯片中插入视频，可在“插入”选项卡中单击“视频”下拉按钮，在展开的下拉列表中选择“嵌入视频”选项，打开“插入视频”对话框，在其中选择所需视频，单击“打开”按钮。此时，会在幻灯片编辑区插入所选视频。

三、编辑视频

插入视频后，利用“图片工具”选项卡可对视频外观进行编辑操作，如调整大小，设置样式、色彩等，相关操作方法和编辑与美化图片的方法相同；利用“视频工具”选项卡（见图 5-3）可对视频进行编辑操作，如裁剪视频、调整视频音量、设置视频封面等。

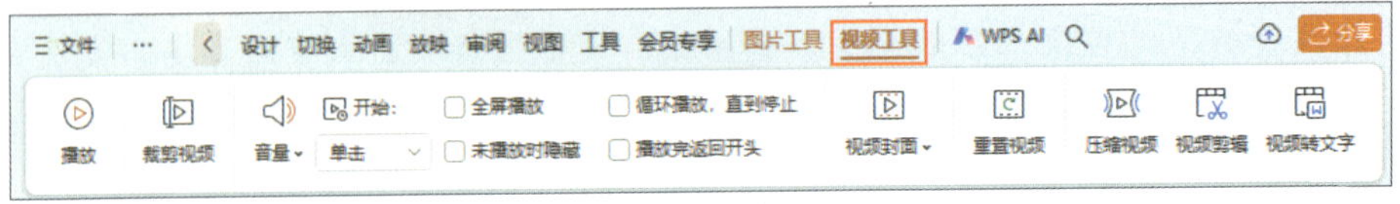

图 5-3 “视频工具”选项卡

案例演示——为“叶子的秘密”课件添加视频

本案例演示通过为“叶子的秘密”课件添加视频，练习在幻灯片中插入与编辑视频的操作。

为“叶子的秘密”课件添加视频

步骤1 打开本书配套素材“素材与实例”/“项目五”/“任务一”/“叶子的秘密”/“叶子的秘密”课件，将其另存为“叶子的秘密（添加视频）”。

步骤2 在“幻灯片”窗格中选择第13张幻灯片，在“插入”选项卡中单击“视频”下拉按钮，在展开的下拉列表中选择“嵌入视频”选项，打开“插入视频”对话框，选择本书配套素材“素材与实例”/“项目五”/“任务一”/“叶子的秘密”/“光合作用”视频（见图5-4），单击“打开”按钮。

图5-4　选择要插入的视频

步骤3 打开提示对话框，单击“取消”按钮，将所选视频插入幻灯片，且视频框下方自动显示浮动工具栏，如图5-5所示。

图5-5　插入的视频

步骤4 将鼠标指针移到浮动工具栏的🔈图标上，自动显示音量调节条，然后将音量调节条中的滑块向上拖到顶部，设置视频的音量为高，如图5-6所示。

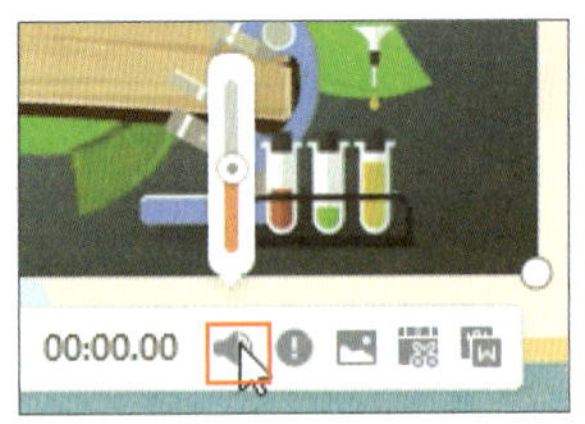

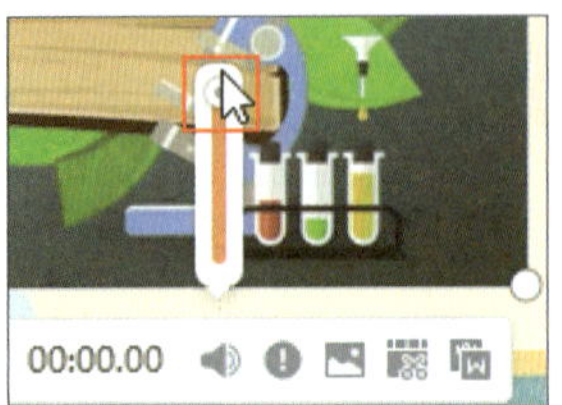

图 5-6　设置视频的音量

步骤 5　保持视频的选中状态，在“图片工具”选项卡中勾选“锁定纵横比”复选框，并设置视频框的高度为 9.8 厘米，然后将鼠标指针移到“裁剪”下拉列表中“裁剪”选项右侧的 › 按钮上，在展开的列表中选择“按形状裁剪”选项卡“矩形”类别中的“圆角矩形”选项，单击视频框外的任意区域，将视频框裁剪为圆角矩形，如图 5-7 所示。

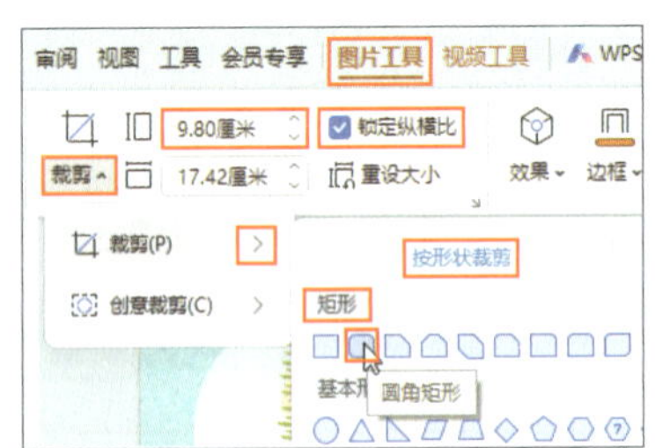

图 5-7　设置视频框的大小并裁剪视频框

步骤 6　选择视频，在“对象属性”任务窗格“大小与属性”选项的“位置”设置区设置视频框相对于幻灯片左上角沿水平方向的距离为 10.2 厘米、沿垂直方向的距离为 5.5 厘米，如图 5-8 所示。

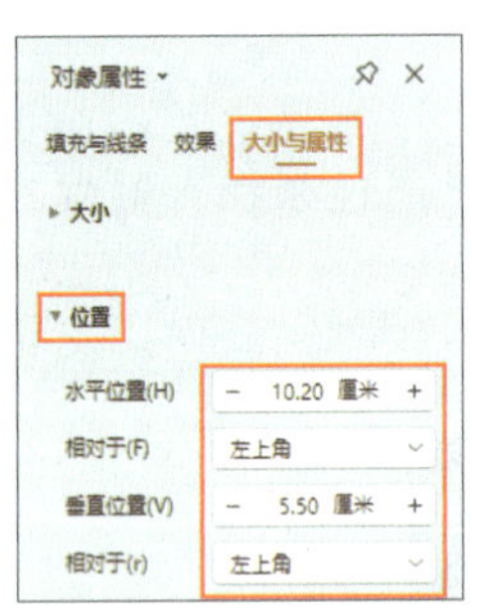

图 5-8　设置视频框的位置

步骤 7　单击视频框下方浮动工具栏中的“播放 / 暂停”按钮，播放视频，待视频画面中出现“CO_2”“水”“肥料”字样时，单击“播放 / 暂停”按钮，暂停播放视频，然后单击出现的“设为视频封面”按钮，将当前画面设置为视频封面，如图 5-9 所示。

图 5-9　设置视频封面

步骤 8　在幻灯片中绘制一个高度为 11.3 厘米、宽度为 18.2 厘米、填充颜色为 RGB（66，172，196）、轮廓颜色为无的圆角矩形和两个高度为 1 厘米、宽度为 1.2 厘米、填充颜色为 RGB（66，172，196）、轮廓颜色为无的梯形，并将梯形移到圆角矩形下方，然后将梯形和圆角矩形组合，如图 5-10 所示。

步骤 9　保持组合对象的选中状态，在“图片工具”选项卡中单击“下移”下拉按钮，在展开的下拉列表中选择“置于底层”选项，然后将组合对象移到视频框位置，如图 5-11 所示。至此，“叶子的秘密”课件视频添加完毕，保存并关闭该课件。

图 5-10　组合对象效果

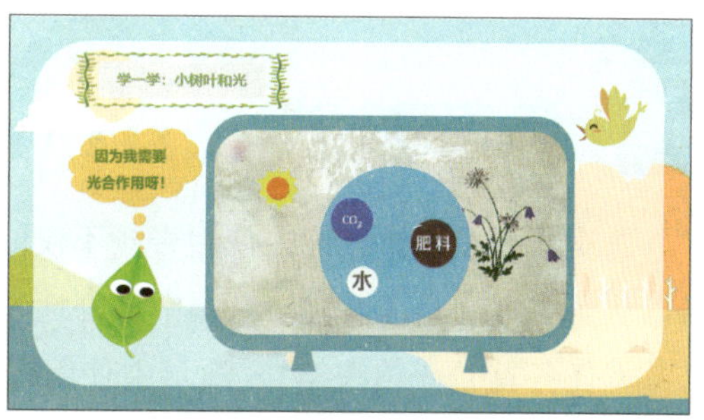

图 5-11　移动组合对象的位置

——为“我运动，我快乐”课件添加视频

打开本书配套素材“素材与实例”/“项目五”/“任务一”/“我运动，我快乐”/“我运动，我快乐”课件（为该课件添加视频使用的素材均在本书配套素材“素材与实例”/“项目五”/“任务一”/“我运动，我快乐”文件夹中），然后按如下要求对其进行操作。

（1）将课件另存为“我运动，我快乐（添加视频）”。

（2）在第 3 张幻灯片中插入素材视频“运动”；将视频框裁剪为对角圆角矩形；设置视频框的高度为 12 厘米、宽度为 19 厘米；设置视频封面为素材图片“活动”。

（3）在第 3 张幻灯片中绘制高度为 12.3 厘米、宽度为 19.3 厘米、填充颜色为 RGB（108，170，217）、轮廓颜色为无、置于底层的对角圆角矩形，将其与视频框水平且垂直居中对齐后组合，并将组合对象移到幻灯片中部偏左位置，如图 5-12 所示。

图 5-12　第 3 张幻灯片效果

任务二　使用音频

任务描述

在幼儿园多媒体课件中使用音频不仅能吸引幼儿的听觉注意力，还能激发幼儿的想象力，从而促进幼儿在愉快的氛围中更好地学习。

本任务首先介绍在 WPS 演示中使用音频的方法，然后演示为“叶子的秘密”课件添加音频的操作，最后让学生自主完成“我运动，我快乐”课件音频的添加。

知识探究

一、获取音频素材

获取音频素材常用的方法如下。

（1）从网络上获取音频。一些背景音乐可以从网络上获取。获取音频素材常用的网站有爱给网、淘声网等。

（2）录制音频。当音频需匹配特定文本或无法从网络上获取时，可以自己录制音频。需要注意的是，录制音频时需要确保周围环境安静，在条件允许的情况下，可在专业的录音室录制音频，以保证音频的质量。

高手点拨

现如今，AI 音频生成技术已得到广泛应用，它能够在短时间内根据用户的需求（如独特嗓音的旁白、特定风格的背景音乐等）生成丰富的音频和音乐作品。

二、插入音频

要在幻灯片中插入音频，可在“插入”选项卡中单击“音频”下拉按钮，在展开的下拉列表中选择“嵌入音频”选项，打开“插入音频”对话框，在其中选择所需音频，单击“打开”按钮。此时，会在幻灯片编辑区插入音频图标。

三、编辑音频

插入音频后，利用“图片工具”选项卡可对音频图标进行编辑操作，如调整大小，设置图片样式等，相关操作方法和编辑与美化图片的方法相同；利用“音频工具”选项卡（见图 5-13）可对音频进行编辑操作，如裁剪音频、调整音频音量、设置音频选项等。

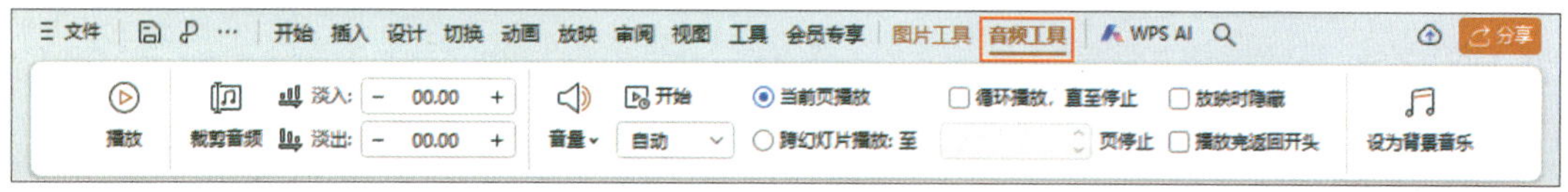

图 5-13　“音频工具”选项卡

案例演示——为“叶子的秘密”课件添加音频

本案例演示通过为“叶子的秘密”课件添加音频，练习在幻灯片中插入与编辑音频的操作。

扫一扫

为“叶子的秘密”课件添加音频

步骤 1　打开本书配套素材“素材与实例”/“项目五”/“任务二”/“叶子的秘密”/“叶子的秘密”课件，将其另存为“叶子的秘密（添加音频）”。

步骤 2　在“幻灯片”窗格中选择第 3 张幻灯片，在“插入”选项卡中单击“音频”下拉按钮，在展开的下拉列表中选择“嵌入音频”选项，打开“插入音频”对话框，选择本书配套素材“素材与实例”/“项目五”/“任务二”/“叶子的秘密”/“小树叶与小老鼠”音频（见图 5-14），单击“打开”按钮，将所选音频插入幻灯片，如图 5-15 所示。

图 5-14　选择要插入的音频

图 5-15　插入的音频

提　示

为“叶子的秘密”课件添加音频使用的素材均在本书配套素材“素材与实例”/“项目五”/“任务二”/“叶子的秘密”文件夹中。

步骤 3　保持音频图标的选中状态，在“音频工具”选项卡的“淡入”编辑框中输入“10”，在“淡出”编辑框中输入“5”，设置音频的淡入和淡出时间，如图 5-16 所示。

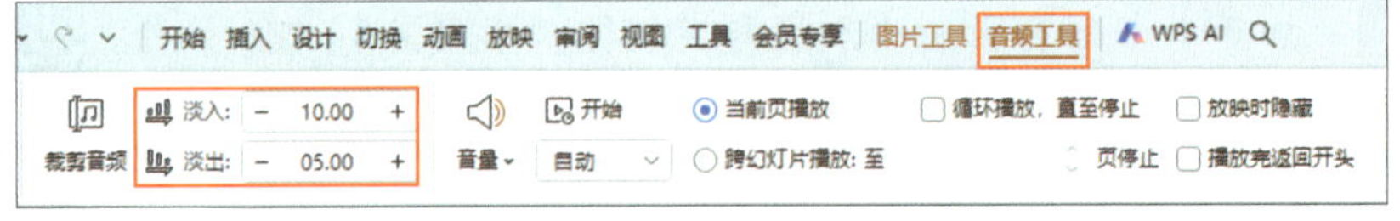

图 5-16　设置音频的淡入和淡出时间

步骤 4 右击音频图标，在弹出的快捷菜单中选择“更改图片”选项，打开“更改图片”对话框，选择素材图片“音乐图标”，单击“打开”按钮，然后在“图片工具”选项卡中设置音频图标的高度和宽度均为 3.8 厘米，并将音频图标移到幻灯片中上方，如图 5-17 所示。

图 5-17　音频图标的外观和位置

步骤 5 使用同样的方法在第 14 张幻灯片中插入素材音频“幼儿音乐”，然后在“音频工具”选项卡中单击“裁剪音频”按钮，打开“裁剪音频”对话框，在“开始时间”编辑框中输入“00:02”，设置音频的开始播放时间（见图 5-18），单击“确定”按钮，最后将音频图标移到幻灯片右侧外，如图 5-19 所示。至此，“叶子的秘密”课件音频添加完毕，保存并关闭该课件。

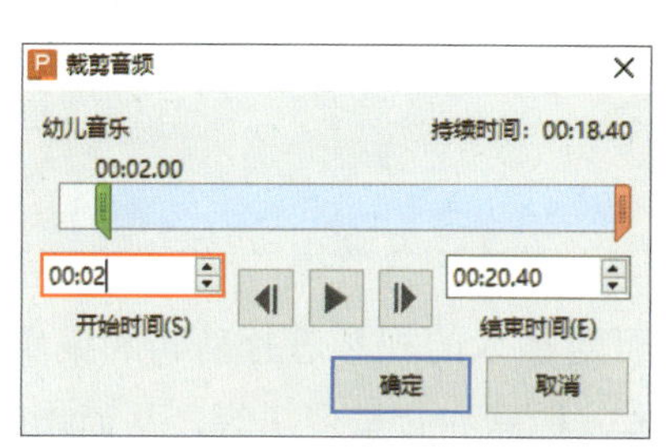

图 5-18　设置音频的开始播放时间

图 5-19　第 14 张幻灯片效果

举一反三——为“我运动，我快乐”课件添加音频

打开本书配套素材“素材与实例”/“项目五”/“任务二”/“我运动，我快乐”/“我运动，我快乐”课件（为该课件添加音频使用的素材均在本书配套素材“素材与实

例”/“项目五”/“任务二”/“我运动，我快乐”文件夹中），然后按如下要求对其进行操作。

（1）将课件另存为“我运动，我快乐（添加音频）”。

（2）在第9张幻灯片中插入素材音频“运动真奇妙”；设置音频循环播放，直到停止；将音频图标在放映幻灯片时隐藏；设置音频的淡入时间为8秒、淡出时间为5秒；设置音频图标的高度和宽度均为4厘米，并将音频图标移到幻灯片左侧合适位置，如图5-20所示。

图5-20　第9张幻灯片效果

一、剪辑视频

在WPS演示中插入视频后，利用其剪辑视频功能可对插入的视频进行剪辑和编辑，如裁剪、分割视频，为视频添加片头（转场效果）、文本、标题和背景音乐等，从而增强演示文稿的视觉吸引力。下面介绍在WPS演示中剪辑视频的方法。

步骤1 在幻灯片中插入视频，在“视频工具”选项卡中单击“视频剪辑”按钮，进入视频剪辑界面，并显示插入的视频，如图5-21所示。

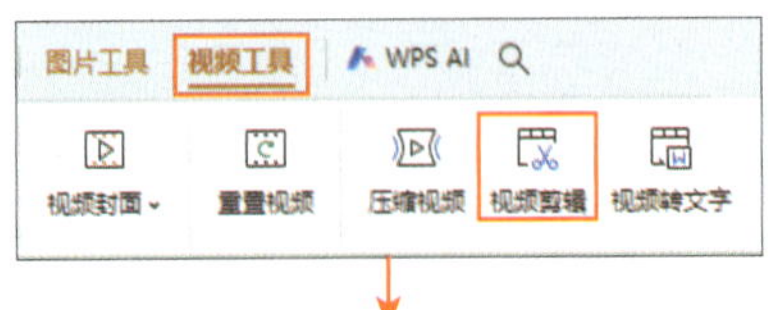

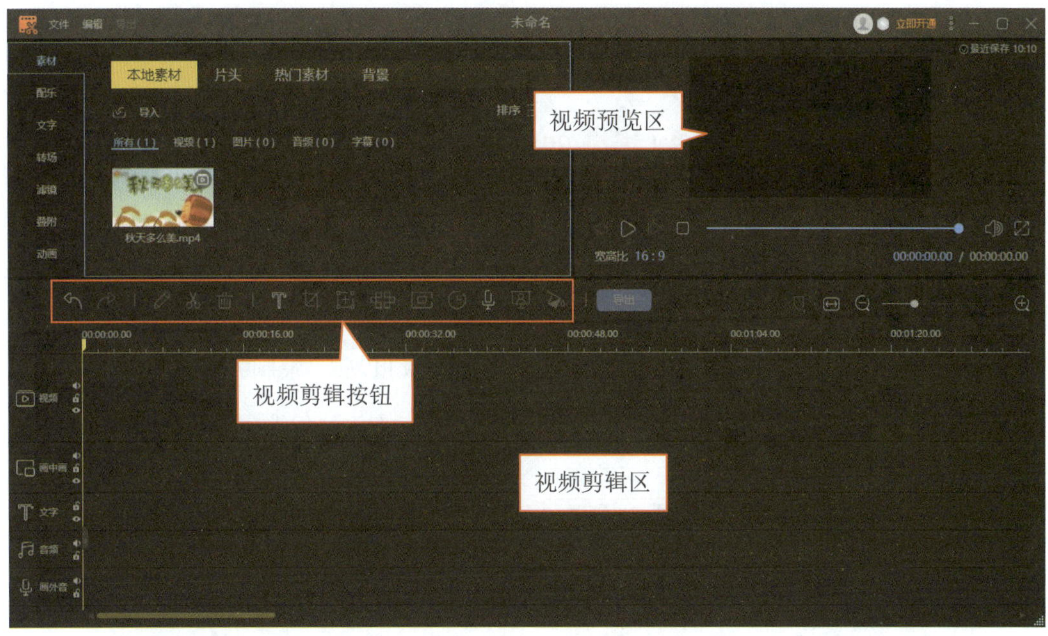

图 5-21　进入视频剪辑界面

步骤 2 将视频拖到下方的视频剪辑区，可为视频添加片头、背景音乐等；单击视频预览区的“播放”按钮▶，播放视频（见图 5-22），相应剪辑按钮变为可用，单击相应剪辑按钮，可分割、删除、裁剪、缩放视频等。

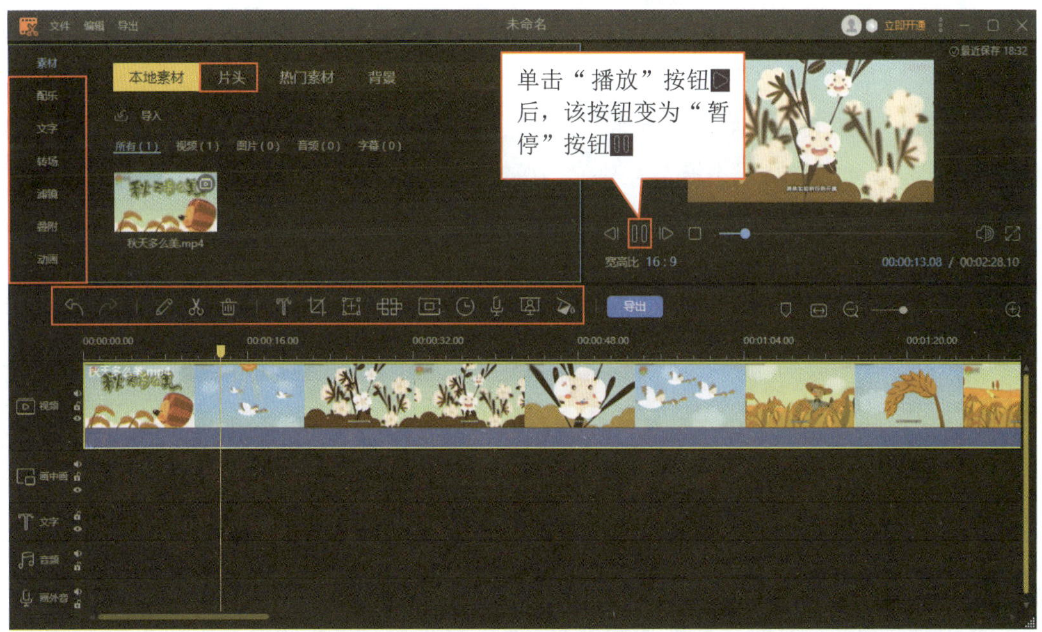

图 5-22　播放视频

步骤 3 视频剪辑完毕，单击“导出”按钮，在打开的“导出”对话框中进行设置后单击“导出”按钮，可将视频导出（只有 WPS 会员才能完成该操作）。

二、使用 GoldWave 录制并处理音频

WPS 演示虽然可以录制和裁剪音频，但它无法对音频进行降噪处理，因此若想要得到更清晰的录音效果，用户还需要使用其他专业的音频处理软件。GoldWave 是一款简单易用且功能强大的音频处理软件，它不但可以录制音频，还可以对音频进行处理。下面以为演示文稿“两只老虎”录制音频为例介绍使用 GoldWave 录制并处理音频的方法。

步骤 1 启动 GoldWave 软件，进入其工作界面，如图 5-23 所示。

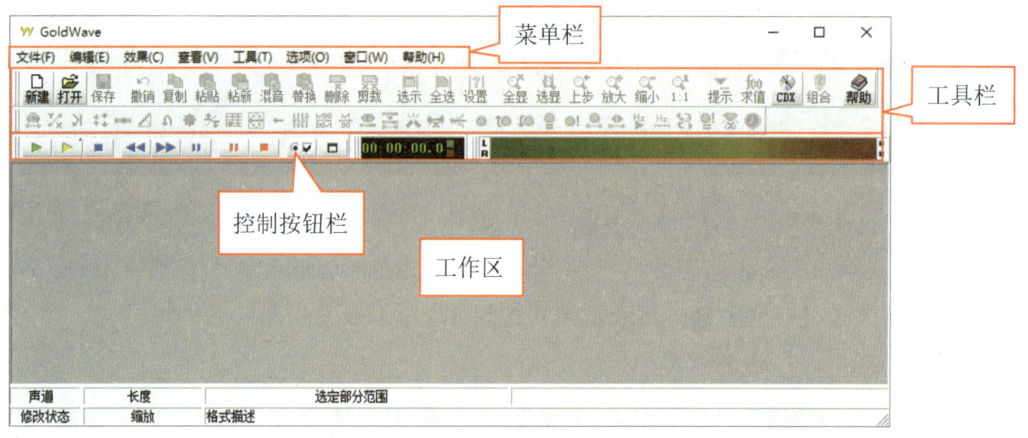

图 5-23　GoldWave 的工作界面

步骤 2 在工具栏中单击“新建”按钮，打开“新建声音”对话框，保持默认设置，单击“确定”按钮，新建一个音频文件，如图 5-24 所示。

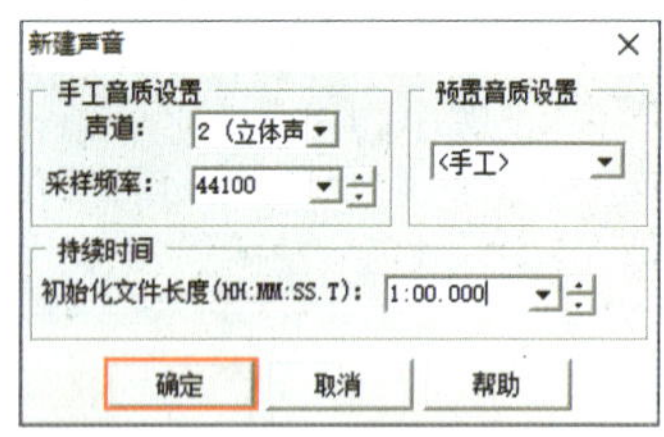

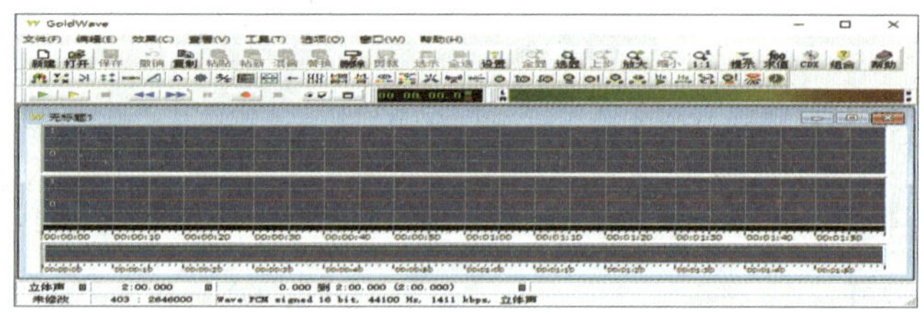

图 5-24　新建音频文件

提示

“新建声音”对话框中的“初始化文件长度”参数表示预设的音频的长度，可以根据实际情况将该参数设置得大一点，以此增加录音过程中的容错率，然后在音频录制完成后将多余部分裁掉即可。

步骤 3　在 GoldWave 工作界面的控制按钮栏中单击“开始录音”按钮●，此时该按钮变为“暂停录音”按钮❚❚，然后通过音频输入设备开始录音。

步骤 4　在音频录制过程中单击 GoldWave 工作界面控制按钮栏中的“暂停录音”按钮❚❚，可以暂停音频的录制；音频录制完成后单击“停止录音”按钮■，可以停止音频的录制，如图 5-25 所示。

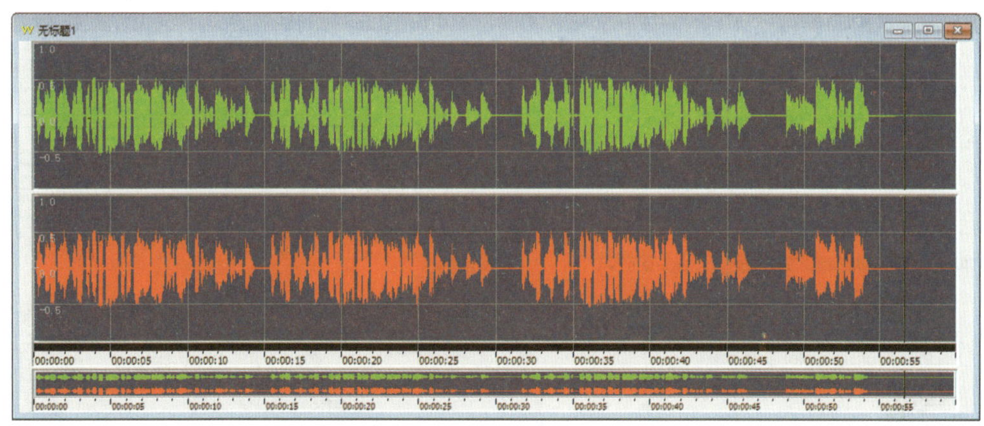

图 5-25　完成音频的录制

步骤 5　在录制完成的音频文件波形图中拖动鼠标选择要删除的音频（见图 5-26），按“Delete”键。

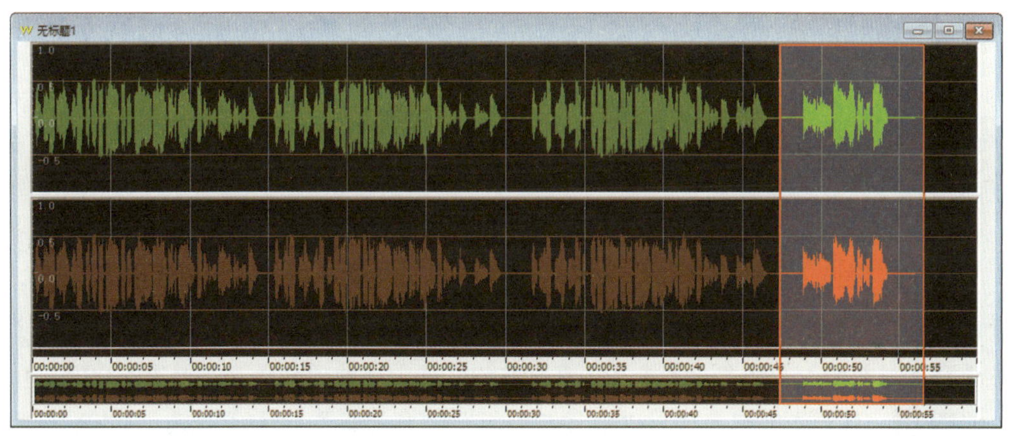

图 5-26　选择要删除的音频

提 示

编辑音频时，在 GoldWave 工作界面的控制按钮栏中单击“播放”按钮▶，可试听音频；单击“暂停回放”按钮❚❚，可暂停播放音频；单击“停止回放”按钮■，可停止播放音频。

步骤 6 按“Ctrl+A”组合键选择所有声音，在 GoldWave 工作界面的工具栏中单击“匹配音量”按钮，在打开的对话框中保持“平均值”为“-18”，单击“确定”按钮，如图 5-27 所示。

步骤 7 在 GoldWave 工作界面的工具栏中单击“降噪”按钮，在打开的对话框中保持“重叠”为“88”，单击“确定”按钮，如图 5-28 所示。

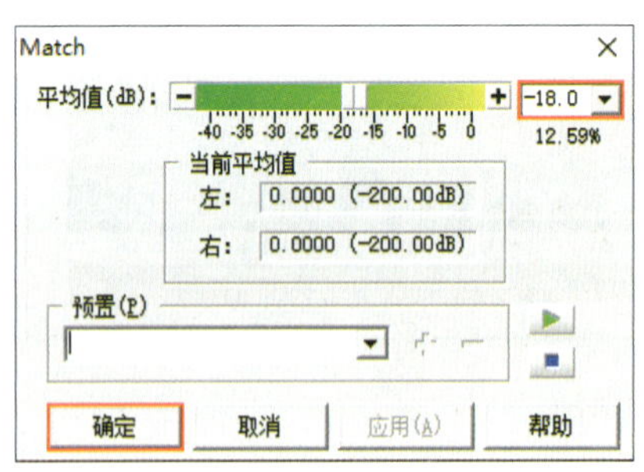

图 5-27 匹配音量

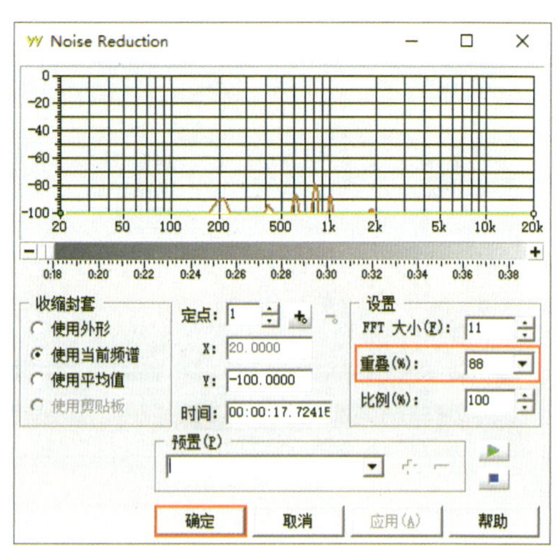

图 5-28 对音频进行降噪

知识库

匹配音量的作用是调节音频的整体音量，平均值的数值越小，音量越小。对音频进行降噪的作用是减少音频中的噪音。需要注意的是，对音频进行降噪时，重叠数值不能太大，否则会变音。

步骤 8 音频处理完毕，在 GoldWave 工作界面的菜单栏中单击“文件”按钮，在展开的列表中选择“另存为”选项，在打开的“保存声音为”对话框中选择音频的保存位置、保存类型并输入文件名，单击“保存”按钮，将录制的音频保存，如图 5-29 所示。

步骤 9 打开本书配套素材“素材与实例”/“项目五”/“技能提高”/“两只老虎”演示文稿，将其另存为“两只老虎（效果）”，然后将录制的音频插入第 2 张幻灯片，并将音频图标更改为本书配套素材“素材与实例”/“项目五”/“技能提高”/“儿歌图标”图片，接着调整音频图标的大小，并将其移到幻灯片右侧合适位置（见图 5-30），最后保存并关闭该演示文稿。

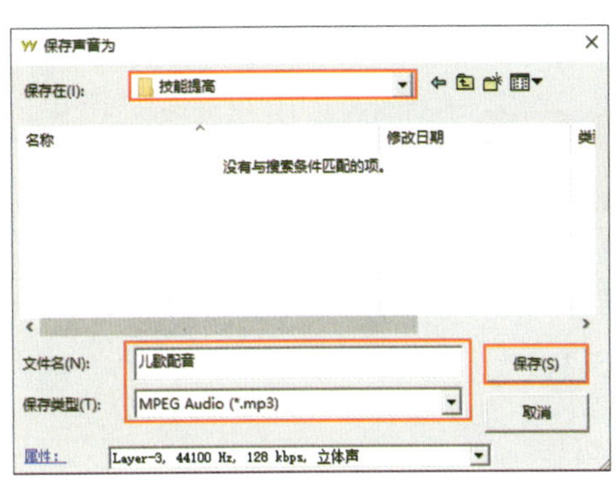

图 5-29　保存录制的音频

《两只老虎》
两只老虎，两只老虎。
跑得快，跑得快。
一只没有耳朵，一只没有尾巴。
真奇怪，真奇怪！

图 5-30　幻灯片中的音频效果

项目考核

1. 选择题

（1）下列关于在 WPS 演示中插入与编辑视频的说法，错误的是（　　）。

A. 只能插入本地视频

B. 可以插入云端视频

C. 可以插入使用 WPS 演示屏幕录制功能录制的视频

D. 可以设置视频封面

（2）在 WPS 演示中，插入视频后无法实现的操作是（　　）。

A. 调整视频框的大小和位置　　B. 调整视频的颜色、亮度和对比度

C. 改变视频的帧率　　D. 裁剪视频

（3）下列关于 WPS 演示中音频的说法，正确的是（　　）。

A. 插入的音频不能循环播放　　B. 放映幻灯片时，音频图标不能隐藏

C. 插入的音频可以跨幻灯片播放　　D. 只能插入 wav 格式的音频文件

（4）在 WPS 演示中插入音频后无法实现的操作是（　　）。

A. 美化音频图标　　B. 调整音频音量

C. 裁剪音频　　D. 改变音频的声道

2. 填空题

（1）在 WPS 演示中，可将视频以__________和__________方式插入幻灯片。

（2）在幻灯片中插入音频文件后，幻灯片中会出现__________。

（3）如果要将音频的开头部分删除，可以使用 WPS 演示的__________功能。

项目评价

请学生结合本项目的学习情况，对学习成果进行自评和互评（组内成员相互评分），请指导教师进行师评和总评，并将评价结果填入表 5-1 中。

表 5-1 学习成果评价表

评价项目	评价内容	分值	评价分数		
			自评	互评	师评
知识（30%）	获取视频素材与音频素材的方法	10 分			
	插入与编辑视频和音频的方法	20 分			
能力（50%）	插入与编辑视频	25 分			
	插入与编辑音频	25 分			
素养（20%）	文明礼貌，遵守课堂纪律	5 分			
	认真负责，按时完成学习与实践任务	5 分			
	具有视听感知能力	5 分			
	具有自主学习能力和整合信息能力	5 分			
合计		100 分			
总评	综合分数：__________	指导教师签字：__________			
	综合等级：__________				

注：综合分数可按照“自评（25%）+ 互评（25%）+ 师评（50%）”进行计算；综合等级可以“优”（90 分≤综合分数≤100 分）、“良”（80 分≤综合分数＜90 分）、“中”（60 分≤综合分数＜80 分）、“差”（综合分数＜60 分）为标准进行评价。

项目六

幼儿园多媒体课件的动画设计

本章导读

在幼儿园多媒体课件中，相比枯燥的文本和静态的图片，有趣的动画效果和切换效果能够快速吸引幼儿的注意力，激发幼儿的学习兴趣，从而提高教学效果。

本项目介绍在幼儿园多媒体课件中设置动画效果与切换效果的方法。

学习目标

知识目标

- 熟悉 WPS 演示中动画效果的类型。
- 掌握在 WPS 演示中设置动画效果的方法。
- 熟悉幼儿园多媒体课件中动画使用常见问题及解决方法。
- 掌握在 WPS 演示中设置切换效果的方法。

能力目标

- 能够根据实际需求在幼儿园多媒体课件中设置对象的动画效果与幻灯片的切换效果。

素质目标

- 培养观察能力和审美能力。

任务一　设置动画效果

任务描述

在幼儿园多媒体课件中巧妙融入动画效果，不仅能提升课件的趣味性、助力教学内容的展示，还能激发幼儿的学习热情，促使幼儿积极主动地参与到学习中。

本任务首先介绍在 WPS 演示中设置动画效果的方法，然后演示为“叶子的秘密”课件设置动画效果的操作，最后让学生自主完成“我运动，我快乐”课件动画效果的设置。

知识探究

一、动画效果类型与设置方法

1．动画效果类型

WPS 演示提供的动画效果主要有进入、强调、退出和动作路径 4 种类型，各动画效果类型的含义如下。

（1）进入动画效果。进入动画效果是 WPS 演示中应用最多的动画效果类型，它是指在幻灯片放映过程中，幻灯片中的文本、图片、形状等对象进入放映界面时的动画效果。

（2）强调动画效果。强调动画效果是指为幻灯片中需要重点强调的对象设置的动画效果，它主要通过改变对象的大小、颜色、透明度等属性，或让对象发生跳动、闪烁、旋转等引起观众的注意。

（3）退出动画效果。退出动画效果是指在幻灯片放映过程中，幻灯片中的文本、图片、形状等对象离开放映界面时的动画效果。

（4）动作路径动画效果。动作路径动画效果是指使幻灯片中的对象沿着系统提供或用户绘制的路径运动，即呈现对象从一个位置到另一个位置的动态移动过程。

2．动画效果设置方法

要为幻灯片中的对象设置动画效果，可先选择要设置动画效果的对象（可同时选择多个对象），然后在“动画”选项卡中单击按钮，在展开的列表（见图 6-1）中选择所需动画效果。

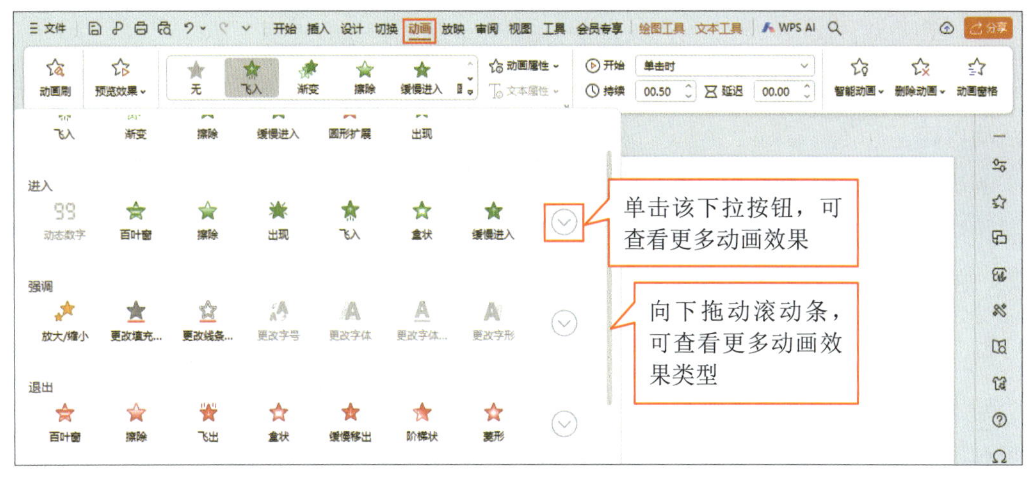

图 6-1　“动画”列表

二、设置动画选项

为幻灯片中的对象设置动画效果后，利用“动画”选项卡或“动画窗格”任务窗格（在“动画”选项卡中单击“动画窗格”按钮，可打开“动画窗格”任务窗格）可设置动画选项，如设置动画效果的效果属性、开始播放方式、持续时间、延迟时间、重复播放次数等。

此外，还可以在幻灯片中选择已设置动画效果的对象，在“动画窗格”任务窗格中单击“添加效果”下拉按钮，在展开的下拉列表中选择所需动画效果，为该对象设置多个动画效果。

知识库

在幻灯片中选择已设置动画效果的对象，在“动画”选项卡中单击“动画刷”按钮，将鼠标指针移到目标对象上并单击，可快速为多个对象设置相同的动画效果。为对象设置动画效果后，在“动画窗格”任务窗格中选择动画效果后单击“上移”按钮⬆或“下移”按钮⬇，可调整动画效果的播放顺序。

三、幼儿园多媒体课件中动画使用常见问题及解决方法

幼儿园多媒体课件中动画使用常见问题有动画效果过多、动画效果与对象不贴合等，这些问题都有相应的解决方法。

1. 动画效果过多

如果幼儿园多媒体课件中的动画效果过多，则会分散幼儿的注意力，导致幼儿无法专注活动内容。

解决动画效果过多的方法是，精简对象的动画效果。当为同一张幻灯片中的多个对象设置相同的动画效果时，可先将需要设置动画效果的对象组合，然后为组合对象设置动画效果；为必要的对象设置动画效果。

2. 动画效果与对象不贴合

如果为幻灯片中的对象随意设置动画效果，而忽视了对象的特点，则可能导致动画效果与对象不贴合，从而影响幼儿的认知。

解决动画效果与对象不贴合的方法是，根据对象的特点为其设置动画效果。例如，如果幼儿园多媒体课件中有气球装饰图片，考虑到现实中的气球会飘在空中，可为气球设置缓慢进入动画效果。

案例演示——为“叶子的秘密”课件设置动画效果

本案例演示通过为“叶子的秘密”课件设置动画效果，练习为幻灯片中的对象设置动画效果与动画选项的操作。

步骤 1 打开本书配套素材“素材与实例”/“项目六”/“任务一”/“叶子的秘密”/“叶子的秘密”课件，将其另存为“叶子的秘密（设置动画效果）”。

为“叶子的秘密”课件设置动画效果

步骤 2 选择第 1 张幻灯片中的“大班科学活动”文本所在文本框，在“动画”选项卡中单击按钮，在展开的列表中单击“进入”类别右侧的“更多选项”下拉按钮，在展开的下拉列表中选择“擦除”选项，如图 6-2 所示。

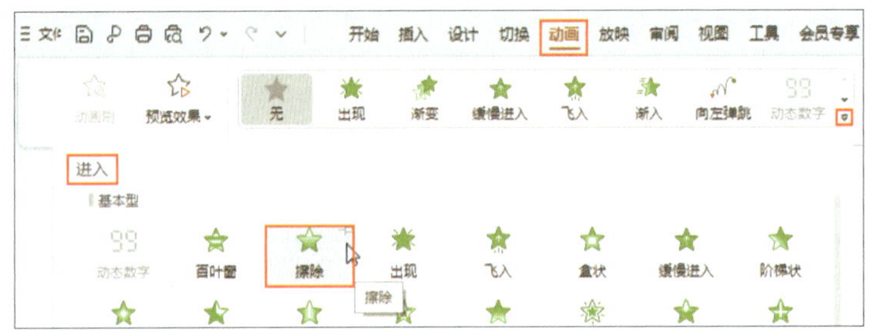

图 6-2 选择“进入”类别中的“擦除”选项

步骤 3　保持“大班科学活动”文本所在文本框的选中状态，在“动画”选项卡中单击“动画属性”下拉按钮，在展开的下拉列表中选择“自顶部”选项，然后单击“开始”下拉按钮，在展开的下拉列表中选择“在上一动画之后”选项，如图 6-3 所示。

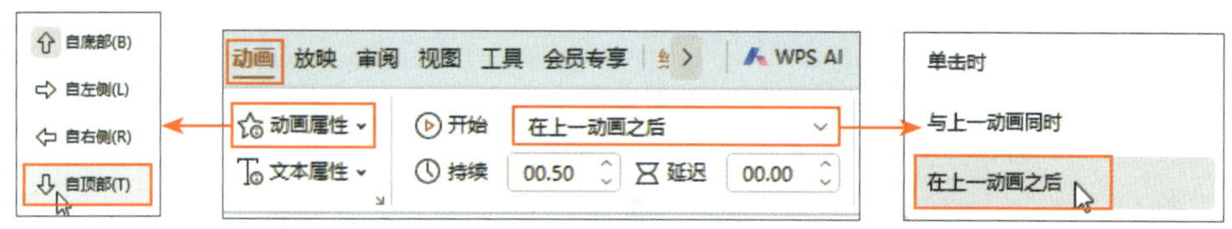

图 6-3　设置动画效果的效果属性和开始播放方式

步骤 4　选择“卡通鼠”图片，在“动画”选项卡的“动画”列表中选择“进入”类别中的“出现”选项，然后在“开始”下拉列表中选择“与上一动画同时”选项，为“卡通鼠”图片设置动画效果。

步骤 5　保持“卡通鼠”图片的选中状态，在“动画”选项卡中单击“动画窗格”按钮，打开“动画窗格”任务窗格，单击其中的“添加效果”下拉按钮，在展开的下拉列表中选择“动作路径”类别中的“向右”选项，为图片添加一个动画效果，如图 6-4 所示。

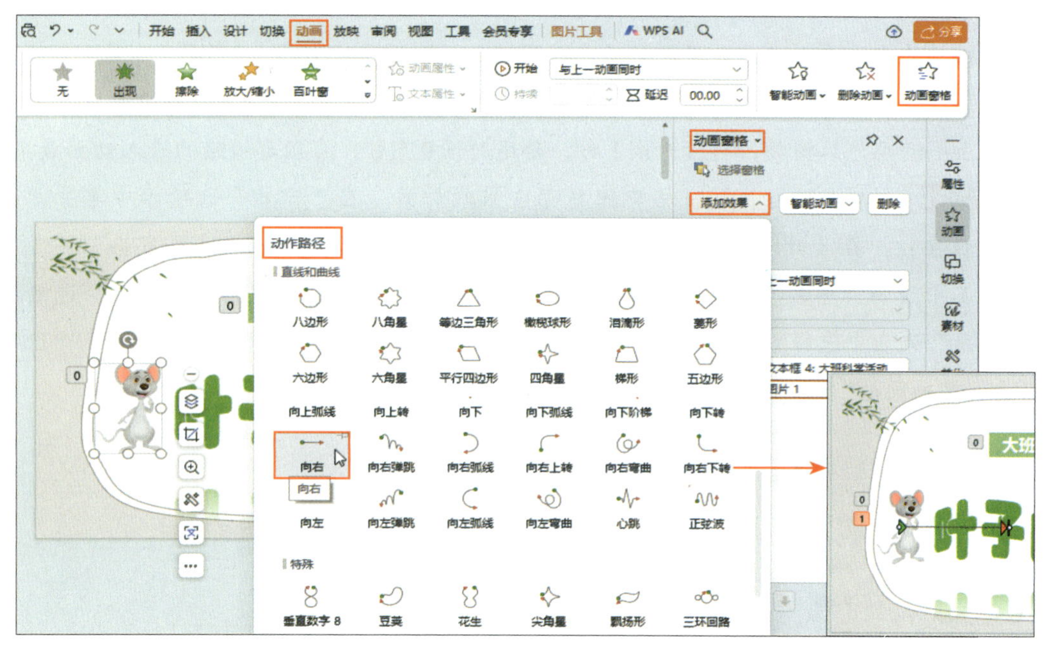

图 6-4　为“卡通鼠”图片添加动作路径动画效果

步骤 6　在“动画窗格”任务窗格中选择“卡通鼠”图片的向右动作路径动画效果（将鼠标指针移到动画效果选项上，会显示动画效果的名称和开始播放方式），在“开始”下拉列表中选择“与上一动画同时”选项，然后将鼠标指针移到动作路径的起点上，待鼠标指针变为↖形状时，按住鼠标左键并向左拖动，到幻灯片左侧外合适位置后释放鼠标，最后将鼠标指针移到动作路径的终点上，待鼠标指针变为↖形状时，按住鼠标左键并向左拖动，到“卡通鼠”图片的合适位置后释放鼠标，如图 6-5 所示。

图 6-5　调整“卡通鼠”图片动作路径的起点和终点位置

步骤 7　选择标题文本“叶子的秘密”所在占位符，在“动画”选项卡的“动画”列表中选择“进入”类别中的“擦除”选项，然后在“动画属性”下拉列表中选择“自左侧”选项，接着在“开始”下拉列表中选择“与上一动画同时”选项，最后在“持续”编辑框和“延迟”编辑框中均输入“1”，为标题占位符设置动画效果。

步骤 8　从上到下依次选择幻灯片右侧的 3 张“小树叶 3”图片，为其设置在上一动画之后播放的出现进入动画效果，且动画效果的延迟时间依次 0 秒、0.5 秒、1 秒。

步骤 9　从上到下、从左到右依次选择第 2 张幻灯片中智能图形的每组形状，为其设置在上一动画之后播放、持续时间 1 秒、延迟时间 0.5 秒、自顶部擦除的进入动画效果。

步骤 10　在“幻灯片”窗格中选择第 3 张幻灯片，在“开始”选项卡中单击“选择”下拉按钮，在展开的下拉列表中选择“选择窗格”选项，打开“选择窗格”任务窗格，在其中选择“图片 5”选项（“小树叶 2”图片，见图 6-6），然后在“动画”选项卡的“动画”列表中选择“强调”类别中的“跷跷板”选项，并在“开始”下拉列表中选择“与上一动画同时”选项，为“小树叶 2”图片设置动画效果。

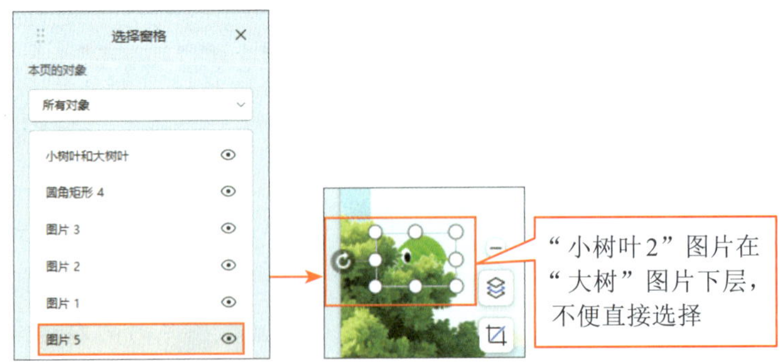

图 6-6　在“选择窗格”任务窗格中选择“小树叶 2”图片

步骤 11 在“动画窗格”任务窗格中右击“小树叶 2”图片的跷跷板动画效果，在弹出的快捷菜单中选择“计时”选项，打开“跷跷板”对话框并显示“计时”选项卡，在“重复”下拉列表中选择“直到下一次单击”选项，单击“确定”按钮，如图 6-7 所示。

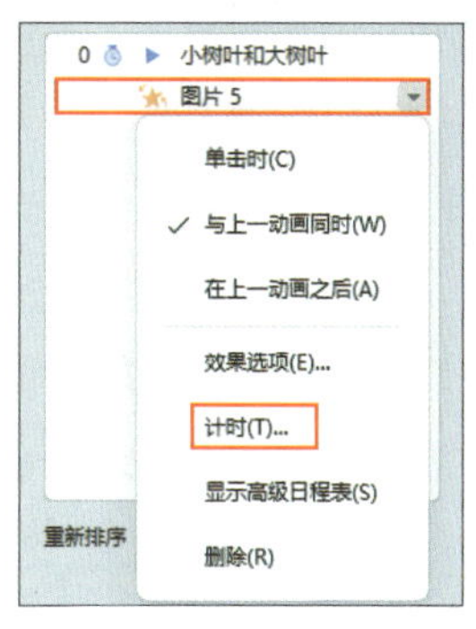

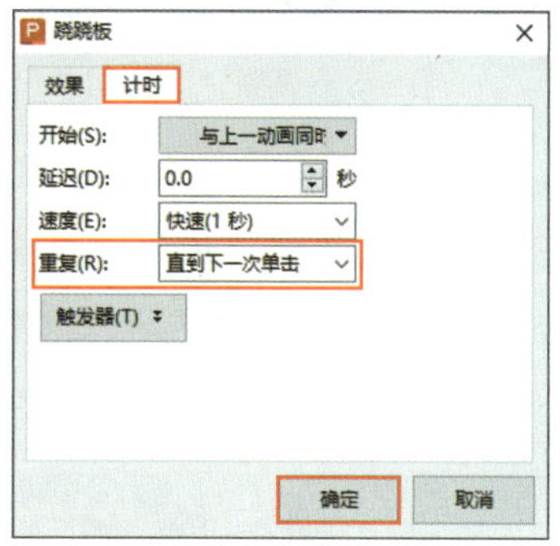

图 6-7　设置动画效果的重复选项

步骤 12 保持“小树叶 2”图片的选中状态，在“动画窗格”任务窗格中单击“添加效果”下拉按钮，在展开的下拉列表中选择“强调”类别中的“陀螺旋”选项，为图片添加一个动画效果。

步骤 13 在“动画窗格”任务窗格中选择“小树叶 2”图片的陀螺旋动画效果，在“动画”选项卡的“动画属性”下拉列表中选择“四分之一旋转”选项，然后在“开始”下拉列表中选择“与上一动画同时”选项。

步骤 14 在“选择窗格”任务窗格中选择“图片 5”选项（“小树叶 2”图片），在“动画窗格”任务窗格中的“添加效果”下拉列表中选择“强调”类别中的“放大 / 缩小”选项，为图片再添加一个动画效果。

步骤 15 在“动画窗格”任务窗格中选择“小树叶 2”图片的“放大 / 缩小”动画效果，在“开始”下拉列表中选择“与上一动画同时”选项。

步骤 16 在“选择窗格”任务窗格中选择“图片 5”选项（“小树叶 2”图片），在“动画窗格”任务窗格中的“添加效果”下拉列表中选择“动作路径”类别中的“向右”选项，为图片再添加一个动画效果。

步骤 17 在“动画窗格”任务窗格中选择“小树叶 2”图片的向右动作路径动画效果，在“开始”下拉列表中选择“与上一动画同时”选项，然后将鼠标指针移到动作路径的终点上，待鼠标指针变为↘形状时，按住鼠标左键并向右下方拖动，到合适位置后释放鼠标，如图 6-8 所示。

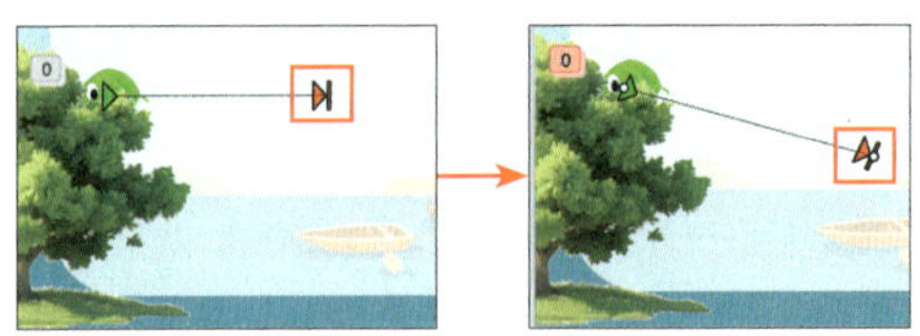

图 6-8　调整“小树叶 2”图片动作路径的终点位置

步骤 18　选择第 3 张幻灯片中的“卡通鼠”图片，为其设置与上一动画同时播放且重复次数为直到下一次单击的跷跷板强调动画效果，然后为其添加与上一动画同时播放的向左弹跳动作路径动画效果，并调整动作路径的终点位置（“卡通鼠”图片动作路径的终点位置基本与“小树叶 2”图片动作路径的终点位置在一条水平线上），如图 6-9 所示。

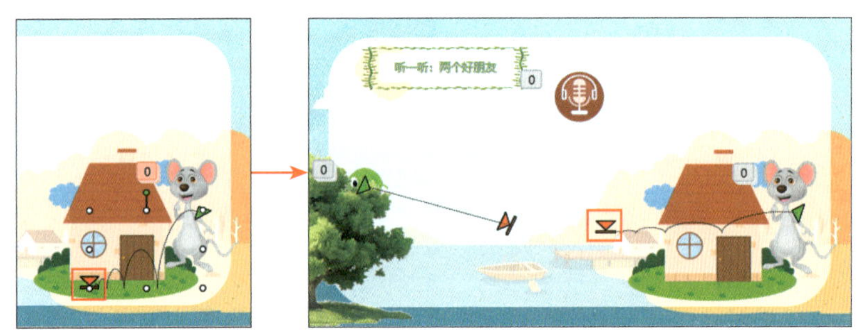

图 6-9　调整“卡通鼠”图片动作路径的终点位置

步骤 19　使用同样的方法并参照效果文件为第 4～12 张、第 14～15 张幻灯片中的对象设置动画效果。图 6-10 为部分幻灯片中相关对象的动画效果。

第 4 张幻灯片

第 7 张幻灯片

第 8 张幻灯片

第 10 张幻灯片

第 12 张幻灯片

第 14 张幻灯片

图 6-10　部分幻灯片中相关对象的动画效果

——为“我运动，我快乐”课件设置动画效果

打开本书配套素材“素材与实例”/“项目六”/“任务一”/“我运动，我快乐”/“我运动，我快乐”课件，然后按如下要求对其进行操作。

（1）将课件另存为“我运动，我快乐（设置动画效果）”。

（2）为第 1 张和第 10 张幻灯片中标题文本所在占位符设置在上一动画之后播放的波浪型强调动画效果。

（3）为第 2 张幻灯片右侧的 4 个文本框设置单击时播放的渐变进入动画效果。

（4）为第 3～4 张幻灯片中“做运动”文本所在文本框设置单击时播放、自顶部擦除的进入动画效果；为第 4 张幻灯片智能图形中的 5 张图片设置在上一动画之后播放、自左侧擦除的进入动画效果，且图片的动画效果在文本动画效果之前播放。

（5）为第 5～6 张幻灯片中图片及其下方说明文本所在圆角矩形（从上到下、从左到右依次选择）设置单击时播放的出现进入动画效果。

（6）为第 7～8 张幻灯片中图片下方说明文本所在圆角矩形设置单击时播放的渐变进入动画效果。

（7）为第 9 张幻灯片中的组合对象设置单击时播放、逆时针四分之一旋转的陀螺旋强调动画效果；为小圆设置与上一动画同时播放、顺时针完全旋转且重复次数为直到幻灯片末尾的陀螺旋强调动画效果；调整动画效果的播放顺序，使音频的动画效果在小圆动画效果之前播放。

任务二　设置切换效果

任务描述

切换效果具有趣味性，在幼儿园多媒体课件中设置切换效果不仅能提高幼儿的学习兴趣，还能为课件增添色彩。

本任务首先介绍在 WPS 演示中设置切换效果的方法，然后演示为“叶子的秘密”课件设置切换效果的操作，最后让学生自主完成“我运动，我快乐”课件切换效果的设置。

知识探究

一、添加切换效果

切换效果是指放映演示文稿时从一张幻灯片过渡到下一张幻灯片时的效果。要为幻灯片添加切换效果，可在“切换”选项卡中单击▾按钮，在展开的列表（见图 6-11）中选择所需切换效果。

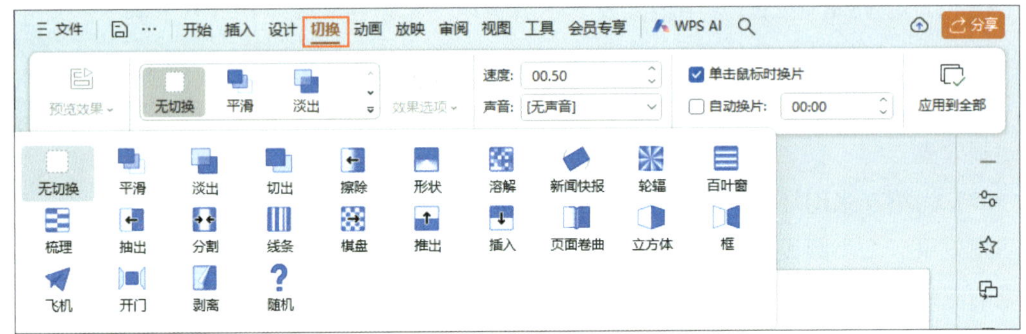

图 6-11　“切换”列表

二、设置切换选项

为幻灯片添加切换效果后，利用“切换”选项卡可设置切换选项，如设置切换效果的效果选项、切换声音、切换速度、应用范围，设置换片方式等。

案例演示——为“叶子的秘密”课件设置切换效果

本案例演示通过为“叶子的秘密”课件设置切换效果，练习为幻灯片设置切换效果与切换选项的操作。

为“叶子的秘密”课件设置切换效果

步骤1 打开本书配套素材“素材与实例”/“项目六”/“任务二”/“叶子的秘密”/“叶子的秘密”课件，将其另存为“叶子的秘密（设置切换效果）”。

步骤2 配合“Ctrl”键在“幻灯片”窗格中选择第 1 张和第 15 张幻灯片，在“切换”选项卡中单击 按钮，在展开的列表中选择“形状”选项；单击“效果选项”下拉按钮，在展开的下拉列表中选择“菱形”选项，如图 6-12 所示。

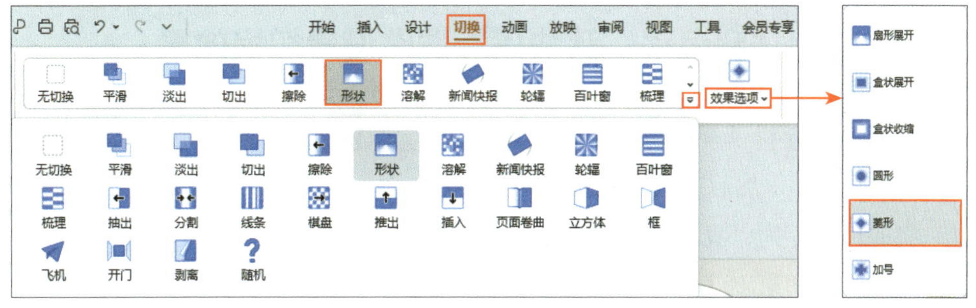

图 6-12　选择切换效果和效果选项

步骤3 在“幻灯片”窗格中选择第 2 张幻灯片，在“切换”列表中选择“页面卷曲”选项，在“声音”下拉列表中选择“风铃”选项，如图 6-13 所示。

步骤4 在“幻灯片”窗格中选择第 3 张幻灯片，在按住“Shift”键的同时在“幻灯片”窗格中选择第 14 张幻灯片，然后在“切换”列表中选择“抽出”选项，在“效果选项”下拉列表中选择“从上”选项，最后设置切换效果的切换速度为 1.5 秒，如图 6-14 所示。

步骤5 在“幻灯片”窗格中同时选择第 9～11 张幻灯片，在“切换”选项卡中取消勾选“单击鼠标时换片”复选框，使这 3 张幻灯片在放映时无法通过单击进行切换（项目七会为这 3 张幻灯片中的相关对象设置超链接），此时系统自动勾选“自动换片”复选框，取消勾选该复选框。至此，“叶子的秘密”课件切换效果设置完毕，保存并关闭该课件。

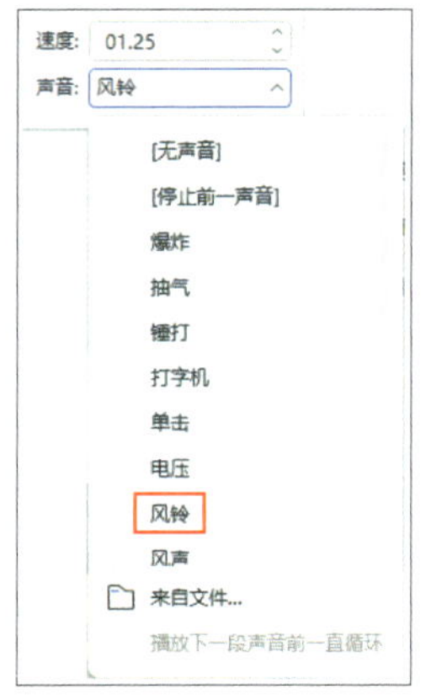

图 6-13　设置切换声音

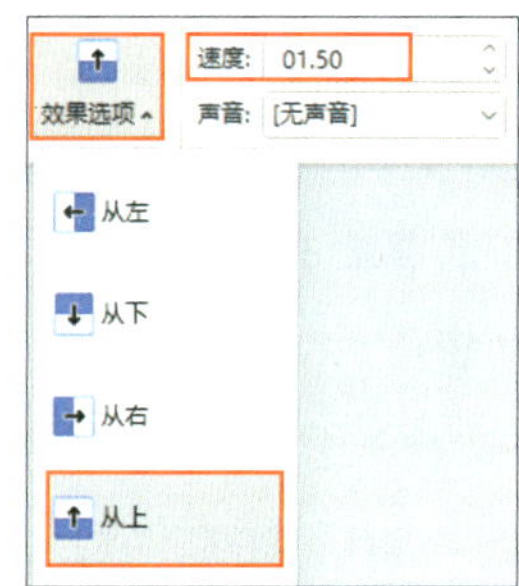

图 6-14　设置效果选项和切换速度

举一反三——为“我运动，我快乐”课件设置切换效果

打开本书配套素材“素材与实例”/“项目六”/“任务二”/“我运动，我快乐”/“我运动，我快乐”课件，然后按如下要求对其进行操作。

（1）将课件另存为“我运动，我快乐（设置切换效果）”。

（2）为第 1 张和第 10 张幻灯片设置左侧进入的立方体切换效果。

（3）为第 2～9 张幻灯片设置左右展开的分割切换效果。

一、制作卷轴动画

卷轴作为古代文字的载体，不仅具有文化意义，其未展开时的神秘感还能激发幼儿的好奇心和探索欲。因此在幼儿园多媒体课件中制作卷轴动画，可以增加教学的趣味性和互动性。下面介绍制作卷轴动画的方法。

步骤 1　打开本书配套素材“素材与实例”/“项目六”/“技能提高”/“卷轴与倒计时动画”演示文稿，将其另存为“卷轴与倒计时动画（效果）”。

步骤 2　在第 1 张幻灯片中插入本书配套素材“素材与实例”/“项目六”/“技能提高”/“文本背景”图片（制作卷轴与倒计时动画使用的素材均在本书配套素材“素材与实例”/“项目六”/“技能提高”文件夹中），然后在“图片工具”选项卡中设置图片的高度为 8.5 厘米，并将图片相对于幻灯片水平且垂直居中对齐，如图 6-15 所示。

图 6-15　“文本背景”图片效果

步骤 3　利用横向文本框在幻灯片中输入文本“三只小猪的故事”，并设置文本的格式为楷体、60 磅、加粗、“巧克力黄，着色 2”、居中对齐，然后调整文本框的大小，使其正好容纳输入的文本，最后将文本框相对于幻灯片水平且垂直居中对齐，如图 6-16 所示。

图 6-16　“三只小猪的故事”文本效果

步骤 4　在幻灯片中插入素材图片“卷轴”，在“图片工具”选项卡中设置其高度为 10.5 厘米，然后将“卷轴”图片复制一份，并将两张“卷轴”图片移到幻灯片的合适位置，如图 6-17 所示。

图 6-17　“卷轴”图片效果

步骤 5 选择左侧的“卷轴”图片，为其设置单击时播放的向左动作路径动画效果，如图 6-18 所示。

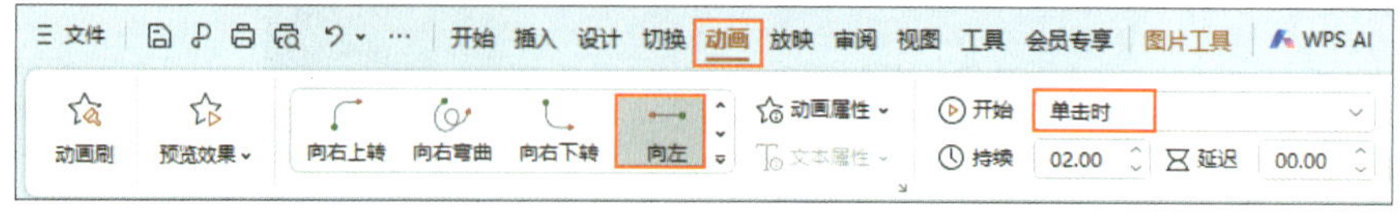

图 6-18　设置左侧“卷轴”图片的动画效果

步骤 6 选择右侧的“卷轴”图片，为其设置与上一动画同时播放的向右动作路径动画效果，如图 6-19 所示。

图 6-19　设置右侧“卷轴”图片的动画效果

步骤 7 同时选择“三只小猪的故事”文本所在文本框和“文本背景”图片，为其设置与上一动画同时播放、中央向左右展开、持续时间 2 秒的劈裂进入动画效果，如图 6-20 所示。至此，卷轴动画制作完毕，保存演示文稿。

图 6-20　为文本框和图片设置动画效果

二、制作倒计时动画

在幼儿园多媒体课件中制作倒计时动画，可以有效增强幼儿对教学活动的紧张感和期待感，特别是在游戏环节，它能让幼儿更加专注和投入，还能激发幼儿的竞争意识。下面介绍制作倒计时动画的方法。

步骤 1 继续在“卷轴与倒计时动画（效果）”演示文稿中操作。在第 2 张幻灯片中插入素材图片“闹钟”，并设置其高度为 9 厘米，然后利用填充颜色为“橙色，着色 3，浅色 40%”、轮廓颜色为无的云形输入文本“加油！”，并设置文本的格式为 48 磅，最后参照图 6-21 排列图片和云形。

图 6-21　图片和云形效果

步骤 2　在幻灯片中绘制高度为 2.1 厘米、宽度为 3.7 厘米、填充颜色为红色、轮廓颜色为无、效果为“阴影”/“右上斜偏移”的左箭头，并将其移到幻灯片左侧的合适位置，如图 6-22 所示。

步骤 3　保持左箭头的选中状态，在按住“Shift+Ctrl”组合键的同时将其向右拖动 5 次，将左箭头复制 5 份，并将复制得到的左箭头的填充颜色分别修改为“巧克力黄，着色 2”“巧克力黄，着色 2，浅色 40%”“浅绿，着色 4”“浅蓝”“紫色”。

步骤 4　同时选择 6 个左箭头，在“图片工具”选项卡的“对齐”下拉列表中选择“横向分布”选项，将 6 个左箭头横向均匀分布，排列成时间条。

步骤 5　利用横向文本框在幻灯片中输入文本“时间到”，并设置文本的格式为 24 磅、居中对齐，然后将其移到第 1 个左箭头（从左到右依次计数）左上方。

步骤 6　保持“时间到”文本所在文本框的选中状态，在按住“Shift+Ctrl”组合键的同时将其向右拖动 6 次，将文本框复制 6 份，并将复制得到的文本框中的文本分别修改为“1 秒”“2 秒”“3 秒”“4 秒”“5 秒”“6 秒”，然后参照图 6-23 排列文本框。

图 6-22　左箭头效果

图 6-23　文本框排列效果

步骤 7　选择“加油！”文本所在云形，为其设置单击时播放的渐变式缩放进入动画效果，如图 6-24 所示。

图 6-24　设置云形的动画效果

步骤 8　选择第 6 个左箭头，为其设置单击时播放、持续时间 1 秒、自右侧擦除的退出动画效果。

步骤 9　保持第 6 个左箭头的选中状态，在“动画”选项卡中单击“动画刷”按钮，然后单击第 5 个左箭头，将第 6 个左箭头的动画效果复制到第 5 个左箭头，接着将第 5 个左箭头动画效果的开始播放方式修改为在上一动画之后。

步骤 10　保持第 5 个左箭头的选中状态，在“动画”选项卡中双击“动画刷”按钮，然后从右到左依次单击其他 4 个左箭头，将第 5 个左箭头的动画效果复制到这 4 个左箭头，最后按“Esc”键退出动画效果复制操作。

步骤 11　选择“6 秒”文本所在文本框，为其设置在上一动画之后播放的消失退出动画效果。

步骤 12　保持“6 秒”文本所在文本框的选中状态，在“动画”选项卡中双击“动画刷”按钮，然后依次单击“5 秒”“4 秒”“3 秒”“2 秒”“1 秒”文本所在文本框，将“6 秒”文本所在文本框的动画效果复制到这 5 个文本框，最后按“Esc”键退出动画效果复制操作。

步骤 13　选择“时间到”文本所在文本框，为其设置在上一动画之后播放的渐变进入动画效果；选择“闹钟”图片，为其设置在上一动画之后播放的放大 / 缩小强调动画效果。

步骤 14　在“动画窗格”任务窗格中调整动画效果的播放顺序，使时间条从右到左逐渐消失，如图 6-25 所示。

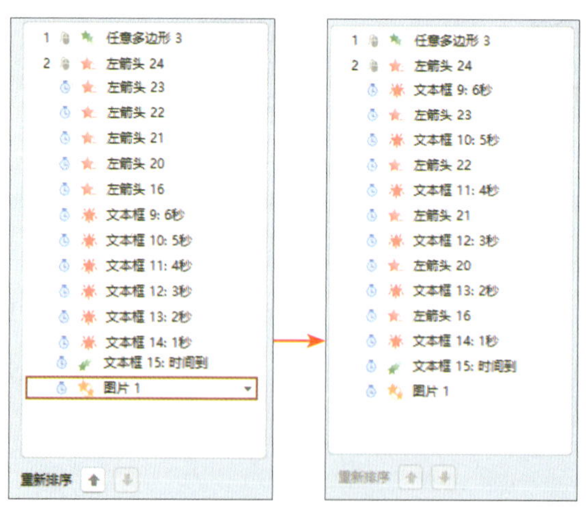

图 6-25　调整动画效果的播放顺序

项 目 考 核

1. 选择题

（1）下列关于 WPS 演示中动画效果的说法，错误的是（　　）。

A. 可以为动画效果添加声音　　B. 可以预览动画效果

C. 不可以调整动作路径的起点和终点位置　　D. 可以调整动画效果的播放顺序

（2）在 WPS 演示中，要为幻灯片中的多个对象设置相同的动画效果，可快速实现的操作是（　　）。

A. 逐一为对象设置动画效果

B. 在动画效果的“动画属性”下拉列表中选择相应选项

C. 使用动画刷复制动画效果

D. 使用格式刷复制动画效果

（3）下列选项中，不属于 WPS 演示中动画效果开始播放方式的是（　　）。

A. 单击时　　B. 自动播放

C. 与上一动画同时　　D. 在上一动画之后

（4）下列关于 WPS 演示中切换效果换片方式的说法，正确的是（　　）。

A. 在“切换”选项卡中同时勾选“单击鼠标时换片”复选框和“自动换片”复选框后，单击鼠标时换片方式不起作用

B. 在“切换”选项卡中同时勾选“单击鼠标时换片”复选框和“自动换片”复选框后，自动换片方式不起作用

C. 自动换片方式的时间最长为 10 秒

D. 可以同时选择单击鼠标时换片和自动换片两种换片方式

2. 填空题

（1）WPS 演示提供的动画效果类型主要有__________、强调、__________和动作路径 4 种。

（2）为使演示文稿的放映更加精彩，可以根据需要为幻灯片中的文本、图片和形状等对象设置__________。

（3）__________是指放映演示文稿时从一张幻灯片过渡到下一张幻灯片时的转场效果。

（4）设置幻灯片切换效果的选项有效果选项、__________、切换速度、应用范围，设置__________等。

项目评价

请学生结合本项目的学习情况，对学习成果进行自评和互评（组内成员相互评分），请指导教师进行师评和总评，并将评价结果填入表 6-1 中。

表 6-1　学习成果评价表

<table>
<tr><th rowspan="2">评价项目</th><th rowspan="2">评价内容</th><th rowspan="2">分值</th><th colspan="3">评价分数</th></tr>
<tr><th>自评</th><th>互评</th><th>师评</th></tr>
<tr><td rowspan="4">知识（30%）</td><td>动画效果的类型</td><td>5 分</td><td></td><td></td><td></td></tr>
<tr><td>设置动画效果与动画选项的方法</td><td>10 分</td><td></td><td></td><td></td></tr>
<tr><td>幼儿园多媒体课件中动画使用常见问题及解决方法</td><td>5 分</td><td></td><td></td><td></td></tr>
<tr><td>添加切换效果与设置切换选项的方法</td><td>10 分</td><td></td><td></td><td></td></tr>
<tr><td rowspan="2">能力（50%）</td><td>设置动画效果与动画选项</td><td>25 分</td><td></td><td></td><td></td></tr>
<tr><td>添加切换效果与设置切换选项</td><td>25 分</td><td></td><td></td><td></td></tr>
<tr><td rowspan="4">素养（20%）</td><td>文明礼貌，遵守课堂纪律</td><td>5 分</td><td></td><td></td><td></td></tr>
<tr><td>认真负责，按时完成学习与实践任务</td><td>5 分</td><td></td><td></td><td></td></tr>
<tr><td>互帮互助，具有团队精神</td><td>5 分</td><td></td><td></td><td></td></tr>
<tr><td>具有观察能力和审美能力</td><td>5 分</td><td></td><td></td><td></td></tr>
<tr><td colspan="2">合计</td><td>100 分</td><td></td><td></td><td></td></tr>
<tr><td rowspan="2">总评</td><td>综合分数：____________</td><td colspan="4" rowspan="2">指导教师签字：______________</td></tr>
<tr><td>综合等级：____________</td></tr>
</table>

注：综合分数可按照“自评（25%）+ 互评（25%）+ 师评（50%）”进行计算；综合等级可以“优”（90 分≤综合分数≤100 分）、“良”（80 分≤综合分数＜90 分）、“中”（60 分≤综合分数＜80 分）、“差”（综合分数＜ 60 分）为标准进行评价。

项目七

幼儿园多媒体课件的交互设计

本章导读

幼儿园多媒体课件凭借其丰富多彩的视听元素和高度互动性，成为教育教学的重要工具。交互效果作为课件的核心，不仅能吸引幼儿的注意力，激发幼儿的好奇心，还能调动幼儿参与活动的积极性。

本项目介绍在幼儿园多媒体课件中使用超链接、动作与触发器的方法。

学习目标

知识目标

- 掌握在 WPS 演示中使用超链接实现交互的方法。
- 掌握在 WPS 演示中使用动作实现交互的方法。
- 掌握在 WPS 演示中使用触发器实现交互的方法。

能力目标

- 能够根据实际需求在幼儿园多媒体课件中为对象设置超链接与动作，以及使用触发器触发对象的动画效果。

素质目标

- 培养逻辑思维能力。
- 提高分析问题和解决问题的能力和自信心。

任务一　使用超链接与动作实现交互

任务描述

幼儿园多媒体课件中的超链接与动作是实现互动教学的重要手段。使用超链接与动作能够有效地提升幼儿的参与度，激发幼儿的学习兴趣，使教学过程更加生动有趣。

本任务首先介绍在 WPS 演示中使用超链接与动作实现交互的方法，然后演示使用超链接与动作为“叶子的秘密”课件设置交互效果的操作，最后让学生自主完成使用超链接与动作设置“我运动，我快乐”课件的交互效果。

知识探究

一、使用超链接

超链接是一种内容跳转技术，在放映演示文稿的过程中，将鼠标指针移到设置了超链接的对象上，鼠标指针会变为形状，单击即可跳转到设置的链接目标，如原有文件或网页、本文档中的位置、电子邮件地址、链接附件等。

要为幻灯片中的对象设置超链接，可先选择要设置超链接的对象（文本、图片、形状等），然后在“插入”选项卡中单击“超链接”按钮，或单击“超链接”下拉按钮，在展开的下拉列表中选择相应选项，在打开的“插入超链接”对话框中设置链接目标，最后单击“确定”按钮。

二、使用动作

在 WPS 演示中，使用动作可以实现与超链接类似的交互效果，不同的是，超链接只能通过单击超链接对象实现交互，而动作还可以通过将鼠标指针移到动作对象上实现交互。

要为幻灯片中的对象设置动作，可先选择要设置动作的对象（文本、图片、形状等），然后在“插入”选项卡中单击“动作”按钮，在打开的“动作设置”对话框中设置相关动作，最后单击“确定”按钮。

WPS 演示提供了一些预设动作按钮，在幻灯片中插入这些按钮的具体方法是，在“插入”选项卡中单击“形状”下拉按钮，在展开的下拉列表中选择“动作按钮”类别中的相应选项，然后在幻灯片的合适位置单击或按住鼠标左键并拖动绘制动作按钮。绘制完成后会自动弹出“动作设置”对话框，在其中设置动作按钮的相关操作，或保持默认设置直接单击“确定”按钮。

案例演示——使用超链接与动作设置“叶子的秘密”课件的交互效果

本案例演示通过使用超链接与动作设置“叶子的秘密”课件的交互效果，练习为幻灯片中的对象设置超链接与动作的操作。

使用超链接与动作设置“叶子的秘密”课件的交互效果

步骤 1 打开本书配套素材“素材与实例”/“项目七”/“任务一”/“叶子的秘密”/“叶子的秘密”课件，将其另存为“叶子的秘密（设置超链接与动作）”。

步骤 2 设置超链接。选择第 2 张幻灯片中的“听一听”文本所在对角圆角矩形，在“插入”选项卡中单击“超链接”按钮，如图 7-1 所示。

图 7-1 选择要设置超链接的对象并单击“超链接”按钮

步骤 3 打开“插入超链接”对话框，在“链接到”列表中选择“本文档中的位置”选项，在“请选择文档中的位置”列表框中选择“3. 幻灯片 3”选项，单击“确定”按钮（见图 7-2），将“听一听”文本所在对角圆角矩形链接到第 3 张幻灯片。

步骤 4 使用同样的方法为“说一说”“想一想”“学一学”文本所在对角圆角矩形设置超链接，将它们分别链接到第 4 张、第 9 张和第 13 张幻灯片。

步骤 5 在“幻灯片”窗格中选择第 9 张幻灯片，为“浇水”图片设置超链接，将其链接到第 10 张幻灯片。

步骤 6 为“肥料”图片和“阳光”图片设置超链接，将它们分别链接到第 11 张和第 12 张幻灯片。

图 7-2　设置超链接选项

步骤 7　在“幻灯片”窗格中选择第 10 张幻灯片，为云形标注设置超链接，将其链接到第 9 张幻灯片。

步骤 8　在“幻灯片”窗格中选择第 11 张幻灯片，为云形标注设置超链接，将其链接到第 9 张幻灯片。

步骤 9　设置动作。在“幻灯片”窗格中选择第 3 张幻灯片，在其中绘制高度为 1.2 厘米、宽度为 3 厘米、填充颜色为“浅绿，着色 4”、轮廓颜色为“白色，背景 1”、轮廓粗细为 3 磅、效果为“阴影”/“内部居中”的圆角矩形，并在其中输入文本“上一页”，如图 7-3 所示。

步骤 10　保持圆角矩形的选中状态，在“插入”选项卡中单击“动作”按钮，打开“动作设置”对话框并显示“鼠标单击”选项卡，选中“超链接到”单选钮，然后在其下方的下拉列表中选择“上一张幻灯片”选项，单击“确定”按钮，如图 7-4 所示。

图 7-3　圆角矩形效果

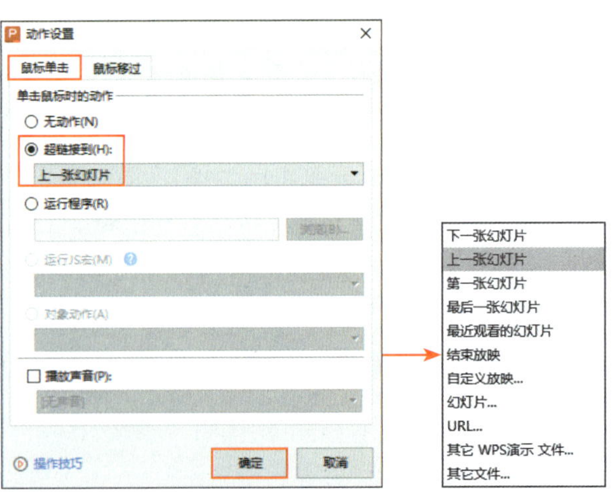

图 7-4　设置动作选项

步骤 11 在按住“Shift+Ctrl”组合键的同时将圆角矩形向右拖动两次，将其复制两份，并将复制得到的圆角矩形中的文本分别修改为“目录”“下一页”。

步骤 12 选择“目录”文本所在圆角矩形，在“插入”选项卡中单击“动作”按钮，打开“动作设置”对话框，在“鼠标单击”选项卡中保持“超链接到”单选钮的选中状态，然后在其下方的下拉列表中选择“幻灯片…”选项，打开“超链接到幻灯片”对话框，在“幻灯片标题”列表框中选择“2. 幻灯片 2”选项（见图 7-5），单击“确定”按钮，返回“动作设置”对话框，单击“确定”按钮。

步骤 13 使用同样的方法将“下一页”文本所在圆角矩形链接到的幻灯片修改为“下一张幻灯片”，然后将 3 个圆角矩形移到幻灯片下方中部并将它们组合，效果如图 7-6 所示。

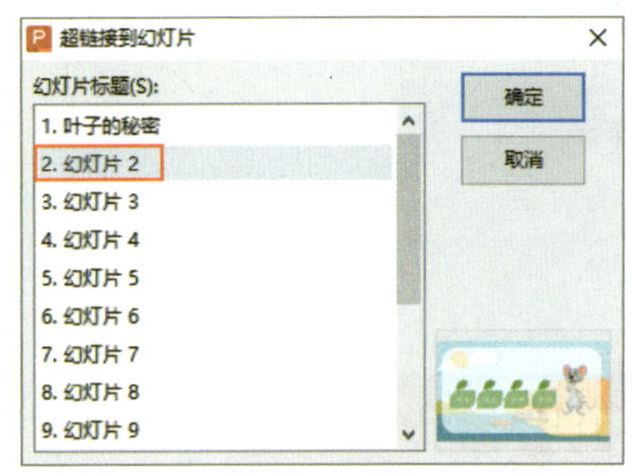

图 7-5　选择“2. 幻灯片 2”选项

图 7-6　3 个圆角矩形效果

步骤 14 保持组合对象的选中状态，按“Ctrl+C”组合键将其复制，然后依次按键盘上的“Page Down”键和“Ctrl+V”组合键，将复制的组合对象粘贴到第 4 张幻灯片。使用同样的方法将组合对象粘贴到第 5～9 张、第 12～14 张幻灯片。

步骤 15 将第 9 张幻灯片组合对象中的“下一页”文本所在圆角矩形删除，将第 12 张幻灯片组合对象中的“上一页”文本所在圆角矩形删除。至此，“叶子的秘密”课件的超链接与动作设置完毕，保存并关闭该课件。

举一反三——使用超链接与动作设置“我运动，我快乐”课件的交互效果

打开本书配套素材“素材与实例”/“项目七”/“任务一”/“我运动，我快乐”/“我运动，我快乐”课件，然后按如下要求对其进行操作。

（1）将课件另存为“我运动，我快乐（设置超链接与动作）”。

（2）为第 2 张幻灯片中的 4 个文本框（从上到下依次选择）设置超链接，将它们分别链接到第 3 张、第 5 张、第 7 张和第 9 张幻灯片。

（3）在第 3 张幻灯片中绘制 3 个高度为 1.1 厘米、宽度为 2.6 厘米、轮廓颜色为“白色，背景 1”的同侧圆角矩形，并分别在其中输入文本“上一页”“目录”“下一页”；为“上一页”“目录”“下一页”文本所在同侧圆角矩形添加动作，将它们分别链接到上一张幻灯片、第 2 张幻灯片和下一张幻灯片；将 3 个同侧圆角矩形移到幻灯片下方中部，将它们组合（见图 7-7），并将组合对象复制到第 4～9 张幻灯片。

图 7-7　组合对象效果

任务二　使用触发器实现交互

任务描述

在幼儿园多媒体课件中，使用触发器能够根据需求触发相应的动画效果，这不仅让课件的演示更加灵活，也使得幼儿的学习过程更加富有趣味性。

本任务首先介绍在 WPS 演示中使用触发器实现交互的方法，然后演示使用触发器为“叶子的秘密”课件设置交互效果的操作，最后让学生自主完成使用触发器设置“我运动，我快乐”课件的交互效果。

知识探究

一、认识触发器

触发器是 WPS 演示中用于实现对象交互效果的一项功能。利用触发器能够通过单击控制对象动画效果的播放，有效提升演示文稿的互动性与吸引力。幻灯片中的图片、形状、文本框等对象均可设置触发器。触发器设置完成后，在放映幻灯片时，只要单击设置了触发器的对象，就会触发设置的动画效果。

二、使用触发器

要在幻灯片中使用触发器，须先为需要通过单击显示的对象设置动画效果，然后在“动画窗格”任务窗格中右击该对象的动画效果，在弹出的快捷菜单中选择“计时”选项，打开动画效果对话框并显示“计时”选项卡，单击“触发器”下拉按钮，在展开的下拉列表中选中“单击下列对象时启动效果”单选钮，最后在其右侧的下拉列表中选择要单击的对象（图片、形状、文本框等）。

案例演示——使用触发器设置“叶子的秘密”课件的交互效果

本案例演示通过使用触发器设置“叶子的秘密”课件的交互效果，练习为幻灯片中的对象设置触发器的操作。

使用触发器设置“叶子的秘密”课件的交互效果

步骤 1 打开本书配套素材“素材与实例”/“项目七”/“任务二”/“叶子的秘密”/“叶子的秘密”课件，将其另存为“叶子的秘密（设置触发器）”。

步骤 2 在“幻灯片”窗格中选择第 9 张幻灯片，然后打开“选择窗格”任务窗格，在其中双击“圆角矩形 17”（“浇水”文本所在圆角矩形）对象，将其名称修改为“浇水”并按“Enter”键确认，如图 7-8 所示。

图 7-8　在“选择窗格”任务窗格中修改圆角矩形的名称

步骤 3 使用同样的方法将“圆角矩形 18”（“施肥”文本所在圆角矩形）的名称修改为“施肥”，将“圆角矩形 19”（“光照”文本所在圆角矩形）的名称修改为“光照”。

步骤 4 打开“动画窗格”任务窗格，在其中右击“浇水”图片的动画效果，在弹出的快捷菜单中选择“计时”选项，打开“飞入”对话框并显示“计时”选项卡，单击

“触发器”下拉按钮，在展开的下拉列表中选中“单击下列对象时启动效果”单选钮，然后在其右侧的下拉列表中选择“浇水”选项，单击“确定”按钮，设置“浇水”图片动画效果的触发动作为单击“浇水”文本所在圆角矩形，如图 7-9 所示。

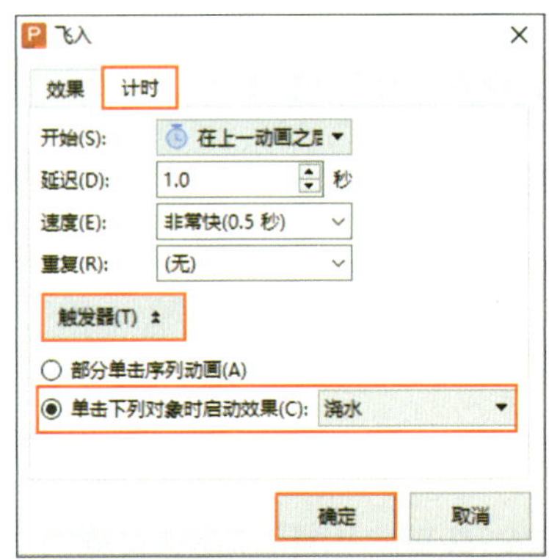

图 7-9　设置“浇水”图片动画效果的触发动作

步骤 5　使用同样的方法设置“肥料”图片和“阳光”图片动画效果的触发动作分别为单击“施肥”文本所在圆角矩形和单击“光照”文本所在圆角矩形。此时，在“动画窗格”任务窗格中可看到设置的触发器，如图 7-10 所示。至此，“叶子的秘密”课件的触发器设置完毕，保存并关闭该课件。

图 7-10　第 9 张幻灯片的触发器效果

举一反三——使用触发器设置“我运动，我快乐”课件的交互效果

打开本书配套素材“素材与实例”/“项目七”/“任务二”/“我运动，我快乐”/“我运动，我快乐”课件，然后按如下要求对其进行操作。

（1）将课件另存为“我运动，我快乐（设置触发器）”。

（2）将第 7～8 张幻灯片中图片的名称分别修改为其下方对应的说明文本。

（3）设置第 7～8 张幻灯片中说明文本所在圆角矩形动画效果的触发动作分别为单击其上方对应的图片名称。图 7-11 为第 7 张幻灯片的触发器效果。

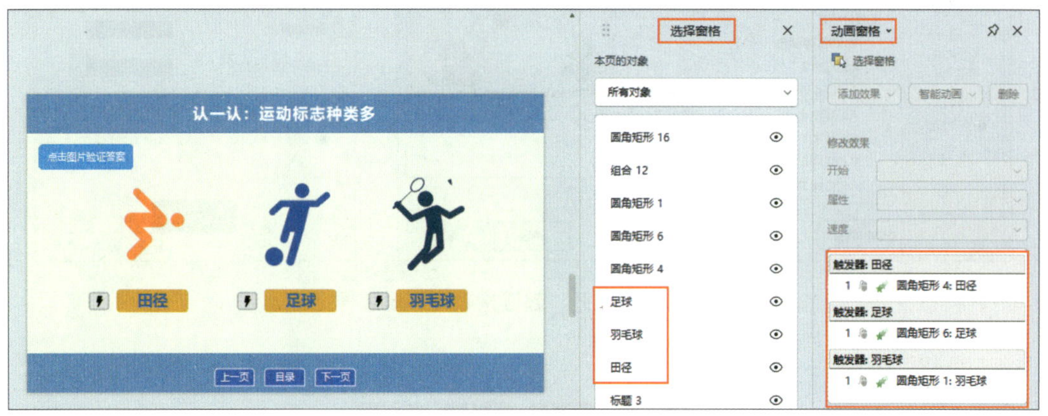

图 7-11　第 7 张幻灯片的触发器效果

一、更改超链接文本颜色

默认情况下，WPS 演示中超链接文本的颜色为蓝色且带有下画线，用户可根据演示文稿的风格和配色方案，对超链接文本的颜色进行更改，具体方法是，在“插入超链接”对话框中单击“超链接颜色”按钮，打开“超链接颜色”对话框（见图 7-12），在“颜色”设置区分别单击“超链接颜色”“已访问超链接颜色”下拉按钮，在展开的下拉列表中选择所需颜色，并根据需要在“下划线”设置区选中相应单选钮，然后单击“应用到当前”按钮或“应用到全部”按钮，返回“插入超链接”对话框，最后单击“确定”按钮。

二、设置单击一个对象同时触发多个对象的动画效果

要在同一张幻灯片中实现单击一个对象同时触发多个对象的动画效果，可先为幻灯片中要同时触发动画的对象设置与上一动画同时播放的动画效果，然后将各对象动画效果的触发动作均设置为单击该对象。

图 7-12　打开“超链接颜色”对话框

项目考核

1. 选择题

（1）为 WPS 演示中的对象设置超链接时，一般无法将对象链接到（　　）。

A. 原有文件或网页　　B. 本演示文稿中的位置

C. 电子邮件地址　　D. 组合对象

（2）在 WPS 演示中，超链接只有在（　　）才能被激活。

A. 普通视图中　　B. 幻灯片浏览视图中

C. 备注页中　　D. 放映幻灯片时

（3）在 WPS 演示中，不能通过设置动作实现的是（　　）。

A. 跳转到下一张幻灯片　　B. 播放声音

C. 更改幻灯片的背景颜色　　D. 运行程序

（4）在 WPS 演示中放映幻灯片时，单击设置了触发器的对象可以（　　）。

A. 播放动画效果　　B. 跳转到指定幻灯片

C. 打开指定文件　　D. 插入对象

2. 填空题

（1）在 WPS 演示中，幻灯片中的________、________、形状等均可作为设置超链接的对象。

（2）在 WPS 演示中，使用动作可以实现与超链接类似的交互效果，不同的是，超链接只能通过 ________ 超链接对象实现交互，而动作还可以通过________动作对象上实现交互。

（3）________是 WPS 演示中用于实现对象交互效果的一项功能。

项目评价

请学生结合本项目的学习情况，对学习成果进行自评和互评（组内成员相互评分），请指导教师进行师评和总评，并将评价结果填入表 7-1 中。

表 7-1　学习成果评价表

<table>
<tr><th rowspan="2">评价项目</th><th rowspan="2">评价内容</th><th rowspan="2">分值</th><th colspan="3">评价分数</th></tr>
<tr><th>自评</th><th>互评</th><th>师评</th></tr>
<tr><td rowspan="2">知识（30%）</td><td>使用超链接与动作的方法</td><td>20 分</td><td></td><td></td><td></td></tr>
<tr><td>使用触发器的方法</td><td>10 分</td><td></td><td></td><td></td></tr>
<tr><td rowspan="2">能力（50%）</td><td>设置超链接与动作</td><td>30 分</td><td></td><td></td><td></td></tr>
<tr><td>设置触发器</td><td>20 分</td><td></td><td></td><td></td></tr>
<tr><td rowspan="4">素养（20%）</td><td>文明礼貌，遵守课堂纪律</td><td>5 分</td><td></td><td></td><td></td></tr>
<tr><td>认真负责，按时完成学习与实践任务</td><td>5 分</td><td></td><td></td><td></td></tr>
<tr><td>具备较强的逻辑思维能力</td><td>5 分</td><td></td><td></td><td></td></tr>
<tr><td>具备较强的分析和解决问题能力</td><td>5 分</td><td></td><td></td><td></td></tr>
<tr><td colspan="2">合计</td><td>100 分</td><td></td><td></td><td></td></tr>
<tr><td rowspan="2">总评</td><td>综合分数：__________</td><td colspan="4" rowspan="2">指导教师签字：____________</td></tr>
<tr><td>综合等级：__________</td></tr>
</table>

注：综合分数可按照“自评（25%）+ 互评（25%）+ 师评（50%）”进行计算；综合等级可以“优”（90 分≤综合分数≤100 分）、“良”（80 分≤综合分数＜90 分）、“中”（60 分≤综合分数＜80 分）、“差”（综合分数＜60 分）为标准进行评价。

项目八 幼儿园多媒体课件的放映与输出

本章导读

幼儿园多媒体课件制作完成后，就可以在教学活动中进行放映，通过生动的动画效果等吸引幼儿的注意力，激发幼儿的学习兴趣，从而提升教学效果。此外，还可以将幼儿园多媒体课件输出，便于在不同设备上进行分享或展示。

本项目介绍放映与输出幼儿园多媒体课件的方法。

学习目标

知识目标

- 掌握在 WPS 演示中设置演示文稿放映方式的方法。
- 掌握在 WPS 演示中放映演示文稿的方法。
- 掌握将演示文稿输出为 PDF 文件及打包演示文稿的方法。

能力目标

- 能够根据实际需求放映与输出幼儿园多媒体课件。

素质目标

- 增强数字化意识，善用数字化工具，提高信息表达能力。

任务一　放映多媒体课件

任务描述

放映制作完成的幼儿园多媒体课件，能够让幼儿体验更加丰富、生动的学习过程，从而在轻松愉快的氛围中学习新知识。

本任务首先介绍在 WPS 演示中设置演示文稿放映方式及放映演示文稿的方法，然后演示放映“叶子的秘密”课件的操作，最后让学生自主完成“我运动，我快乐”课件的放映。

知识探究

一、设置演示文稿的放映方式

演示文稿制作完毕，根据不同的放映场所，可以为其设置不同的放映方式，如由演讲者控制放映、让演示文稿自动放映。对于每种放映方式，还可以控制是否循环播放，指定播放哪些幻灯片及确定幻灯片的换片方式等。

要设置演示文稿的放映方式，可在“放映”选项卡中单击“放映设置”下拉按钮，在展开的下拉列表中选择相应选项。如果在该下拉列表中选择“放映设置”选项，可打开“设置放映方式”对话框（见图 8-1），在其中可对放映方式进行设置。

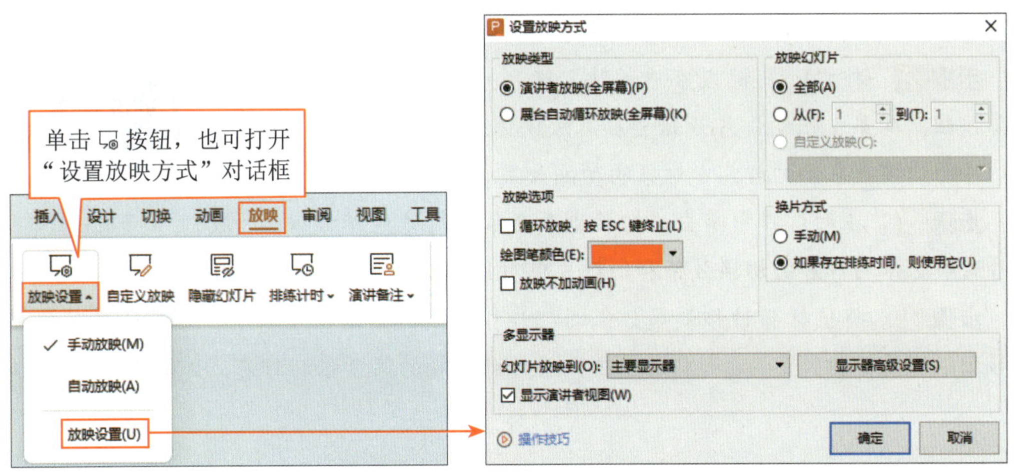

图 8-1　打开“设置放映方式”对话框

“设置放映方式”对话框中部分设置区的含义如下。

(1)“放映类型”设置区。在该设置区可以选择演示文稿的放映类型。

(2)“放映选项”设置区。在该设置区可以选择是否循环放映演示文稿及是否播放动画效果等。

(3)“放映幻灯片”设置区。在该设置区可以选择幻灯片的放映范围,如放映全部幻灯片,放映部分幻灯片,放映自定义放映的幻灯片(如果已创建)。

(4)“换片方式”设置区。在该设置区可以选择幻灯片的换片方式。如果设置了自动换片时间或存在排练时间,应选择第二种换片方式(自动换片方式)。手动换片方式(单击鼠标时换片)的优先级高于自动换片方式。

二、放映演示文稿

要放映演示文稿,可在“放映”选项卡中单击相应按钮,如“从头开始”“当页开始”按钮。单击“从头开始”按钮或按“F5”键,均可从第 1 张幻灯片开始全屏幕放映演示文稿;单击“当页开始”按钮或按“Shift+F5”组合键,均可从当前幻灯片开始全屏幕放映演示文稿。

在演示文稿放映过程中,WPS 演示会根据设置切换幻灯片或显示幻灯片中的动画效果。演示文稿放映完毕,可单击鼠标或按“Esc”键结束放映。如果想在放映过程中终止放映,也可按“Esc”键。

案例演示——放映“叶子的秘密”课件

本案例演示通过放映“叶子的秘密”课件,练习放映演示文稿的操作。

步骤 1 打开本书配套素材“素材与实例”/“项目八”/“任务一”/“叶子的秘密”/“叶子的秘密”课件。

放映“叶子的秘密”课件

步骤 2 按“F5”键或在“放映”选项卡中单击“从头开始”按钮,从第 1 张幻灯片开始全屏幕放映课件,可看到第 1 张幻灯片的切换效果和幻灯片中对象的动画效果。

步骤 3 在幻灯片中单击,切换到第 2 张幻灯片继续放映,可看到第 2 张幻灯片的切换效果和幻灯片中对象的动画效果。

步骤 4 将鼠标指针移到第 2 张幻灯片智能图形中的“想一想”文本所在对角圆角矩形上,待鼠标指针变为形状时单击,跳转到链接的第 9 张幻灯片,如图 8-2 所示。

图 8-2 单击超链接对象跳转到链接的幻灯片

步骤 5 单击第 9 张幻灯片中的“浇水”文本所在圆角矩形（触发器对象），触发“浇水”图片的动画效果，如图 8-3 所示。

图 8-3 触发对象的动画效果

步骤 6 单击第 9 张幻灯片中的“浇水”图片，跳转到链接的第 10 张幻灯片，可看到第 10 张幻灯片的切换效果和幻灯片中对象的动画效果。

步骤 7 单击第 10 张幻灯片中的“我有水，再想想……”文本所在云形标注，跳转到链接的第 9 张幻灯片。单击第 9 张幻灯片中的“目录”文本所在圆角矩形（动作对象），跳转到链接的第 2 张幻灯片。

步骤 8 继续放映其他幻灯片，欣赏插入的音频和视频等，放映结束，单击鼠标或按“Esc”键结束放映，然后关闭该课件。

举一反三——放映“我运动，我快乐”课件

打开本书配套素材“素材与实例”/“项目八”/“任务一”/“我运动，我快乐”/“我运动，我快乐”课件，从第 1 张幻灯片开始放映课件，在放映过程中验证第 2 张幻灯片中 4 个文本框的链接目标、第 3 张幻灯片中 3 个同侧对角圆角矩形的链接目标、第 7～8 张幻灯片中的触发器效果，以及第 9 张幻灯片中音频的循环播放效果等。

任务二　输出多媒体课件

任务描述

幼儿园多媒体课件制作完毕，除可以进行放映外，还可以根据需要将其输出为 PDF 文件，或打包到其他计算机中进行放映等。

本任务首先介绍将演示文稿输出为 PDF 文件及打包演示文稿的方法，然后演示输出“叶子的秘密”课件的操作，最后让学生自主完成“我运动，我快乐”课件的输出。

知识探究

一、将演示文稿输出为 PDF 文件

为便于阅读和分享制作的演示文稿，可将其输出为 PDF 文件，避免在阅读过程中出现版面错乱现象等。

要将演示文稿输出为 PDF 文件，可在“文件”列表中选择“输出为 PDF”选项，然后在打开的“输出为 PDF”对话框中进行设置，最后单击“开始输出”按钮。

二、打包演示文稿

当演示文稿需要在其他计算机中放映时，如果该计算机中没有演示文稿中所链接的文件及使用的字体，则演示文稿不能正常放映。为此，可将演示文稿打包，然后将打包文件拷贝或传输到其他计算机中放映。

要打包演示文稿，可将鼠标指针移到“文件”列表中“文件打包”选项上，在展开的列表中选择相应选项（将演示文档打包成文件夹、将演示文档打包成压缩文件），然后在打开的“演示文件打包”对话框中进行设置，最后单击“确定”按钮。

案例演示——输出“叶子的秘密”课件

本案例演示通过输出“叶子的秘密”课件，练习将演示文稿输出为加密 PDF 文件及打包演示文稿的操作。

步骤 1　打开本书配套素材“素材与实例”/“项目八”/“任务二”/“叶子的秘密”/“叶子的秘密”课件。

输出“叶子的秘密”课件

步骤 2　将课件输出为 PDF 文件。单击“文件”按钮，在展开的列表中选择“输出为 PDF”选项，打开“输出为 PDF”对话框，其中显示了当前打开的所有演示文稿，默认勾选当前演示文稿复选框，如图 8-4 所示。

图 8-4　打开“输出为 PDF”对话框

步骤 3　在“输出选项”设置区单击“输出设置”链接，打开“输出设置”对话框，选择“结果加密”选项，在“编辑文件及内容提取密码”设置区的“密码”编辑框和“确认”编辑框中均输入密码“bj123456”，单击“确定”按钮（见图 8-5），返回“输出为 PDF”对话框。

图 8-5　为输出的 PDF 文件设置密码

步骤 4 在“保存位置”下拉列表中选择“自定义文件夹”选项，然后单击其右侧的⋯按钮，在打开的“选择路径”对话框中选择 PDF 文件的保存位置，单击“选择文件夹”按钮，返回“输出为 PDF”对话框，单击“开始输出”按钮，如图 8-6 所示。

图 8-6　单击“开始输出”按钮

步骤 5 开始输出文件，在“输出为 PDF”对话框的“状态”栏中可看到输出进度。文件输出完毕，“状态”栏中会显示“输出成功”字样，同时打开提示对话框，依次关闭提示对话框和“输出为 PDF”对话框，完成输出操作。

步骤 6 打包课件。将鼠标指针移到“文件”列表中的“文件打包”选项上，在展开的列表中选择“将演示文档打包成文件夹”选项，打开“演示文件打包”对话框，输入保存打包文件的文件夹名称，然后单击“浏览”按钮，在打开的“选择位置”对话框中选择打包文件的保存位置，单击“选择文件夹”按钮，返回“演示文件打包”对话框，单击“确定”按钮，如图 8-7 所示。

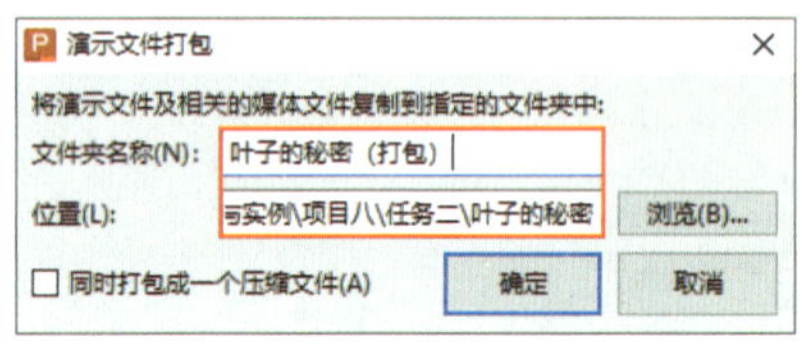

图 8-7　单击“确定”按钮

步骤 7 开始打包文件。文件打包完毕，打开提示对话框，单击“打开文件夹”按钮，打开保存打包文件的文件夹并显示打包的文件（见图 8-8），然后关闭“叶子的秘密”课件。

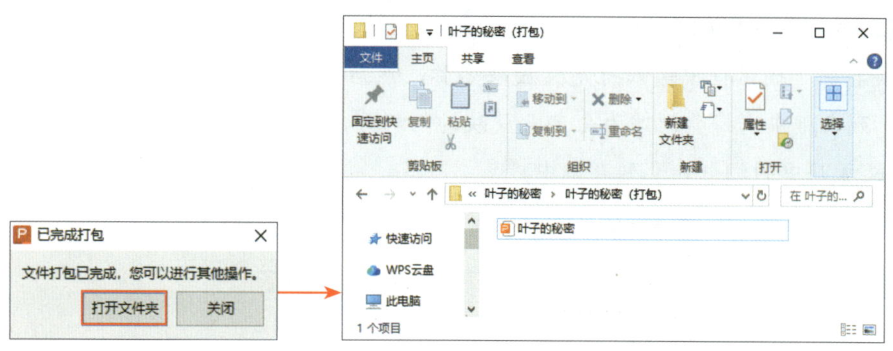

图 8-8　查看打包的文件

举一反三——输出“我运动，我快乐”课件

打开本书配套素材“素材与实例”/“项目八”/“任务二”/“我运动，我快乐”/“我运动，我快乐”课件，将其打包为压缩文件，压缩文件名为“我运动，我快乐（打包）”，压缩文件的保存位置为本书配套素材“素材与实例”/“项目八”/“任务二”/“我运动，我快乐”文件夹。

一、创建自定义放映

利用 WPS 演示提供的自定义放映功能，可以从演示文稿中选择指定幻灯片，并组成一个新的放映序列，以缩短演示文稿的放映时间或面向不同观众进行个性化放映。下面介绍创建自定义放映的方法。

步骤 1　打开要创建自定义放映的演示文稿，在“放映”选项卡中单击“自定义放映”按钮，打开“自定义放映”对话框，如图 8-9 所示。

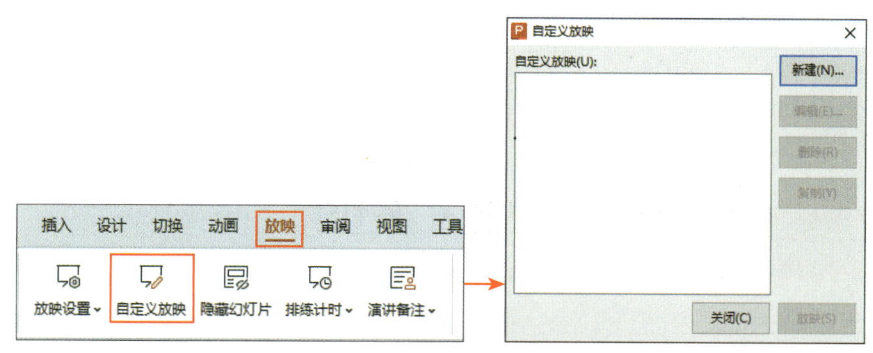

图 8-9　打开“自定义放映”对话框

步骤 2 单击“新建”按钮，打开“定义自定义放映”对话框（见图 8-10），在“幻灯片放映名称”编辑框中输入自定义放映名称，然后配合“Ctrl”键在“在演示文稿中的幻灯片”列表框中选择要创建为自定义放映的幻灯片，单击“添加”按钮，将它们添加到“在自定义放映中的幻灯片”列表框中。

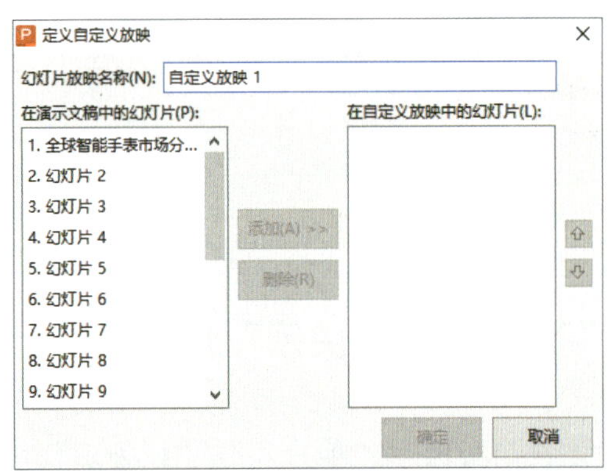

图 8-10 “定义自定义放映”对话框

步骤 3 单击“确定”按钮，返回“自定义放映”对话框，可看到创建的自定义放映，然后关闭该对话框。

二、排练计时

为使演讲者的讲述时间与幻灯片的切换速度保持同步，除可以将幻灯片的切换方式设置为“单击鼠标时换片”和自动换片时间外，还可以利用 WPS 演示提供的排练计时功能。该功能是指在实际放映演示文稿前先进行一次模拟演讲，即在放映幻灯片的过程中根据实际情况进行讲解，并将每张幻灯片的放映时间记录下来，在正式放映幻灯片时根据记录的时间自动放映。下面介绍排练计时的方法。

步骤 1 打开要排练计时的演示文稿，在“放映”选项卡中单击“排练计时”按钮，或单击“排练计时”下拉按钮，在展开的下拉列表中选择“排练全部”选项。

步骤 2 此时从第 1 张幻灯片开始放映演示文稿，并且在放映界面左上角显示“预演”工具栏（见图 8-11），演讲者可对自己要讲述的内容进行排练，以确定当前幻灯片的放映时间。

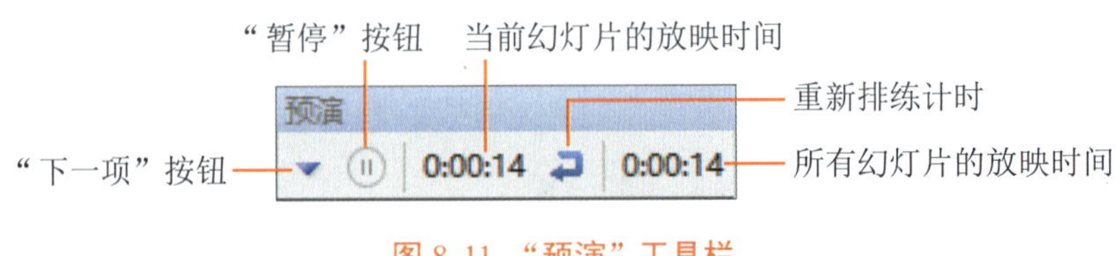

图 8-11 “预演”工具栏

步骤 3 当第 1 张幻灯片的放映时间确定后，单击幻灯片的任意位置或“预演”工具栏中的“下一项”按钮，切换到第 2 张幻灯片并开始对该张幻灯片的放映时间进行计时。

步骤 4 当演示文稿中的全部幻灯片放映完毕，会弹出提示对话框，询问是否保存排练时间，单击“是”按钮可将排练时间保存，且每张幻灯片的自动换片时间与排练时间保持一致；单击“否”按钮，可放弃排练时间。保存排练时间后，WPS 演示会自动切换到幻灯片浏览视图，且在每张幻灯片的左下方显示排练时间。

项目考核

1. 选择题

（1）在 WPS 演示中，按“F5”键可实现的功能是（　　）。

A．打开演示文稿　　B．放映演示文稿

C．打印演示文稿　　D．关闭演示文稿

（2）在 WPS 演示中，要在演示文稿放映过程中结束放映，可按（　　）。

A．“Shift+F5”组合键　　B．“Ctrl+X”组合键

C．“Esc”键　　D．“End”键

（3）当需要将演示文稿复制到其他计算机中进行放映时，建议（　　）。

A．将演示文稿发送至云盘

B．将演示文稿分成多个子文件存入磁盘

C．将演示文稿打包

D．设置幻灯片的放映效果

（4）如果希望在 WPS 演示中自动放映幻灯片，应该事先对演示文稿进行（　　）。

A．自动播放　　B．排练计时　　C．存盘　　D．打包

2. 填空题

（1）WPS 演示提供的演示文稿放映类型有__________和展台自动循环放映（全屏幕）两种。

（2）在 WPS 演示中放映演示文稿时，除可以放映演示文稿中的全部幻灯片外，还可以放映指定幻灯片或__________的幻灯片。

（3）在 WPS 演示中，可以将演示文稿打包成________或________。

项目评价

请学生结合本项目的学习情况，对学习成果进行自评和互评（组内成员相互评分），请指导教师进行师评和总评，并将评价结果填入表 8-1 中。

表 8-1　学习成果评价表

评价项目	评价内容	分值	评价分数		
			自评	互评	师评
知识（35%）	设置演示文稿放映方式的方法	10 分			
	放映演示文稿的方法	10 分			
	将演示文稿输出为 PDF 文件和打包演示文稿的方法	15 分			
能力（45%）	设置演示文稿的放映方式并放映演示文稿	20 分			
	输出和打包演示文稿	25 分			
素养（20%）	文明礼貌，遵守课堂纪律	5 分			
	认真负责，按时完成学习与实践任务	5 分			
	互帮互助，具有团队精神	5 分			
	具有较强的数字化意识，且善用数字化工具	5 分			
合计		100 分			
总评	综合分数：______	指导教师签字：______			
	综合等级：______				

注：综合分数可按照“自评（25%）+ 互评（25%）+ 师评（50%）”进行计算；综合等级可以“优”（90 分≤综合分数≤100 分）、“良”（80 分≤综合分数＜90 分）、“中”（60 分≤综合分数＜80 分）、“差”（综合分数＜ 60 分）为标准进行评价。

项目九

幼儿园五大领域活动课件综合设计与制作

本章导读

幼儿园教育是终身教育的奠基阶段，其内容可以相对划分为健康、语言、社会、科学、艺术五个领域，各领域的内容相互渗透，从不同的角度促进幼儿情感、态度、能力、知识、技能等方面的发展。

本项目针对健康、语言、社会、科学、艺术五大领域，精心设计与制作了五个具有代表性的幼儿园多媒体课件。

学习目标

- 能够结合幼儿的认知特点和具体领域的学习与发展目标合理设计多媒体课件。
- 能够合理运用动画效果、超链接和动作按钮等技术制作幼儿园五大领域的活动课件。
- 提升专业素养和审美素养，促进自身在幼儿教育领域的成长。

任务一　设计与制作健康领域活动课件“打跑病毒　预防流感”

幼儿阶段是儿童身体发育和机能发展极为迅速的时期，也是形成安全感和乐观态度的重要阶段。发育良好的身体、愉快的情绪、强健的体质、协调的动作、良好的生活习惯和基本的生活能力是幼儿身心健康的重要标志，也是其他领域学习与发展的基础。

本任务就来设计与制作中班健康活动课件“打跑病毒　预防流感”，具体包括分析教学设计、设计脚本和制作课件三个环节。

一、分析教学设计

下面先来了解中班健康活动“打跑病毒　预防流感”的教学设计，然后通过分析该教学设计，对多媒体课件进行初步构思。

中班健康活动“打跑病毒　预防流感”教学设计

【活动目标】

（1）了解流感（流行性感冒）的症状和流感病毒的传播途径。

（2）掌握预防流感的方法，学会正确的洗手步骤。

（3）养成良好的卫生习惯和健康的生活方式。

【活动重难点】

活动重点：引导幼儿在日常生活中践行预防流感的措施。

活动难点：让幼儿持续保持对预防流感的重视和良好的卫生习惯。

【活动准备】

（1）自制“健康小卫士”徽章若干，洗手液、小毛巾等实物道具。

（2）将教室一角布置成“健康角”，张贴“七步洗手法”、戴口罩方法的小贴士，营造轻松有趣的学习氛围。

【活动过程】

一、谈话引出主题

教师向幼儿提出问题“这些天，某某小朋友一直没来上学，你们知道是为什么吗？”，以谈话的方式引导幼儿说出“生病”“感冒”“流感”等主题相关词汇。

二、幼儿观察与表达

（1）请幼儿举手发言，说一说自己是否得过流感，鼓励幼儿用自己的语言描述流感的症状，并相互交流自己的生病经历和感受。

（2）教师总结幼儿的回答，提到流感会引发咳嗽、流鼻涕、发烧等症状。

三、了解流感病毒的传播途径

（1）教师提出问题“我们为什么会得流感呢？”，引导幼儿思考。

（2）教师向幼儿介绍流感病毒的传播途径，强调病毒的传染性和预防的重要性。

四、学习预防流感的方法

（1）教师介绍预防流感的方法，如均衡饮食、勤洗手、勤通风、多运动等。

（2）播放正确洗手步骤的视频，教师带领幼儿学习“七步洗手法”，并使用洗手液和小毛巾进行实践。

（3）教师为完成洗手步骤的幼儿发放“健康小卫士”徽章。

五、巩固流感预防知识

（1）教师给出预防流感的相关情景，如“吃饭前不洗手”“去人多的地方”“开窗通风”等，请幼儿举手回答哪些行为是正确的，哪些行为是错误的。

（2）幼儿回答后，教师引导幼儿说出理由，并对回答正确的幼儿给予表扬，对回答错误的幼儿进行纠正。

【活动延伸】

请幼儿回家后和家人分享预防流感的方法，并互相监督，保护自己和他人不受病毒侵害。

分析上述教学设计可知，活动过程的第二环节至第五环节可利用多媒体课件呈现。同时，结合中班幼儿的认知特点和健康领域的学习与发展目标，对“打跑病毒　预防流感”课件的初步构思如下。

（1）本课件拟分为“说一说”“想一想”“学一学”“选一选”4 个模块。

（2）“说一说”模块展示流感症状，结合幼儿表达来强化幼儿对流感的认知。

（3）“想一想”模块通过图片和动画演示介绍流感病毒的传播途径，向幼儿强调流感的传染性。

（4）“学一学”模块展示预防流感的行为图片和视频，培养幼儿良好的卫生习惯和健康的生活方式。

（5）“选一选”模块展示预防流感的相关行为图片和文字描述，引导幼儿进行选择，以巩固所学的流感预防知识。

二、设计脚本

"打跑病毒 预防流感"
课件脚本

下面系统地设计中班健康活动课件"打跑病毒 预防流感"的脚本。限于篇幅，本节仅展示该课件的部分脚本（见表 9-1 和表 9-2），完整的课件脚本请扫描右侧二维码进行查看。

表 9-1 "打跑病毒 预防流感"课件文字脚本

课件题目	中班健康活动"打跑病毒 预防流感"
教学目标	（1）了解流感（流行性感冒）的症状和流感病毒的传播途径 （2）掌握预防流感的方法，学会正确的洗手方法 （3）养成良好的卫生习惯和健康的生活方式
创作平台	WPS 365 教育版
创作思路	课件以幼儿对流感症状的认知为基础，结合谈话、观察、实践等多种互动方式，引导幼儿了解流感病毒的传播途径和预防方法，帮助幼儿养成良好的卫生习惯和健康的生活方式，促使幼儿重视并在日常生活中积极践行流感预防措施
课件结构图	封面页 目录页 说一说 → 得了流感会怎么样 想一想 → 我们为什么会得流感 学一学 → 怎么预防流感；如何正确洗手 选一选 封底页

表 9-2 "打跑病毒 预防流感"课件卡片脚本（部分）

页面序号	1	页面内容简要说明	封面页
页面内容	标题文本 与主题相关的图片（如幼儿对抗病毒） 副标题文本		
说明	与主题相关的图片、标题文本、副标题文本依次自动出现		

（续表）

页面序号	2	页面内容简要说明	目录页
页面内容	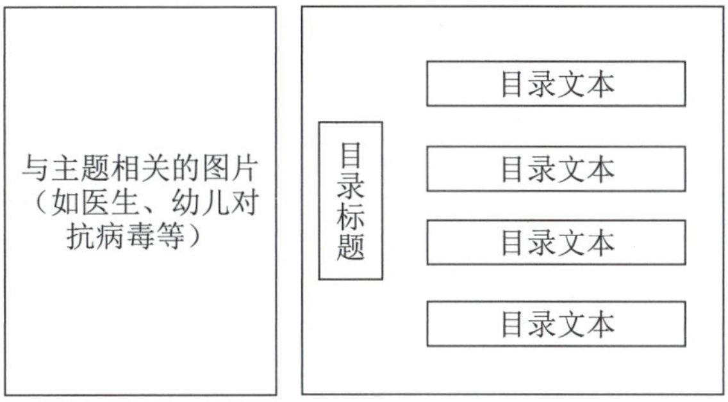 与主题相关的图片（如医生、幼儿对抗病毒等）；目录标题；目录文本；目录文本；目录文本；目录文本		
说明	（1）第 1 个和第 3 个目录文本由左侧进入画面，第 2 个和第 4 个目录文本由右侧进入画面 （2）单击目录文本跳转到相应模块的第 1 张幻灯片		
页面序号	5	页面内容简要说明	“想一想”模块
页面内容	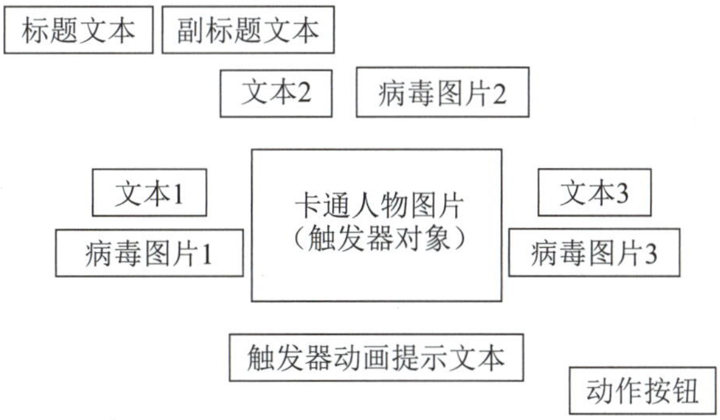 标题文本；副标题文本；文本2；病毒图片2；文本1；病毒图片1；卡通人物图片（触发器对象）；文本3；病毒图片3；触发器动画提示文本；动作按钮		
说明	（1）单击卡通人物图片，分别触发病毒图片 1 的动画效果（直线动作路径、放大 / 缩小、消失）和文本 1 的进入动画效果、病毒图片 2 和文本 2 的动画效果（与病毒图片 1 和文本 1 相同）、病毒图片 3 和文本 3 的动画效果（与病毒图片 1 和文本 1 相同） （2）动作按钮包括返回目录页、返回上一张幻灯片、进入下一张幻灯片和跳转到最后一张幻灯片		

（续表）

页面序号	9～11	页面内容简要说明	“选一选”模块
页面内容	标题文本 行为图片（如吃饭前不洗手、去人多的地方、开窗通风等） 行为描述 正确符号 错误符号 动作按钮		
说明	（1）判断左侧的行为是否正确，若行为正确，单击正确符号，触发正确符号的直线动作路径、放大 / 缩小的动画效果和选择正确音效，单击错误符号，触发错误符号的跷跷板动画效果和选择错误音效 （2）判断左侧的行为是否正确，若行为错误，则正确符号和错误符号的触发效果与行为正确时相反 （3）动作按钮包括返回目录页、返回上一张幻灯片、进入下一张幻灯片和跳转到最后一张幻灯片		

三、制作课件

1. 设置母版

步骤 1 启动 WPS Office，新建一个空白演示文稿，然后单击快速访问工具栏中的“保存”按钮，将其以“打跑病毒 预防流感”为名进行保存，最后在“视图”选项卡中单击“幻灯片母版”按钮，进入幻灯片母版视图。

制作健康领域活动课件
“打跑病毒 预防流感”

步骤 2 在左侧窗格中保持“标题幻灯片 版式”选项的选中状态，在“幻灯片母版”选项卡中单击“背景”按钮，打开“对象属性”任务窗格，在“填充”设置区选中“图片或纹理填充”单选钮，然后单击“图片填充”下拉按钮，在展开的下拉列表中选择“本地文件”选项，打开“选择纹理”对话框，在其中选择素材图片“背景 1”（制作该课件使用的素材均在本书配套素材“素材与实例”/“项目九”/“任务一”/“打跑病毒 预防流感”文件夹中），最后单击“打开”按钮。

步骤 3 插入素材图片“红白药丸”，然后在“图片工具”选项卡中单击“旋转”下拉按钮，在展开的下拉列表中选择“向左旋转 90°”选项，接着设置其高度为 2 厘米，并将其移到幻灯片左上方外侧。

步骤 4　保持“红白药丸”图片的选中状态，在“动画”选项卡中单击 ▾ 按钮，在展开的列表中选择“绘制自定义路径”组中的“自由曲线”选项，然后沿着幻灯片左上方的曲线绘制动作路径，如图 9-1 所示。最后在“动画”选项卡的“开始”下拉列表中选择“在上一动画之后”选项。

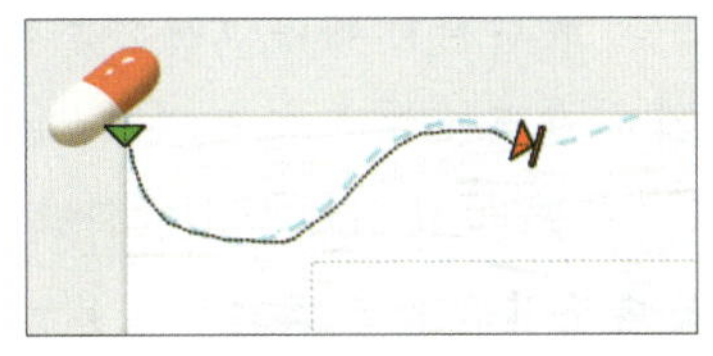

图 9-1　绘制自由曲线动作路径

步骤 5　在左侧窗格中选择“标题和内容 版式”选项，使用与步骤 2 相同的方法设置该母版的背景为素材图片“背景 2”，然后删除该母版中的内容占位符。插入素材图片“红白药丸”“黄白药丸”“红黄药丸”“红药片”，适当调整它们的大小后参照图 9-2 排列。

步骤 6　在左侧窗格中保持“标题和内容 版式”选项的选中状态，选择该母版中的标题占位符，设置文本的格式为黑体、28 磅、加粗、居中对齐，然后设置标题占位符的高度为 1.5 厘米、宽度为 3.5 厘米，并将其置于顶层，最后将其移到“黄白药丸”图片上，如图 9-3 所示。

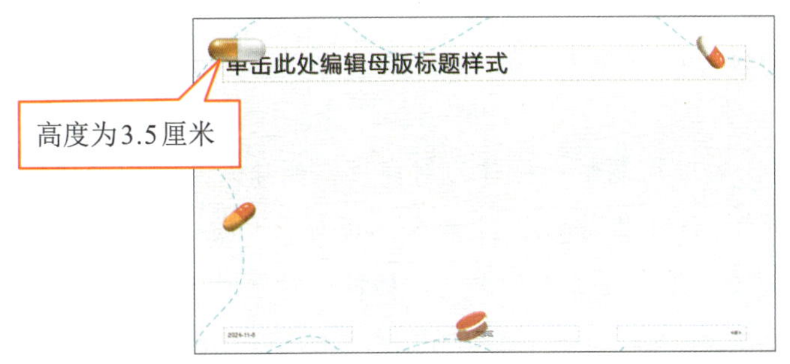

图 9-2　图片排列效果

图 9-3　标题占位符排列效果

步骤 7　同时选择“红白药丸”“红黄药丸”“红药片”图片，为它们设置与上一动画同时播放的翻转式由远及近进入动画效果，最后单击“幻灯片母版”选项卡中的“关闭”按钮，退出幻灯片母版视图。

2. 制作封面页和封底页

步骤 1　制作封面页。插入素材图片“修饰 1”“家庭”，选择“修饰 1”图片，在“图片工具”选项卡的“对齐”下拉列表中选择“右对齐”选项，然后在“对齐”下拉列表中选择“底端对齐”选项，将“修饰 1”图片相对于幻灯片右侧和底端对齐，最后在“动画”选项卡中为其设置与上一动画同时播放、持续时间 1 秒的擦除进入动画效果。

步骤 2 选择“家庭”图片，设置其高度为 11 厘米，然后将其相对于幻灯片左侧和底端对齐，并为其设置与上一动画同时播放、延迟时间 1 秒的渐变进入动画效果。

步骤 3 选择标题占位符，在其中输入文本“打跑病毒 预防流感”，并设置文本的格式为方正标致简体、88 磅，然后设置文本的艺术字预设为“图案填充 - 深色上对角线，轮廓 - 文本 2, 清晰阴影 - 文本 2”，最后将标题占位符移到幻灯片中部偏上的位置。

步骤 4 选择副标题占位符，在其中输入文本“中班健康活动”，并设置文本的格式为黑体、32 磅、“黑色，文本 1”，然后设置副标题占位符高度为 1.8 厘米、宽度为 8 厘米、填充颜色为“橙色，着色 3”，最后将其移到“家庭”图片右侧，如图 9-4 所示。

图 9-4 封面页效果

步骤 5 选择标题占位符，为其设置在上一动画之后播放、持续时间 1 秒、右下阶梯状的进入动画效果。选择副标题占位符，为其设置在上一动画之后播放的随机线条进入动画效果。

步骤 6 制作封底页。将第 1 张幻灯片复制一份作为封底页，删除封底页中的“家庭”图片，插入素材图片“预防流感”，设置其高度为 12 厘米，将其置于底层并相对于幻灯片左侧和垂直居中对齐，然后为该图片设置与上一动画同时播放、持续时间 1 秒的渐变式缩放进入动画效果。

步骤 7 将封底页中的文本“中班健康活动”修改为“预防流感”，然后设置该文本的字号为 44 磅，并设置该占位符的填充颜色为无，最后为其设置在上一动画之后播放、自左侧擦除的进入动画效果。

步骤 8 插入素材图片“修饰 2”，设置其高度为 1 厘米，并为其设置在上一动画之后播放、自左侧擦除的进入动画效果。

步骤 9 将封底页中的文本“打跑病毒 预防流感”修改为“从我做起”，然后为其设置在上一动画之后播放、自右侧擦除的进入动画效果，最后参照图 9-5 排列占位符和图片。

图 9-5 封底页效果

3. 制作目录页

步骤1 在“幻灯片”窗格中选择第 1 张幻灯片，然后在“开始”选项卡中单击“新建幻灯片”下拉按钮，在展开的“新建单页幻灯片”列表中选择“版式”/“标题幻灯片”选项，新建一张“标题幻灯片”版式的幻灯片，最后删除第 2 张幻灯片中的所有占位符。

步骤2 插入素材图片“医生 1”，设置其高度为 15.5 厘米，效果为“阴影”/“居中偏移”，然后将其相对于幻灯片左侧和底端对齐，最后为其设置在上一动画之后播放的渐变进入动画效果。

步骤3 在“插入”选项卡中单击“形状”下拉按钮，在展开的下拉列表中选择“圆角矩形”选项，然后在幻灯片编辑区绘制一个圆角矩形，并设置其高度为 14 厘米、宽度为 16 厘米、填充颜色为“白色，背景 1”、轮廓颜色为 RGB（255，188，86）、轮廓粗细为 20 磅，最后将圆角矩形移到幻灯片右侧，并为其设置在上一动画之后播放的渐变式缩放进入动画效果。

步骤4 在圆角矩形中绘制一个竖向文本框，在其中输入文本“目　录”，并设置文本的格式为黑体、40 磅、“黑色，文本 1，浅色 25%”，然后为其设置在上一动画之后播放、自顶部擦除的进入动画效果。

步骤5 在圆角矩形中绘制一个圆角矩形，设置其高度为 1.4 厘米、宽度为 10 厘米、填充颜色为 RGB（94，60，54）、轮廓颜色为无，然后向右拖动圆角矩形左上方的控制点，如图 9-6 所示。

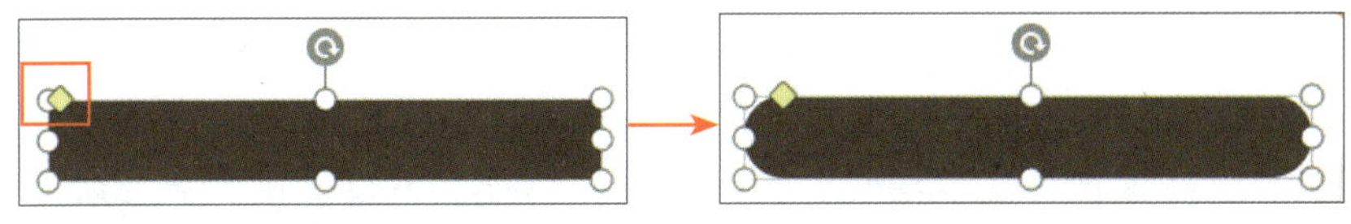

图 9-6 向右拖动圆角矩形左上方的控制点

步骤6 在圆角矩形中输入文本“说一说”，并设置文本的格式为方正准圆简体、28 磅、“橙色，着色 3，浅色 40%”。

步骤 7 插入素材图片“戴口罩”，设置其高度为4厘米，在“图片工具”选项卡中单击“裁剪”按钮，将鼠标指针移到图片右侧中部的控制点上，待鼠标指针变为⊢形状时按住鼠标并向左拖动，待仅保留左侧第1个卡通图形时释放鼠标（见图9-7），然后单击图片外任意位置，完成图片裁剪，最后将裁剪后的图片移到圆角矩形右侧，并将其与圆角矩形进行组合，如图9-8所示。

图9-7 裁剪图片

图9-8 组合卡通图形与圆角矩形

步骤 8 为“说一说”文本所在组合对象设置在上一动画之后播放、自左侧切入的进入动画效果。

步骤 9 向下复制一份“说一说”文本所在组合对象，并修改复制的组合对象中的文本为“想一想”，然后裁剪复制的组合对象中的图片，保留左侧第2个卡通图形，并将其移到圆角矩形左侧，如图9-9所示。

图9-9 复制组合对象并修改其中的文本和图片

> **提 示**
>
> 裁剪图片时，实际上是将部分图片进行隐藏处理，而非真正删除。当复制一份已经裁剪过的图片后，再次对其进行裁剪操作时，所针对的对象是原始完整的图片，而非裁剪后所呈现的图形。

步骤 10 选择“想一想”文本所在组合对象，在“动画”选项卡中将动画效果修改为自右侧切入。

步骤 11 同时选择“说一说”文本所在组合对象和“想一想”文本所在组合对象，向下复制一份，并分别修改文本为“学一学”“选一选”，然后将“学一学”文本所在组合对象的图形裁剪为左侧第3个卡通图形，将“选一选”文本所在组合对象的图形裁剪为最右侧的卡通图形，最后参照图9-10排列组合对象。

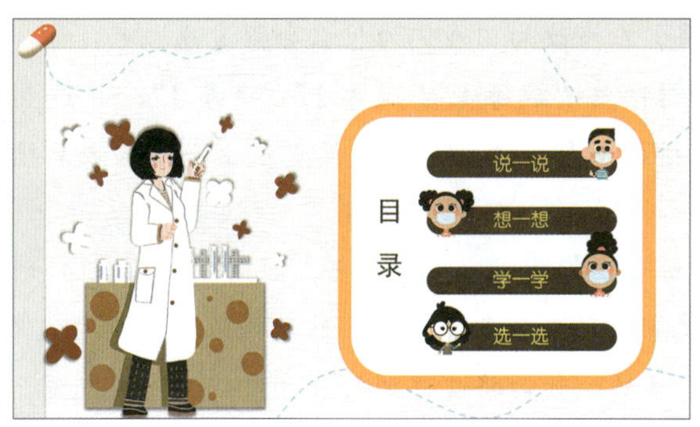

图 9-10　目录页效果

4. 制作“说一说”模块内容

步骤 1　在第 2 张幻灯片之后新建一张“标题和内容”版式的幻灯片，然后在标题占位符中输入文本“说一说”。

步骤 2　在标题占位符右侧绘制一个圆角矩形，向右拖动圆角矩形左上方的控制点，并设置圆角矩形的高度为 1.5 厘米、宽度为 9.2 厘米、填充颜色为 RGB（255，188，86）、轮廓颜色为无，在其中输入文本“得了流感会怎么样”，并设置文本的格式为方正准圆简体、24 磅、“黑色，文本 1”，然后为其设置与上一动画同时播放、持续时间 1 秒、向外的盒状进入动画效果。

步骤 3　插入素材图片“发烧”“咳嗽”“流鼻涕”，设置它们的高度均为 10 厘米，然后参照图 9-11 排列图片。

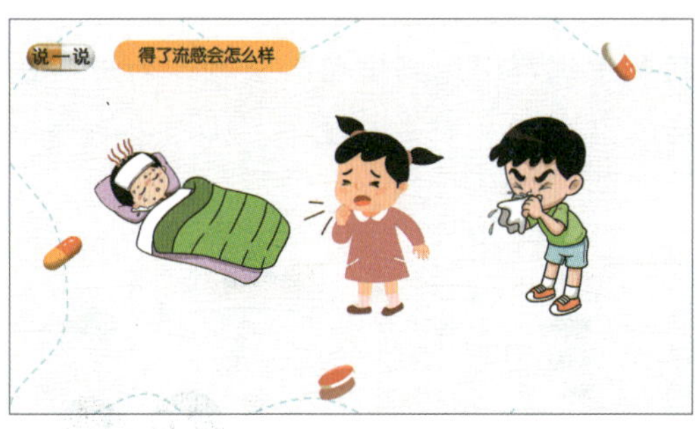

图 9-11　第 3 张幻灯片效果

步骤 4　为“发烧”图片设置单击时播放的扇形展开进入动画效果，为“咳嗽”“流鼻涕”图片设置在上一动画之后播放的扇形展开进入动画效果。

5. 制作“想一想”模块内容

步骤 1　在第 3 张幻灯片之后新建一张“标题和内容”版式的幻灯片，在标题占位符中输入文本“想一想”，复制第 3 张幻灯片中“得了流感会怎么样”文本所在圆角矩形到第 4 张幻灯片，并将文本修改为“我们为什么会得流感”。

步骤 2 插入素材图片“病毒 1”“病毒 2”“病毒 3”，并设置它们的高度均为 7 厘米，然后参照图 9-12 排列图片，最后为它们设置在上一动画之后播放的向内溶解进入动画效果。

步骤 3 复制一份“我们为什么会得流感”文本所在圆角矩形，修改其中的文本为“病毒”，并设置文本的字符间距为加宽 6 磅，然后修改“病毒”文本所在圆角矩形的动画效果为在上一动画之后播放，最后将其移到幻灯片中部偏下的位置。

步骤 4 复制第 4 张幻灯片作为第 5 张幻灯片，设置第 5 张幻灯片中“病毒 1”“病毒 2”“病毒 3”图片的高度均为 3 厘米，修改文本“病毒”为“点击卡通人物”，然后插入素材图片“卡通人物”，将其置于底层并适当调整大小后参照图 9-13 排列所有图片，最后为“卡通人物”图片设置在上一动画之后播放的向内溶解进入动画效果。

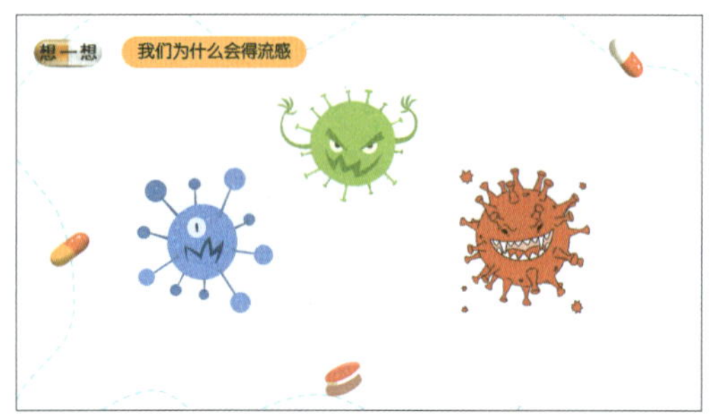

图 9-12 图片排列效果

图 9-13 所有图片排列效果

步骤 5 保持“卡通人物”图片的选中状态，在“开始”选项卡中单击“选择”下拉按钮，在展开的下拉列表中选择“选择窗格”选项，打开“选择窗格”任务窗格，在其中单击已选中的“卡通人物”图片对象的名称，将其修改为“卡通人物”，如图 9-14 所示。

图 9-14 修改对象名称

步骤 6 在“动画窗格”任务窗格中，选择“卡通人物”动画效果，拖动鼠标将其位置调整到动画列表的第 2 个，如图 9-15 所示。

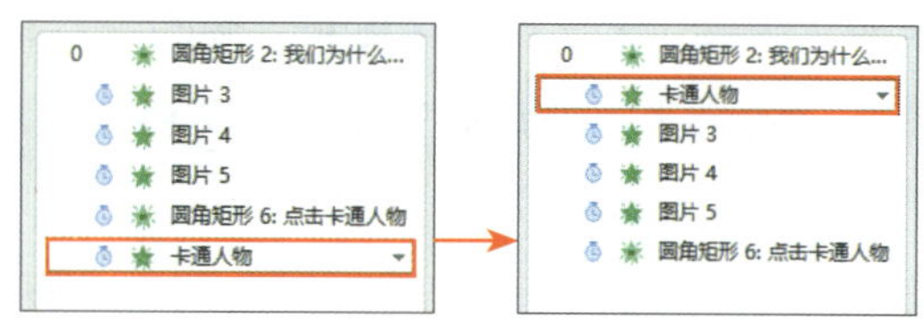

图 9-15 调整动画效果顺序

步骤 7 在“病毒 1”图片上方绘制一个椭圆，设置其高度为 2 厘米、宽度为 2 厘米、填充颜色为 RGB（255，188，112）、轮廓颜色为无，然后在其中输入文本“小手”，并设置文本的格式为黑体、20 磅、加粗。

步骤 8 复制两份“小手”文本所在椭圆，并分别修改文本为“眼睛”“嘴巴”，然后将“眼睛”文本所在椭圆移到“病毒 2”图片左侧，将“嘴巴”文本所在椭圆移到“病毒 3”图片上方。

步骤 9 在“动画窗格”任务窗格中单击“添加效果”下拉按钮，为“病毒 1”图片添加终点为左侧卡通人物小手的直线动作路径动画效果，如图 9-16 所示。

步骤 10 在“动画窗格”任务窗格中单击直线动作路径动画效果的下拉按钮▾，在展开的下拉列表中选择“效果选项”选项，在打开的“自定义路径”对话框的“计时”选项卡中单击“触发器”按钮，选中“单击下列对象时启动效果”单选钮，然后单击右侧的下拉按钮，在展开的下拉列表中选择“卡通人物”选项，最后单击“确定”按钮，如图 9-17 所示。

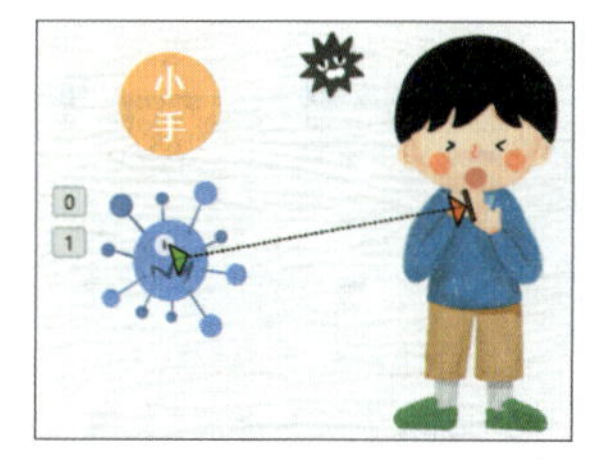

图 9-16 直线动作路径动画效果

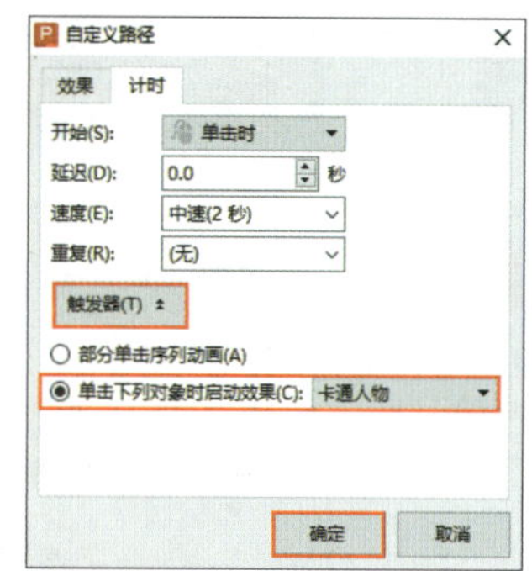

图 9-17 设置直线动作路径动画效果的触发动作

步骤 11 在“动画窗格”任务窗格中为“病毒 1”图片添加与上一动画同时播放、微小的放大 / 缩小强调动画效果和在上一动画之后播放的消失退出动画效果，然后设置这两个动画效果的触发动作均为单击“卡通人物”。为“小手”文本所在椭圆设置在上一动画之后播放的向内溶解进入动画效果，并设置其触发动作为单击“卡通人物”。

步骤 12 使用同样的方法为“病毒2”图片和“病毒3”图片添加直线动作路径动画效果，与上一动画同时播放、微小的放大/缩小强调动画效果和在上一动画之后播放的消失退出动画效果。然后为“眼睛”文本所在椭圆和“嘴巴”文本所在椭圆设置在上一动画之后播放的向内溶解进入动画效果，并设置它们的触发动作均为单击“卡通人物”，直线动作路径及触发器动画效果的顺序如图9-18所示。

图 9-18　设置动画效果及触发动作

6. 制作“学一学”模块内容

步骤 1 在第5张幻灯片之后新建一张“标题和内容”版式的幻灯片，在标题占位符中输入文本“学一学”，复制第5张幻灯片中“我们为什么会得流感”文本所在圆角矩形到第6张幻灯片，并将文本修改为“怎么预防流感”。

步骤 2 插入素材图片“医生2”，设置其高度为14厘米，效果为“阴影”/“居中偏移”，然后为其设置单击时播放的飞入进入动画效果。

步骤 3 插入素材图片“均衡饮食”，设置其高度为5.5厘米、边框颜色为RGB（255，188，86）、边框粗细为9磅，然后复制一份“均衡饮食”图片，右击复制的图片，在弹出的快捷菜单中选择“更改图片”选项，在打开的“更改图片”对话框中选择素材图片“勤洗手”，最后单击“打开”按钮。

步骤 4 同时选择“均衡饮食”“勤洗手”图片，然后复制一份，更换其中的图片并参照图9-19排列。

图 9-19　第6张幻灯片效果

步骤 5 同时选择“均衡饮食”“勤洗手”“勤消毒”“多运动”图片，并为它们设置在上一动画之后播放、向外圆形扩展的进入动画效果。

步骤 6 复制第 6 张幻灯片作为第 7 张幻灯片，并更换其中的图片，如图 9-20 所示。

图 9-20 第 7 张幻灯片效果

步骤 7 在第 7 张幻灯片之后新建一张“标题和内容”版式的幻灯片，在标题占位符中输入文本“学一学”，复制第 7 张幻灯片中“怎么预防流感”文本所在圆角矩形到第 8 张幻灯片，并将文本修改为“如何正确洗手”。

步骤 8 在幻灯片中绘制 1 个图文框、2 个椭圆、2 条直线、1 个圆角矩形、2 个平行四边形，然后参照图 9-21 设置并排列形状，最后将绘制的形状进行组合，并为组合对象设置在上一动画之后播放的渐变进入动画效果。

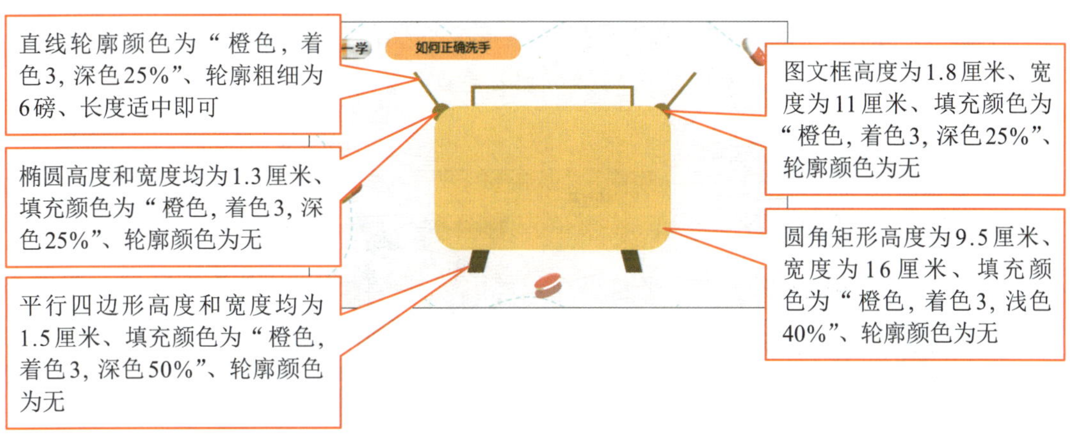

图 9-21 形状排列并组合效果

步骤 9 插入素材视频“正确洗手”，设置其视频框高度为 8 厘米、宽度为 14 厘米，然后将视频框裁剪为圆角矩形，最后将视频移到组合对象中。

步骤 10 保持视频的选中状态，单击视频下方的“播放/暂停”按钮播放视频，待出现如图 9-22 所示的画面时暂停视频，然后单击进度条上方出现的“设为视频封面”按钮，最后为视频设置与上一动画同时播放的渐变进入动画效果。

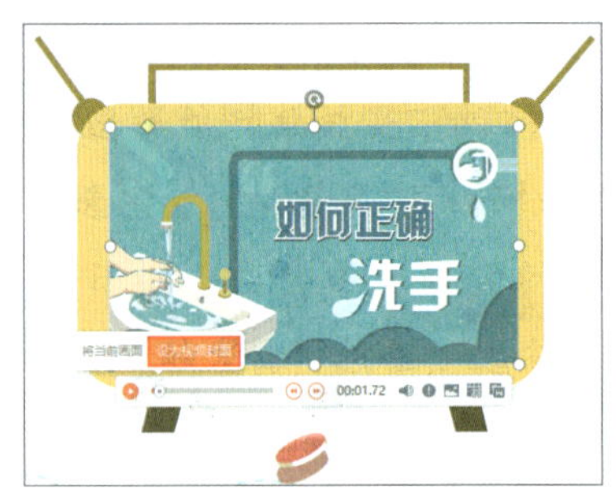

图 9-22 “正确洗手”视频封面

7. 制作“选一选”模块内容

步骤 1 在第 8 张幻灯片之后新建一张“标题和内容”版式的幻灯片，在标题占位符中输入文本“选一选”。

步骤 2 插入素材图片“吃饭前不洗手”，设置其高度为 8.8 厘米、边框颜色为“巧克力黄，着色 2”，然后在其下方绘制一个矩形，并设置其高度为 4 厘米、宽度为 12.5 厘米、填充颜色和轮廓颜色均为“巧克力黄，着色 2”。

步骤 3 在矩形中输入文本“吃饭前不洗手”，并设置文本的字号为 28 磅，然后将图片与矩形进行组合，并在“对象属性”任务窗格中设置组合对象的阴影效果，其参数如图 9-23 所示。最后为组合对象设置在上一动画之后播放的飞入进入动画效果。

步骤 4 插入素材图片“正确”“错误”，并在“选择窗格”任务窗格中分别修改名称为“正确”“错误”，然后参照图 9-24 排列组合对象和图片。

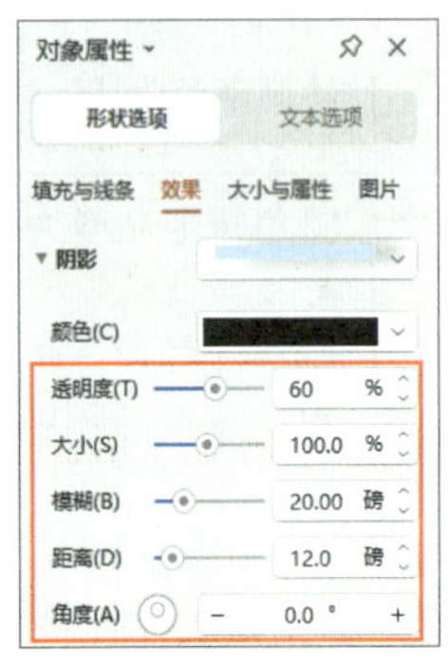

图 9-23 阴影效果参数

图 9-24 第 9 张幻灯片效果

步骤 5 为“正确”图片设置在上一动画之后播放的飞入进入动画效果，为“正确”图片添加单击时播放的跷跷板强调动画效果，并设置跷跷板动画效果的触发动作为单击“正确”对象。

步骤 6 为“错误”图片设置在上一动画之后播放的飞入进入动画效果，为“错误”图片添加单击时播放、终点在组合对象上的直线动作路径动画效果，继续为“错误”图片添加与上一动画同时播放的放大 / 缩小强调动画效果，然后设置直线动作路径动画效果和放大 / 缩小强调动画效果的触发动作均为单击“错误”对象，如图 9-25 所示。

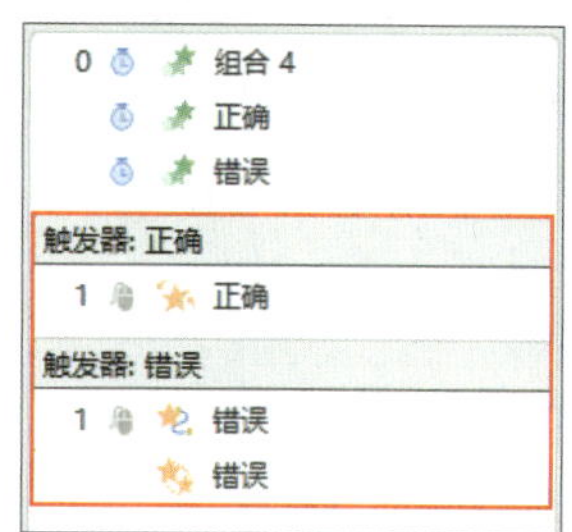

图 9-25　设置动画效果及触发动作

步骤 7　插入素材音频“error”，将音频图标移到幻灯片外，然后在“动画”选项卡中设置音频的动画效果为与上一动画同时播放，并设置其触发动作为单击“正确”对象。

步骤 8　使用同样的方法插入素材音频“right”，将音频图标移到幻灯片外，然后在“动画”选项卡中设置音频的动画效果为与上一动画同时播放，并设置其触发动作为单击“错误”对象。

步骤 9　使用复制第 9 张幻灯片并修改其中内容的方法制作第 10～11 张幻灯片（其他 2 张“选一选”模块幻灯片），如图 9-26 所示。

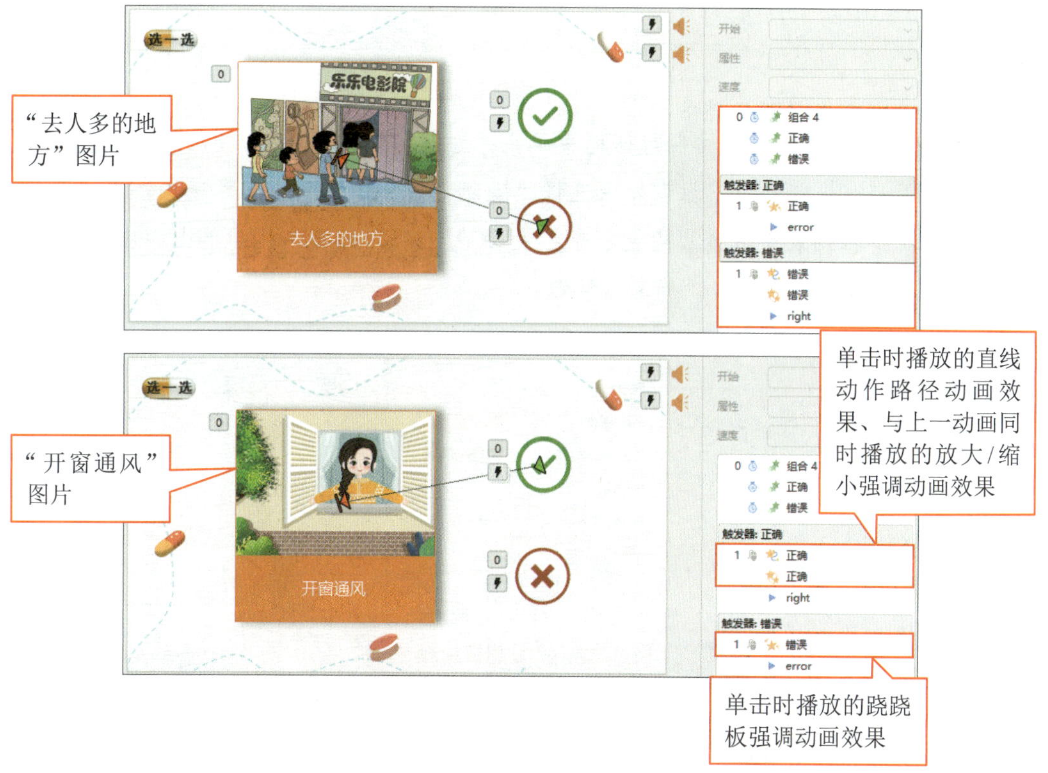

图 9-26　第 10～11 张幻灯片效果

8. 设置切换效果

步骤 1 在“幻灯片”窗格中选择第 1 张幻灯片，在“切换”选项卡中单击 按钮，在展开的列表中选择“分割”选项，然后单击“效果选项”下拉按钮，在展开的下拉列表中选择“左右展开”选项，接着为最后一张幻灯片设置相同的切换效果。

步骤 2 使用同样的方法，设置目录页的切换效果为页面卷曲，设置内容页的切换效果为形状。

9. 为目录页添加超链接

步骤 1 在“幻灯片”窗格中选择第 2 张幻灯片，选择“说一说”文本，然后在“插入”选项卡的“超链接”下拉列表中选择“本文档幻灯片页”选项，打开“插入超链接”对话框，在“请选择文档中的位置”列表框中选择第 3 张幻灯片，如图 9-27 所示。

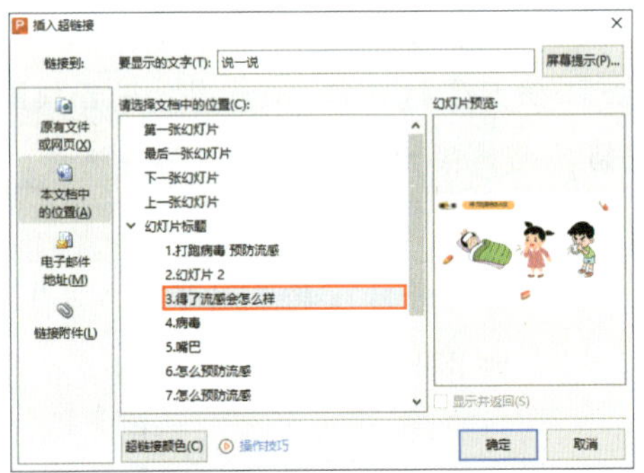

图 9-27 设置超链接

步骤 2 在“插入超链接”对话框中单击“超链接颜色”按钮，打开“超链接颜色”对话框，在“超链接颜色”下拉列表中选择“橙色，着色 3，浅色 40%”选项，在“已访问超链接颜色”下拉列表中选择“橙色，着色 3，深色 25%”选项，然后单击“应用到全部”按钮（见图 9-28），最后单击“确定”按钮。

图 9-28 设置超链接颜色

步骤 3 使用同样的方法为“想一想”“学一学”“选一选”文本添加超链接，将其分别链接到第 4 张、第 6 张和第 9 张幻灯片。

10．为内容页添加动作按钮

步骤 1 在“幻灯片”窗格中选择第 3 张幻灯片，在“插入”选项卡的“形状”下拉列表“动作按钮”组中选择“动作按钮：自定义”选项，然后在幻灯片右下方绘制动作按钮，此时会自动打开“动作设置”对话框，在其中选中“超链接到”单选钮，在下方的下拉列表中选择“幻灯片”选项，打开“超链接到幻灯片”对话框，在其中选择第 2 张幻灯片，最后依次单击“确定”按钮，如图 9-29 所示。

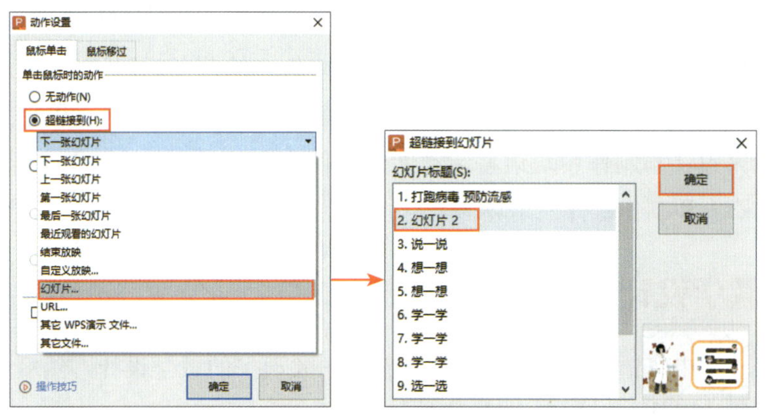

图 9-29 设置动作按钮

步骤 2 在绘制的动作按钮中输入文本“目录”，并设置文本的格式为方正准圆简体、18 磅、“黑色，文本 1”，然后设置动作按钮的高度为 1.15 厘米、宽度为 2.6 厘米、填充颜色为 RGB（234，153，0）、轮廓颜色为无，最后将动作按钮的形状修改为圆角矩形。

步骤 3 使用同样的方法绘制 3 个“动作按钮：自定义”动作按钮，分别链接到上一张幻灯片、下一张幻灯片和最后一张幻灯片，并分别输入文本“上一页”“下一页”“结束”，然后参照步骤 2 设置文本格式和动作按钮格式，并参照图 9-30 排列动作按钮，最后将这 4 个动作按钮进行组合并复制到第 4～11 张幻灯片。

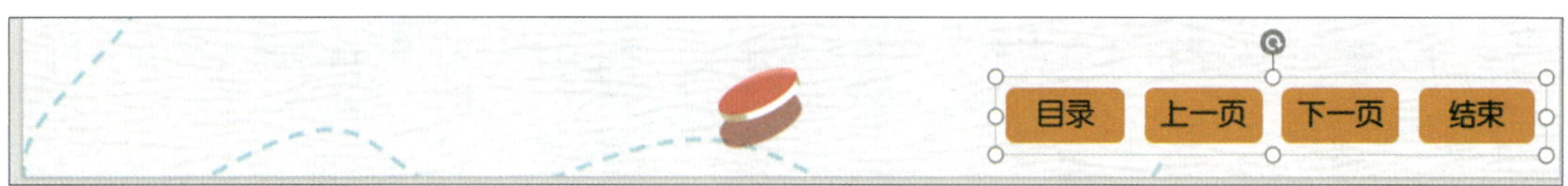

图 9-30 动作按钮排列效果

11．放映多媒体课件

步骤 1 在“放映”选项卡中单击“从头开始”按钮，从第 1 张幻灯片开始放映多媒体课件，通过单击屏幕、动作按钮、触发器对象等查看多媒体课件制作效果。

步骤 2 确认“打跑病毒 预防流感”多媒体课件效果无误后，保存并关闭多媒体课件。

任务二　设计与制作语言领域活动课件“收获的季节——秋天”

幼儿期是语言发展的重要时期。幼儿的语言能力是在交流和运用的过程中发展起来的。教师应为幼儿创设自由、宽松的语言交往环境，鼓励和支持幼儿与成人、同伴交流，让幼儿想说、敢说、喜欢说并能得到积极回应。此外，幼儿在运用语言进行交流的同时，也在发展着人际交往能力、理解他人和判断交往情境的能力、组织自己思想的能力。

本任务就来设计与制作中班语言活动课件“收获的季节——秋天”，具体包括分析教学设计、设计脚本和制作课件三个环节。

一、分析教学设计

下面先来了解中班语言活动“收获的季节——秋天”的教学设计，然后通过分析该教学设计，对多媒体课件进行初步构思。

中班语言活动“收获的季节——秋天”教学设计

【活动目标】

（1）了解秋天的特点，认识常见的秋天丰收的水果、蔬菜和农作物。

（2）激发幼儿对大自然的热爱，体验收获的喜悦。

（3）通过丰富的语言表达活动，提高幼儿的语言表达能力。

【活动重难点】

活动重点：帮助幼儿用丰富的词汇描述秋天丰收的水果、蔬菜和农作物。

活动难点：对于中班幼儿来说，有条理地表达自己对秋天的认识和感受可能具有一定的挑战性。

【活动准备】

（1）“丰收的秋天”视频。

（2）将教室一角布置成“秋天的农场”，放置秋天丰收的水果、蔬菜和农作物的图片或实物，模拟秋天的自然环境。

【活动过程】

一、导入环节

教师通过提问引导幼儿说出当前所处季节为秋天，随后提及秋天是一个藏着许多宝贝的宝藏季节，吸引幼儿参与活动。

二、观察与认识

（1）教师播放“丰收的秋天”视频，介绍秋天丰收的水果、蔬菜和农作物，引导幼儿感受秋天的丰收景象。

（2）在视频播放过程中适时引导幼儿仔细观察画面内容，加深幼儿对秋天丰收物的直观印象。

三、语言表达

（1）视频播放结束后，引导幼儿回忆并说出视频中看到的秋天丰收的水果、蔬菜和农作物名称。

（2）针对幼儿回答的丰收物，借助图片或实物进一步引导幼儿从多个角度描述其特点，如形状、颜色、口感等。

（3）教师提出问题“你喜欢秋天吗？为什么？”，引导幼儿有条理地表达自己对秋天的认识和感受。

四、互动游戏

（1）设置互动游戏，让幼儿在图片或实物中正确选择秋天丰收的水果、蔬菜和农作物。

（2）游戏过程中，教师观察幼儿的选择情况，给予必要的提示和指导。

五、探索与分享

（1）请幼儿化身小小探索家，到“秋天的农场”一角（或窗边能看到户外的地方）寻找秋天里其他的事物，鼓励幼儿自由观察。

（2）待幼儿观察结束后，请幼儿分享自己的发现，教师给予肯定鼓励，并补充一些幼儿未发现但具有代表性的事物，丰富幼儿的自然知识。

【活动延伸】

请幼儿回家后与家长一起到户外“寻找秋天”，通过拍照或画画记录成果，并在下一次活动时带回幼儿园与小伙伴分享。

分析上述教学设计可知，活动过程的第二环节至第五环节可利用多媒体课件呈现。同时，结合中班幼儿的认知特点和语言领域的学习与发展目标，对“收获的季节——秋天”课件的初步构思如下。

（1）本课件拟分为“看一看”“说一说”“玩一玩”“找一找”4个模块。

（2）“看一看”模块通过播放“丰收的秋天”视频，以直观形象的画面向幼儿呈现秋天的丰收景象，吸引幼儿的注意力。

（3）“说一说”模块展示秋天丰收物的图片，引导幼儿回忆并说出丰收物名称、特点等，锻炼幼儿的语言表达能力。

（4）“玩一玩”模块设置互动游戏增加趣味性，让幼儿在选择秋天丰收物的过程中强化对秋天的认知。

（5）“找一找”模块鼓励幼儿在自然场景中观察，并通过分享交流的方式，让幼儿更全面地感受秋天的美好，增强他们对大自然的热爱之情。

二、设计脚本

下面系统地设计中班语言活动课件“收获的季节——秋天”脚本。限于篇幅，本节仅展示该课件的部分脚本（见表9-3和表9-4），完整的课件脚本请扫描右侧二维码进行查看。

扫一扫

“收获的季节——秋天”课件脚本

表9-3 “收获的季节——秋天”课件文字脚本

课件题目	中班语言活动“收获的季节——秋天”
教学目标	（1）了解秋天的特点，认识常见的秋天丰收的水果、蔬菜和农作物 （2）激发幼儿对大自然的热爱，体验收获的喜悦 （3）通过丰富的语言表达活动，提高幼儿的语言表达能力
创作平台	WPS 365 教育版
创作思路	课件以秋天的丰收景象为基础，结合图片展示、互动游戏等形式，引导幼儿描述秋天丰收物的特点，强化幼儿对秋天的认知，鼓励幼儿在探索中进行分享、交流，提升幼儿的语言组织与表达能力，同时激发幼儿对大自然的热爱
课件结构图	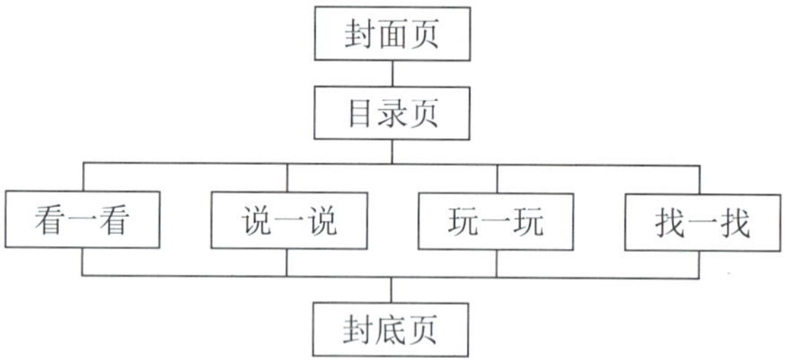 封面页 → 目录页 → 看一看 / 说一说 / 玩一玩 / 找一找 → 封底页

表 9-4 “收获的季节——秋天”课件卡片脚本（部分）

页面序号	1	页面内容简要说明	封面页
页面内容	与主题相关的图片（如柿子树）；标题文本；与主题相关的图片（如枫叶）；副标题文本；小松鼠图片		
说明	与秋天相关的背景音乐响起，小松鼠图片从画面左侧进入。同时，标题文本和副标题文本弹跳进入画面		
页面序号	2	页面内容简要说明	目录页
页面内容	目录标题；松鼠图片 目录文本；松鼠图片 目录文本；松鼠图片 目录文本；松鼠图片 目录文本		
说明	（1）松鼠图片和目录文本为组合对象，4 个组合对象同时自动出现 （2）单击目录文本跳转到相应模块的第 1 张幻灯片		
页面序号	4～6	页面内容简要说明	“说一说”模块
页面内容	松鼠图片 目录文本；动作按钮；副标题文本；秋天的丰收物图片（如橘子、胡萝卜、水稻等）；秋天的丰收物图片（如橘子、胡萝卜、水稻等）；秋天的丰收物图片（如橘子、胡萝卜、水稻等）		
说明	（1）标题文本和副标题文本依次自动出现 （2）单击后出现秋天的丰收物图片，且这些图片应为“丰收的秋天”视频中介绍过的丰收物，以便提示幼儿 （3）动作按钮包括返回上一张幻灯片、返回目录页和进入下一张幻灯片		

（续表）

页面序号	8～10	页面内容简要说明	“玩一玩”模块
页面内容	松鼠图片；目录文本；动作按钮；副标题文本；形状组合的爪子图形；抓娃娃机背景；洞口（图片消失的地方）；丰收物图片；丰收物图片；丰收物图片		
说明	（1）该页面采用“抓娃娃”游戏思路，用形状组合为爪子图形，使用动作路径动画效果和触发器实现如下功能： 单击正确的丰收物图片（一个），爪子图形将丰收物图片抓起，投放到洞口消失，并触发选择正确的音效；单击错误的图片（两个），爪子图形不动，丰收物图片摇摆并触发选择错误的音效 （2）动作按钮包括返回上一张幻灯片、返回目录页和进入下一张幻灯片		

三、制作课件

1. 设置母版

步骤1 启动 WPS Office，新建“收获的季节——秋天”空白演示文稿，进入幻灯片母版视图，在左侧窗格中选择“WPS 母版”选项，在“幻灯片母版”选项卡中单击“背景”按钮，打开“对象属性”任务窗格，在其中设置母版的背景颜色为“橙色，着色 3，浅色 80%”。

制作语言领域活动课件“收获的季节——秋天”

步骤2 在左侧窗格中选择“标题幻灯片 版式”选项，删除该母版中的所有占位符。插入素材图片“云朵”“草地”（制作该课件使用的素材均在本书配套素材“素材与实例”/“项目九”/“任务二”/“收获的季节——秋天”文件夹中），然后选择“草地”图片，在“图片工具”选项卡中取消勾选“锁定纵横比”复选框，并设置其高度为 5.5 厘米、宽度为 33.9 厘米，最后将“草地”图片相对于幻灯片左侧和底端对齐。

步骤3 选择“云朵”图片并将其复制 4 份，然后参照图 9-31 排列图片。

步骤 4　在左侧窗格中选择“标题和内容 版式”选项，删除该母版中的所有占位符。复制“标题幻灯片 版式”母版中的所有图片到“标题和内容 版式”母版中，然后绘制一个圆角矩形，设置其高度为 11.3 厘米、宽度为 28 厘米、填充颜色为“白色，背景 1”、轮廓颜色为“巧克力黄，着色 2，深色 25%”、轮廓粗细为 3 磅、轮廓线型为短画线，最后将圆角矩形水平和垂直居中对齐，如图 9-32 所示。

图 9-31　“标题幻灯片 版式”母版效果

图 9-32　“标题和内容 版式”母版效果

步骤 5　在左侧窗格中选择“节标题 版式”选项，删除该母版中的所有占位符。绘制一个棱台（位于“形状”下拉列表“基本形状”组中），并设置其高度为 19.05 厘米、宽度为 33.87 厘米、填充颜色为 RGB（255，230，153）、轮廓颜色为无，然后将其相对于幻灯片水平和垂直居中对齐，最后向右拖动棱台左上方的控制点到合适位置，如图 9-33 所示。

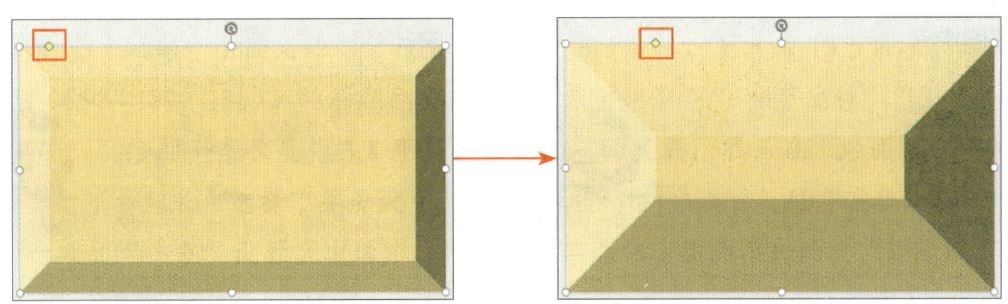

图 9-33　向右拖动棱台左上方控制点

步骤 6　在左侧窗格中保持“节标题 版式”选项的选中状态，在其中绘制一个矩形和一个圆角矩形，设置矩形的高度为 19.05 厘米、宽度为 33.87 厘米，设置圆角矩形的高度为 14 厘米、宽度为 28 厘米，然后将矩形和圆角矩形均相对于幻灯片水平和垂直居中对齐。同时选择矩形和圆角矩形，在“绘图工具”选项卡的“合并形状”下拉列表中选择“组合”选项，然后设置组合对象的填充颜色为“橙色，着色 3，浅色 40%”、轮廓颜色为无，如图 9-34 所示。最后退出幻灯片母版视图。

图 9-34 “节标题 版式”母版效果

2. 制作封面页和封底页

步骤 1 制作封面页。在第 1 张幻灯片中插入素材图片“柿子树”“枫叶”“松鼠 1”，然后参照图 9-35 排列图片。为“松鼠 1”图片设置与上一动画同时播放、持续时间 1.75 秒、自左侧飞入的进入动画效果。

步骤 2 在幻灯片编辑区绘制一个椭圆形标注，设置其高度为 6.5 厘米、宽度为 13 厘米、填充颜色为“橙色，着色 3，浅色 60%”、轮廓颜色为“橙色，着色 3，深色 25%”、轮廓粗细为 3 磅、轮廓线型为短画线，然后将椭圆形标注移到幻灯片中部，并拖动其下方的控制点，使其指向“松鼠 1”图片，如图 9-36 所示。

图 9-35 图片排列效果

图 9-36 形状排列效果

步骤 3 选择标题占位符，将其置于顶层，然后在其中输入文本“收获的季节”，并设置文本的格式为方正琥珀简体、44 磅、居中对齐。设置“收获”文本的字体颜色为红色、“的”文本的字体颜色为浅绿、“季节”文本的字体颜色为浅蓝。

步骤 4 在“收获的季节”文本后按“Enter”键，然后输入文本“秋天”，并设置文本的格式为 115 磅、“橙色，着色 3，深色 25%”。

步骤 5 选择副标题占位符，将其置于顶层，然后在其中输入文本“中班语言活动”，并设置文本的格式为方正准圆简体、20 磅、“橙色，着色 3，深色 50%”、项目符号为无、居中对齐，最后适当调整标题占位符和副标题占位符的位置，如图 9-37 所示。

步骤6 同时选择椭圆形标注和两个占位符，为它们设置与上一动画同时播放的弹跳进入动画效果。

步骤7 插入素材音频“背景音乐”，将音频图标移到幻灯片外，然后在“动画”选项卡中设置音频的动画效果为与上一动画同时播放。

步骤8 制作封底页。将第1张幻灯片复制一份作为封底页，删除副标题占位符和椭圆形标注，并将封底页中的文本“收获的季节秋天”修改为“美丽的秋天”，然后设置文本的字体颜色为RGB（116，151，15），接着设置“美”“秋”文本的字体大小为138磅、“丽”“天”文本的字体大小为115磅、“的”文本的字体大小为96磅，最后适当调整标题占位符的位置，如图9-38所示。

图9-37　封面页效果

图9-38　封底页效果

3．制作目录页

步骤1 在第1张幻灯片之后新建一张“标题和内容”版式的幻灯片，在幻灯片中部偏上的位置插入一个文本框，在其中输入文本“活动导航”，并设置文本的格式为方正少儿简体、32磅、“橙色，着色3，深色50%”。

步骤2 绘制一个圆角矩形，并设置其高度为1.85厘米、宽度为8厘米、填充颜色为“橙色，着色3，浅色60%”、轮廓颜色为无，然后向右拖动圆角矩形左上方的控制点，接着在圆角矩形中输入文本“1. 看一看”，并设置文本的格式为方正琥珀简体、28磅、“橙色，着色3，深色50%”。

步骤3 插入素材图片“松鼠2”，将其移到圆角矩形左侧，并与圆角矩形进行组合。复制3份组合对象，并分别修改文本为“2. 说一说”“3. 玩一玩”“4. 找一找”，然后参照图9-39排列组合对象。

步骤4 同时选择4个组合对象，为其设置与上一动画同时播放、持续时间1秒、自左侧擦除的进入动画效果。

图 9-39 目录页效果

4. 制作“看一看”模块内容

步骤 1 在第 2 张幻灯片之后新建一张“标题幻灯片”版式的幻灯片，复制第 2 张幻灯片中“1. 看一看”文本所在组合对象到第 3 张幻灯片，删除文本“1.”，然后将组合对象的高度和宽度均缩放 80%，最后将组合对象相对于幻灯片左侧和顶端对齐。

步骤 2 在幻灯片中绘制 2 个椭圆、4 条直线、4 个弧形、2 个圆角矩形，然后参照图 9-40 设置并排列形状，最后将绘制的形状进行组合。

看一看

椭圆高度为3.5厘米、宽度为2.8厘米、填充颜色为RGB（255，199，70）、轮廓颜色为无

弧形高度为2厘米、宽度为3.5厘米、轮廓颜色为“黑色，文本1”、轮廓粗细为2.25磅

直线轮廓颜色为“黑色，文本1”、轮廓粗细为2.25磅，长度适中即可

大圆角矩形高度为11厘米、宽度为20厘米、填充颜色为RGB（247，189，164）、轮廓颜色为无

小圆角矩形高度为10厘米、宽度为19厘米、填充颜色为“巧克力黄，着色2”、轮廓颜色为无

图 9-40 形状排列并组合效果

步骤 3 插入素材视频“丰收的秋天”，设置其视频框高度为 8.8 厘米、宽度为 17 厘米，然后将视频框裁剪为圆角矩形，最后将视频移到组合对象中。

步骤 4 保持视频的选中状态，在“视频工具”选项卡中单击“裁剪视频”按钮，在打开的“裁剪视频”对话框中设置视频的结束时间为“02:15.4”，然后单击“确定”按钮，接着单击视频下方的“播放 / 暂停”按钮播放视频，待出现如图 9-41 所示的画面时暂停播放，最后单击进度条上方出现的“设为视频封面”按钮。

图 9-41 “丰收的秋天”视频封面

5．制作“说一说”模块内容

步骤 1 在第 3 张幻灯片之后新建一张“标题和内容”版式的幻灯片，复制第 3 张幻灯片中“看一看”文本所在组合对象到第 4 张幻灯片，并将文本修改为“说一说”。

步骤 2 复制第 2 张幻灯片中“活动导航”文本所在文本框到第 4 张幻灯片，并将文本修改为“丰收的水果”，然后将其移到圆角矩形中部偏上的位置，最后为其设置在上一动画之后播放的擦除进入动画效果。

步骤 3 同时插入素材图片“橘子”“石榴”“柿子”，设置它们的高度均为 5 厘米，效果均为边缘柔化 5 磅，并参照图 9-42 排列图片。

图 9-42 图片排列效果

步骤 4 为“橘子”图片设置单击时播放的渐变进入动画效果，为“石榴”“柿子”图片设置在上一动画之后播放的渐变进入动画效果。

步骤 5 使用复制第 4 张幻灯片并修改其中内容的方法制作第 5～6 张幻灯片（其他 2 张“说一说”模块幻灯片），如图 9-43 所示。

图 9-43　第 5～6 张幻灯片效果

步骤 6　在第 6 张幻灯片之后新建一张“标题和内容”版式的幻灯片，复制第 6 张幻灯片中“说一说”文本所在组合对象到第 7 张幻灯片。

步骤 7　插入素材图片“小女孩”，适当调整其大小后移到圆角矩形左侧，然后为其设置在上一动画之后播放、持续时间 1 秒、自左侧飞入的进入动画效果。

步骤 8　在“小女孩”图片右侧绘制一个云形标注，设置其高度为 7 厘米、宽度为 12 厘米、填充颜色为“橙色，着色 3，浅色 60%”、轮廓颜色为无，拖动云形标注下方的控制点，使其指向“小女孩”图片，然后在云形标注中输入文本“你喜欢秋天吗？为什么？”，并设置文本的格式为方正少儿简体、32 磅、“橙色，着色 3，深色 50%”（见图 9-44），最后为云形标注设置在上一动画之后播放、自左侧擦除的进入动画效果。

图 9-44　第 7 张幻灯片效果

6. 制作“玩一玩”模块内容

步骤1 在第7张幻灯片之后新建一张“节标题”版式的幻灯片，复制第7张幻灯片中“说一说”文本所在组合对象到第8张幻灯片，并将文本修改为“玩一玩”。

步骤2 在幻灯片中部偏上的位置插入一个文本框，在其中输入文本“请点击秋天的水果”，并设置文本的格式为方正琥珀简体、28磅、“橙色，着色3，深色50%”。

步骤3 插入素材图片“卡通胡萝卜”“卡通石榴”“卡通棉花”，设置它们的高度均为4厘米、边框颜色均为“橙色，着色3，浅色40%”、边框粗细均为6磅，阴影效果均为“透视”/“靠下”，然后将它们均裁剪为椭圆。

步骤4 保持“卡通胡萝卜”“卡通石榴”“卡通棉花”图片的选中状态，在“对象属性”任务窗格“效果”选项的“三维格式”设置区中设置曲面图的颜色为“黑色，文本1”，然后参照图9-45排列图片。

图9-45　图片排列效果

步骤5 在“选择窗格”任务窗格中将“卡通胡萝卜”“卡通石榴”“卡通棉花”图片的名称分别修改为“卡通胡萝卜”“卡通石榴”“卡通棉花”。

步骤6 在幻灯片左侧插入2个椭圆、2个弧形、1条直线和1个平行四边形，然后参照图9-46设置并排列形状，最后将绘制的2个椭圆、2个弧形和1条直线进行组合。

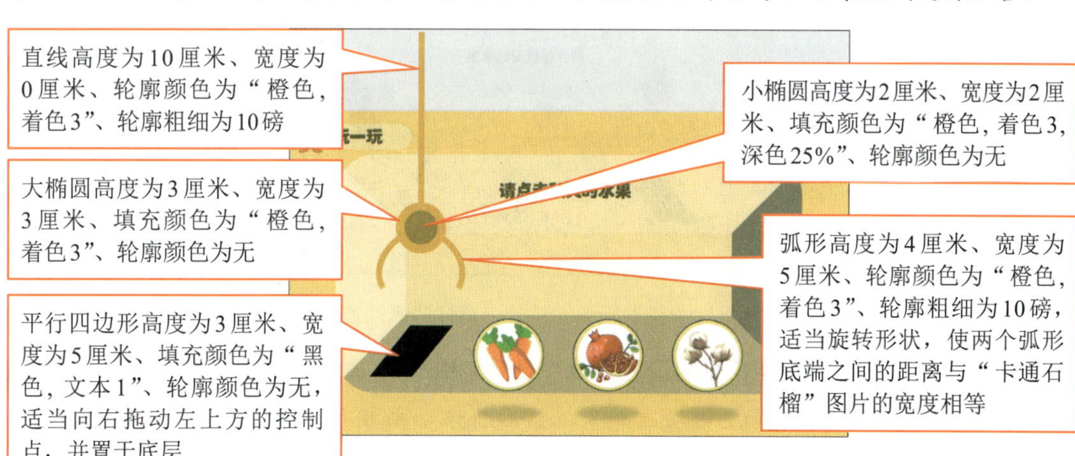

图9-46　形状排列效果

步骤 7 选择“卡通胡萝卜”图片，为其设置单击时播放的跷跷板强调动画效果，然后在“动画窗格”任务窗格中选择该动画效果下拉列表中的“效果选项”选项，打开“跷跷板”对话框，在“效果”选项卡“声音”下拉列表中选择“来自文件”选项（见图 9-47），打开“添加声音”对话框，在其中选择素材音频“error”，单击“打开”按钮，接着在“计时”选项卡中单击“触发器”按钮，选中“单击下列对象时启动效果”单选钮，然后在右侧的下拉列表中选择“卡通胡萝卜”选项，最后单击“确定”按钮，如图 9-48 所示。

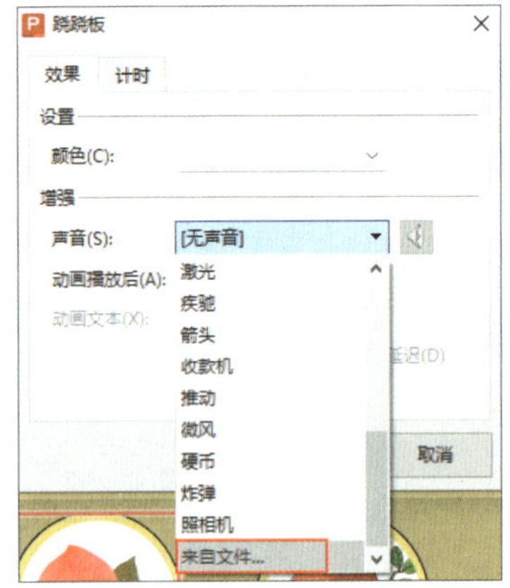

图 9-47 选择“来自文件”选项

图 9-48 设置跷跷板动画效果的触发动作

步骤 8 使用同样的方法为“卡通棉花”图片设置单击时播放的跷跷板强调动画效果，并设置该动画效果的触发声音为“error”音频、触发动作为单击“卡通棉花”对象。

步骤 9 为“卡通石榴”图片设置与上一动画同时播放的任意多边形动作路径（见图 9-49）动画效果，并设置该动画效果的触发声音为“right”音频、触发动作为单击“卡通石榴”对象。

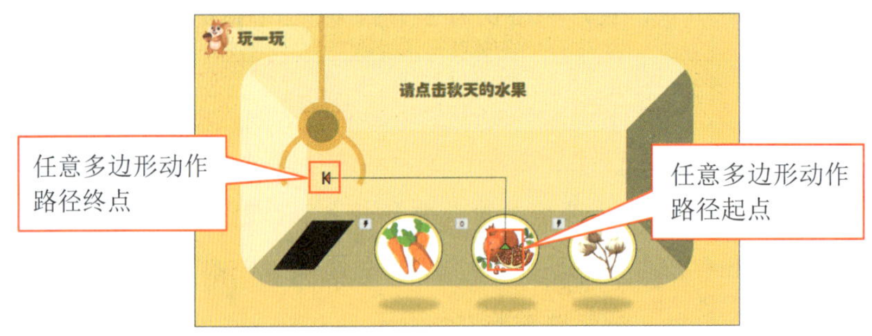

图 9-49 “卡通石榴”图片的任意多边形动作路径

步骤 10 保持“卡通石榴”图片的选中状态，在“动画窗格”任务窗格中为其添加在上一动画之后播放的下降退出动画效果，然后将该动画效果移到“触发器：卡通石榴”列表框最后一位（与设置该动画效果的触发动作为单击“卡通石榴”对象作用相同）。

步骤 11 选择爪子形状的组合对象，为其设置单击时播放的任意多边形动作路径（见图 9-50）动画效果。

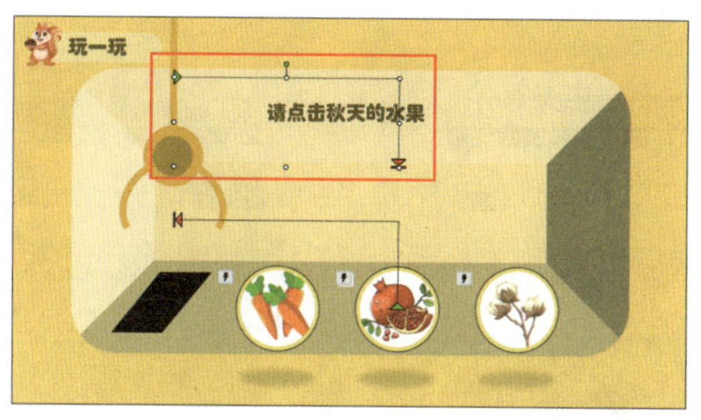

图 9-50　爪子形状组合对象的任意多边形动作路径

提 示

通过单击“动画”选项卡的“预览效果”按钮☆查看动作路径动画效果，然后利用动作路径四周的控制点调整动作路径，实现爪子形状组合对象的任意多边形动作路径终点动画效果在如图 9-51 所示的位置。

图 9-51　爪子形状组合对象的任意多边形动作路径终点动画效果

步骤 12 在“动画窗格”任务窗格中将爪子形状组合对象的任意多边形动作路径动画效果移到“触发器：卡通石榴”列表框第 1 位。

步骤 13 在“动画窗格”任务窗格中为爪子形状组合对象添加一个在上一动画之后播放的任意多边形动作路径动画效果，其路径与“卡通石榴”图片的任意多边形动作路径长度和方向相同，然后将该动作路径动画效果移到“触发器：卡通石榴”列表框第 2 位，如图 9-52 所示。

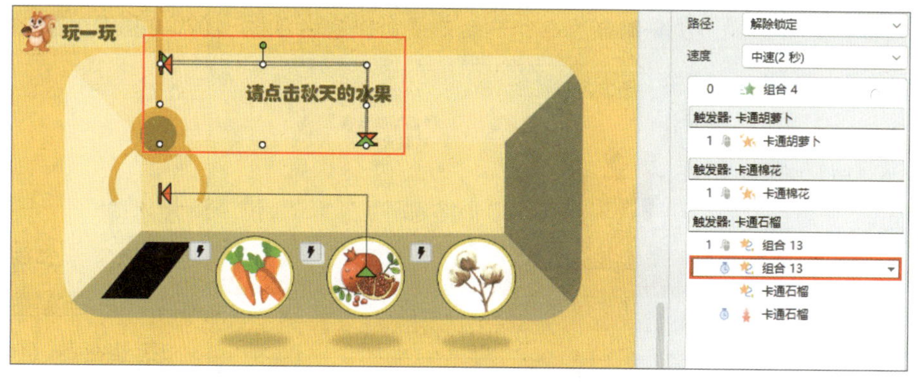

图 9-52　爪子形状组合对象的第 2 个任意多边形动作路径

步骤 14 使用复制第 8 张幻灯片并修改其中内容的方法制作第 9～10 张幻灯片（其他 2 张“玩一玩”模块幻灯片），如图 9-53 所示。

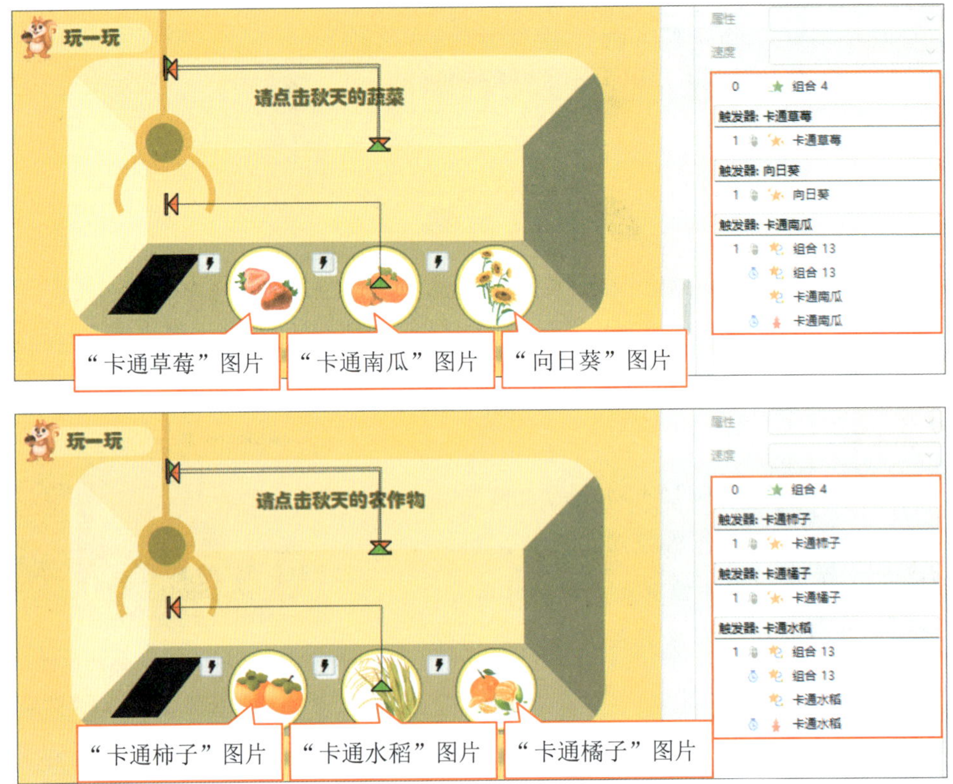

图 9-53　第 9～10 张幻灯片效果

7. 制作“找一找”模块内容

复制第 7 张幻灯片作为第 11 张幻灯片，将复制的幻灯片中的文本“说一说”修改为“找一找”，然后利用更换图片和文本的方法制作第 11 张幻灯片，最后适当调整图片位置和云形标注的控制点，如图 9-54 所示。

图 9-54　第 11 张幻灯片效果

8. 设置切换效果

步骤 1 在“幻灯片”窗格中选择第 1 张幻灯片，在“切换”选项卡中设置切换效果为左右展开的分割，然后为封底页设置相同的切换效果。

步骤 2 使用同样的方法，设置目录页的切换效果为飞机，设置内容页的切换效果为推出。

9. 为目录页添加超链接

步骤 1 在“幻灯片”窗格中选择第 2 张幻灯片，为“1. 看一看”文本添加超链接，将其链接到第 3 张幻灯片，然后设置超链接颜色为“橙色，着色 3，深色 50%”、已访问超链接颜色为“橙色，着色 3，深色 25%”、链接有下画线，并将其应用到全部链接。

步骤 2 为“2. 说一说”“3. 玩一玩”“4. 找一找”文本添加超链接，将其分别链接到第 4 张、第 8 张和第 11 张幻灯片。

10. 为内容页添加动作按钮

步骤 1 在“幻灯片”窗格中选择第 3 张幻灯片，在幻灯片右上方依次绘制“动作按钮：后退或前一项”“动作按钮：第一张”“动作按钮：前进或下一项”动作按钮。其中，“动作按钮：后退或前一项”“动作按钮：前进或下一项”动作按钮链接到的幻灯片均为默认，“动作按钮：第一张”动作按钮链接到的幻灯片为第 2 张幻灯片。

步骤 2 设置 3 个动作按钮的高度和宽度均为 1 厘米、填充颜色为 RGB（235，219，122）、轮廓颜色为无，效果为“阴影”/“居中偏移”，然后参照图 9-55 排列动作按钮，最后将这 3 个动作按钮进行组合并复制到第 4～11 张幻灯片。

图 9-55　动作按钮排列效果

11. 放映多媒体课件

步骤 1 在“放映”选项卡中单击“从头开始”按钮，从第 1 张幻灯片开始放映多媒体课件，通过单击屏幕、动作按钮、触发器对象等查看多媒体课件制作效果。

步骤 2 确认“收获的季节——秋天”多媒体课件效果无误后，保存并关闭多媒体课件。

任务三 设计与制作社会领域活动课件“垃圾分类”

幼儿社会领域的发展是幼儿成长中不可或缺的重要部分，它涉及幼儿与人交往、理解并遵守社会规范、初步形成社会责任感和道德观念等多个方面。良好的社会性发展对幼儿身心健康和其他各方面的发展都具有重要影响。

本任务就来设计与制作大班社会活动课件“垃圾分类”，具体包括分析教学设计、设计脚本和制作课件三个环节。

一、分析教学设计

下面先来了解大班社会活动“垃圾分类”的教学设计，然后通过分析该教学设计，对多媒体课件进行初步构思。

大班社会活动“垃圾分类”教学设计

【活动目标】

（1）熟悉不同颜色的垃圾桶及其收集的垃圾类型。

（2）正确分类常见垃圾，增强环保意识。

（3）积极主动参与垃圾分类实践，养成垃圾分类的好习惯。

【活动重难点】

活动重点：确保幼儿熟悉不同颜色的垃圾桶，且能准确识别并分类常见垃圾。

活动难点：在日常生活中自觉、持续地进行垃圾分类。

【活动准备】

（1）不同颜色的垃圾桶模型，常见垃圾的实物或图片（如废纸盒、果皮、废旧电池、塑料瓶等）。

（2）卡通贴纸、“垃圾分类小能手”徽章等奖励物品，用于鼓励幼儿积极参与活动。

【活动过程】

一、垃圾知多少

（1）伴随着轻松愉悦的音乐，引出活动主题“垃圾分类”。

（2）请幼儿结合日常生活，思考并说出有哪些常见垃圾，必要时给予引导和纠正，以帮助幼儿准确表述。同时，可以适时展示一些常见垃圾的实物或图片，加深幼儿印象。

二、认识垃圾桶

（1）将不同颜色的垃圾桶模型摆放在教室前方显眼位置，确保每个幼儿都能清楚地看到。

（2）结合常见的生活垃圾向幼儿介绍不同颜色的垃圾桶收集的垃圾类型，便于幼儿理解和记忆。

三、垃圾分类，我知道

组织互动游戏，提供生活垃圾的实物或图片，让幼儿将垃圾投放到对应的垃圾桶中并说明理由，教师进行点评并对表现优异的幼儿进行奖励，对分类错误的幼儿进行纠正。

四、垃圾分类小能手

（1）与幼儿一起回顾本次活动内容，包括常见的生活垃圾、不同颜色的垃圾桶及其收集的垃圾类型等。

（2）组织“垃圾分类小能手”评选活动，评选出班级中垃圾分类表现优异的幼儿，给予“垃圾分类小能手”徽章奖励，激励幼儿持续做好垃圾分类。同时，鼓励所有幼儿在日常生活中也要像在活动中一样，认真做好垃圾分类，做一个爱护环境的好孩子。

【活动延伸】

在教室中设置“垃圾分类监督角”，安排幼儿轮流担任“垃圾分类监督员”，负责监督班级内垃圾桶的使用情况，发现有垃圾放错的情况，及时提醒小伙伴正确分类，培养幼儿的责任感和自我管理能力。

分析上述教学设计可知，活动过程的四个环节均可利用多媒体课件呈现。同时，结合大班幼儿的认知特点和社会领域的学习与发展目标，对“垃圾分类”课件的初步构思如下。

（1）本课件拟分为“想一想”“学一学”“分一分”“做一做”4 个模块。

（2）“想一想”模块展示常见的生活垃圾，唤起幼儿的生活经验，从而激发其好奇心与参与活动的积极性。

（3）“学一学”模块展示不同颜色垃圾桶及其收集的常见生活垃圾，帮助幼儿更好地理解和记忆，使其初步掌握垃圾分类的基础知识。

（4）“分一分”模块设置互动游戏，让幼儿将垃圾与对应的垃圾桶连接起来，检验和巩固幼儿对垃圾分类知识的掌握情况。

（5）“做一做”模块组织“垃圾分类小能手”评选活动，鼓励幼儿将垃圾分类意识转化为实际行动，培养幼儿的环保责任感和良好的行为习惯。

二、设计脚本

下面系统地设计大班社会活动课件“垃圾分类”脚本。限于篇幅，本节仅展示该课件的部分脚本（见表 9-5 和表 9-6），完整的课件脚本请扫描右侧二维码进行查看。

“垃圾分类”课件脚本

表 9-5 “垃圾分类”课件文字脚本

课件题目	大班社会活动“垃圾分类”
教学目标	（1）熟悉不同颜色的垃圾桶及其收集的垃圾类型 （2）正确分类常见垃圾，增强环保意识 （3）积极主动参与垃圾分类实践，养成垃圾分类的好习惯
创作平台	WPS 365 教育版
创作思路	课件结合幼儿的生活经验，通过趣味化的图片展示和游戏化的互动环节，帮助大班幼儿在轻松愉快的氛围中学习垃圾分类知识，激发幼儿环保意识和主动参与垃圾分类实践的积极性，促使幼儿在日常生活中养成垃圾分类的良好行为习惯
课件结构图	封面页 目录页 想一想 生活垃圾有哪些；学一学 认识垃圾桶；分一分 垃圾分类 我知道；做一做 垃圾分类小能手 封底页

表 9-6 “垃圾分类”课件卡片脚本（部分）

页面序号	1	页面内容简要说明	封面页
页面内容	标题文本 副标题文本 垃圾桶图片 垃圾桶图片 垃圾桶图片 垃圾桶图片		

（续表）

说明	（1）4 张垃圾桶图片对应 4 种不同颜色的垃圾桶 （2）垃圾桶图片从左到右依次自动出现，标题文本和副标题文本随后自动出现 （3）添加欢快的音频作为背景音乐，并在课件放映过程中循环播放		
页面序号	2	页面内容简要说明	目录页
页面内容	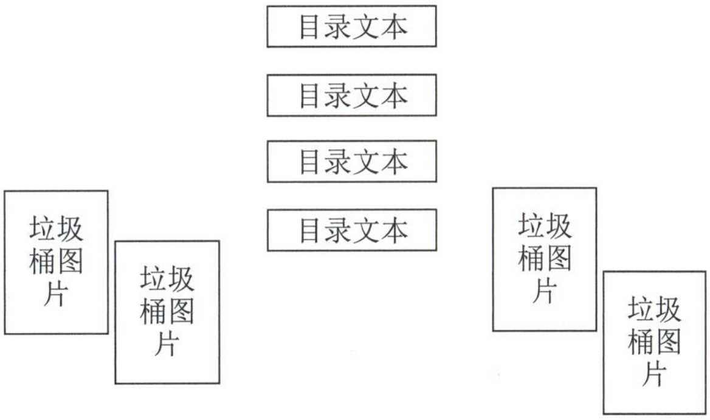 目录文本 目录文本 目录文本 目录文本 垃圾桶图片 垃圾桶图片 垃圾桶图片 垃圾桶图片		
说明	（1）垃圾桶图片及其动画效果与封面页相同 （2）目录文本从上到下依次自动出现 （3）单击目录文本跳转到相应模块的第 1 张幻灯片		
页面序号	5～8	页面内容简要说明	“学一学”模块
页面内容	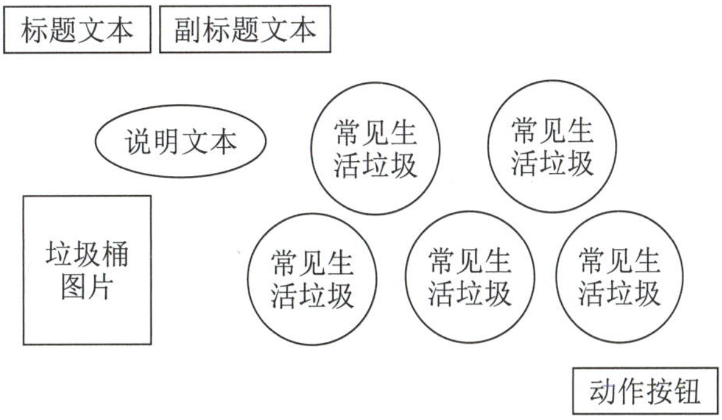 标题文本 副标题文本 说明文本 常见生活垃圾 常见生活垃圾 垃圾桶图片 常见生活垃圾 常见生活垃圾 常见生活垃圾 动作按钮		
说明	（1）说明文本用于说明当前垃圾桶收集的垃圾类型 （2）右侧展示与左侧垃圾桶相对应的常见生活垃圾及其名称 （3）动作按钮包括返回上一张幻灯片、返回目录页和进入下一张幻灯片		

（续表）

页面序号	9～11	页面内容简要说明	“分一分”模块
页面内容	标题文本　副标题文本 垃圾图片　垃圾图片　垃圾图片　垃圾图片 垃圾桶图片　垃圾桶图片　垃圾桶图片　垃圾桶图片 说明文本　说明文本　说明文本　说明文本 动作按钮		
说明	（1）该页面的设计灵感为连线题，单击垃圾图片触发直线的擦除进入动画效果，实现垃圾图片与对应的垃圾桶通过直线连接的效果 （2）动作按钮包括返回上一张幻灯片、返回目录页和进入下一张幻灯片		

三、制作课件

扫一扫

制作社会领域活动课件“垃圾分类”

1. 设置母版

步骤1 启动 WPS Office，新建“垃圾分类”空白演示文稿，进入幻灯片母版视图，在左侧窗格中选择“WPS 母版”选项，在“对象属性”任务窗格中设置母版的背景为素材图片“背景”（制作该课件使用的素材均在本书配套素材“素材与实例”/“项目九”/“任务三”/“垃圾分类”文件夹中）。

步骤2 在左侧窗格中选择“标题幻灯片 版式”选项，删除该母版中的所有占位符。插入素材图片“草地 1”，并将其相对于幻灯片底端对齐，如图 9-56 所示。

步骤3 在左侧窗格中选择“标题和内容 版式”选项，删除该母版中的所有占位符。插入素材图片“修饰框”“草地 2”，并将“草地 2”图片置于顶层且相对于幻灯片底端对齐（见图 9-57），最后退出幻灯片母版视图。

图 9-56 “标题幻灯片 版式”母版效果

图 9-57 “标题和内容 版式”母版效果

2. 制作封面页和封底页

步骤 1 制作封面页。在第 1 张幻灯片中插入素材图片“云朵”，然后裁剪图片，保留右下方的云朵图形，并设置裁剪后的图形高度为 6 厘米，接着将该图形水平翻转后垂直翻转，并将其相对于幻灯片左侧和顶端对齐，最后为其设置在上一动画之后播放、自顶部擦除的进入动画效果。

步骤 2 插入素材图片“可回收”“有害”“厨余”“其他”，调整它们的大小后参照图 9-58 排列图片，然后为“可回收”图片设置在上一动画之后播放的渐变进入动画效果；为“有害”图片设置在上一动画之后播放的上升进入动画效果；为“厨余”图片设置在上一动画之后播放的随机线条进入动画效果；为“其他”图片设置在上一动画之后播放的擦除进入动画效果。

图 9-58　图片排列效果

步骤 3 绘制一个圆角矩形，设置其高度为 6.5 厘米、宽度为 13.5 厘米、填充颜色为 RGB（154，189，135）、轮廓颜色为无，效果为“阴影”/“向下偏移”。

步骤 4 绘制一条长度为 3.8 厘米、垂直向下的直线，然后在“绘图工具”选项卡的“轮廓”下拉列表中选择“更多设置”选项，打开“对象属性”任务窗格，在“填充与线条”选项的“线条”设置区中选中“渐变线”单选钮，然后单击两次“删除渐变光圈”按钮，如图 9-59 所示。

步骤 5 保持第 1 个色标的选中状态，在“色标颜色”下拉列表中设置色标颜色为 RGB（154，189，135），然后设置直线的轮廓宽度为 2.25 磅，如图 9-60 所示。

步骤 6 选择第 2 个色标，设置其颜色为“白色，背景 1”。

步骤 7 保持直线的选中状态，在“绘图工具”选项卡中设置直线的效果为“阴影”/“向下偏移”。

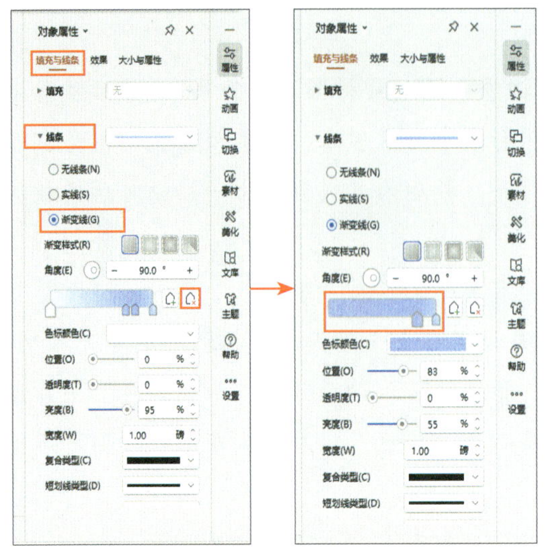

图 9-59　删除两个色标

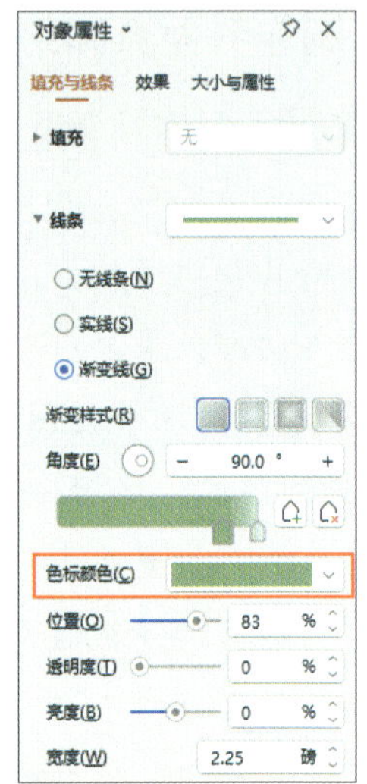

图 9-60　设置第 1 个色标

步骤 8　绘制一个直径为 0.3 厘米的圆，设置其填充颜色为“白色，背景 1”、轮廓颜色为无，并将其移到直线下方，然后将两个形状进行组合，如图 9-61 所示。

步骤 9　复制一份组合对象，将两个组合对象与圆角矩形参照图 9-62 排列，并将其进行组合，然后为其设置在上一动画之后播放、自顶部伸展的进入动画效果。

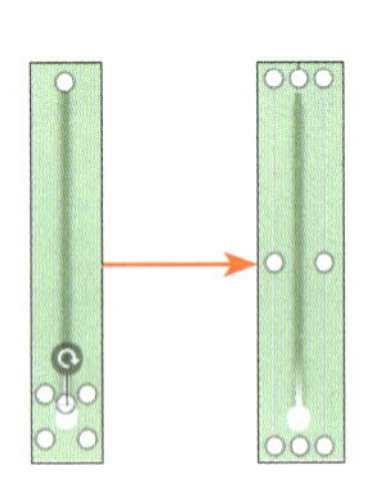

图 9-61　组合对象

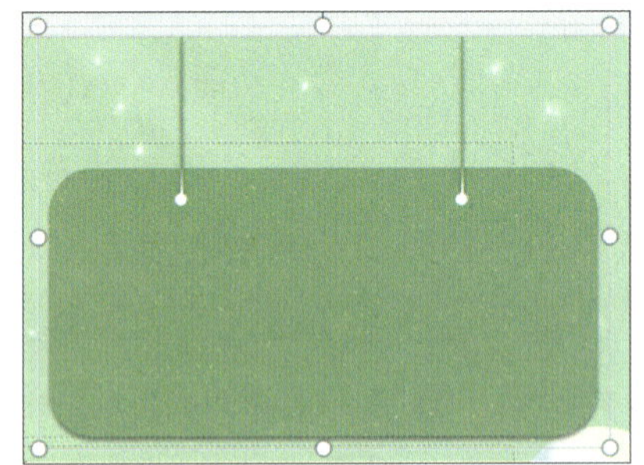

图 9-62　形状排列效果

步骤 10　删除副标题占位符，选择标题占位符，将其置于顶层，在其中输入文本“垃圾分类”，并设置文本的格式为方正准圆简体、80 磅、“白色，背景 1”、居中对齐，效果为“阴影”/“向下偏移”，然后按“Enter”键，继续输入文本“大班社会活动”，并设置文本的字号为 32 磅。

步骤 11　适当调整标题占位符大小，并参照图 9-63 排列组合对象和标题占位符，然后为标题占位符设置在上一动画之后播放的挥鞭式进入动画效果。

图 9-63　封面页效果

步骤 12　插入素材音频“背景音乐”，将音频图标移到幻灯片外，在“音频工具”选项卡中设置音频跨幻灯片播放至 13 页停止、循环播放直至停止，且播放完返回开头，然后在“动画窗格”任务窗格中将音频的动画效果移到最上方作为第 1 个动画效果。

提示

需要注意的是，设置的音频跨幻灯片播放页数实际上是允许音频所在幻灯片切换到其他幻灯片的切换次数。

步骤 13　制作封底页。将第 1 张幻灯片复制一份作为封底页，并将封底页中的文本“大班社会活动”修改为“我学会啦”，然后设置标题占位符中所有文本的字号为 60 磅，最后删除封底页中的音频。

3．制作目录页

步骤 1　复制第 1 张幻灯片作为第 2 张幻灯片，删除第 2 张幻灯片中的标题占位符、音频和组合对象中的两条直线（无须取消组合），然后调整圆角矩形的高度为 2.3 厘米、宽度为 9.5 厘米，并调整两个圆的位置（见图 9-64），最后参照图 9-65 排列图片和组合对象。

图 9-64　两个圆的位置

图 9-65　图片和组合对象排列效果

步骤2 在圆角矩形中输入文本“想一想”，并设置文本的格式为宋体、48磅、加粗，效果为“阴影”/“向下偏移”，然后复制三份组合对象，并分别修改文本为“学一学”“分一分”“做一做”，最后参照图9-66均匀分布排列。

图9-66 目录页效果

步骤3 从上到下依次为组合对象设置在上一动画之后播放的渐变式缩放进入动画效果。

4. 制作“想一想”模块内容

步骤1 在第2张幻灯片之后新建一张“标题和内容”版式的幻灯片，复制第1张幻灯片中的组合对象（标题部分）到第3张幻灯片，并设置其高度为2.5厘米、宽度为3.9厘米，然后将组合对象移到幻灯片左上方。

步骤2 在组合对象的圆角矩形中输入文本“想一想”，并设置文本的格式为方正粗倩简体、24磅，然后为该组合对象添加在上一动画之后播放、重复次数为直到幻灯片末尾的跷跷板强调动画效果。

步骤3 在组合对象右侧绘制一个圆角矩形，设置其高度为1.5厘米、宽度为7.5厘米、填充颜色为RGB（154，189，135）、轮廓颜色为无，然后向右拖动圆角矩形左上方的控制点，接着在圆角矩形中输入文本“生活垃圾有哪些”，并设置文本的格式为宋体、20磅、加粗，最后为该圆角矩形设置与上一动画同时播放、向外圆形扩展的进入动画效果。

步骤4 绘制一个直径为3.5厘米的圆，设置其填充颜色为“浅绿，着色4，浅色40%”、轮廓颜色为无，然后在“对象属性”任务窗格“形状选项”选项卡“效果”选项的“阴影”设置区设置其阴影效果，参数如图9-67所示。

步骤5 插入素材图片“废旧灯管”，适当调整其大小后移到圆上，然后在“废旧灯管”图片下方插入文本框，在其中输入文本“废旧灯管”，并设置文本的格式为方正少儿简体、20磅、RGB（56，87，36），接着将圆、“废旧灯管”图片和文本框进行组合（见图9-68），最后为该组合对象设置在上一动画之后播放的渐变式缩放进入动画效果。

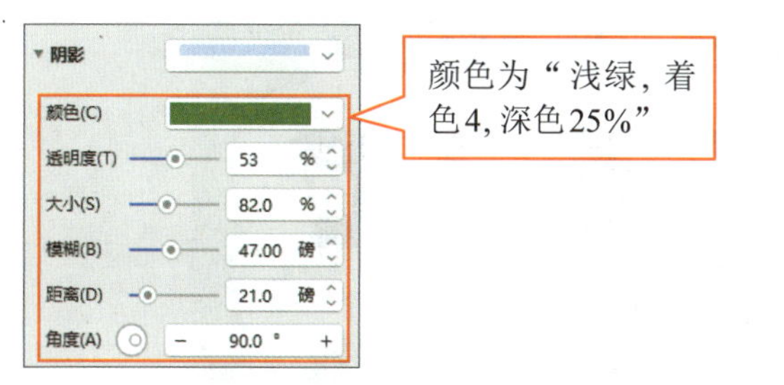

图 9-67　阴影效果参数

图 9-68　排列并组合对象效果

步骤 6　复制 10 份组合对象，更换组合对象中的图片及对应文字，并适当调整大小及位置，效果如图 9-69 所示。

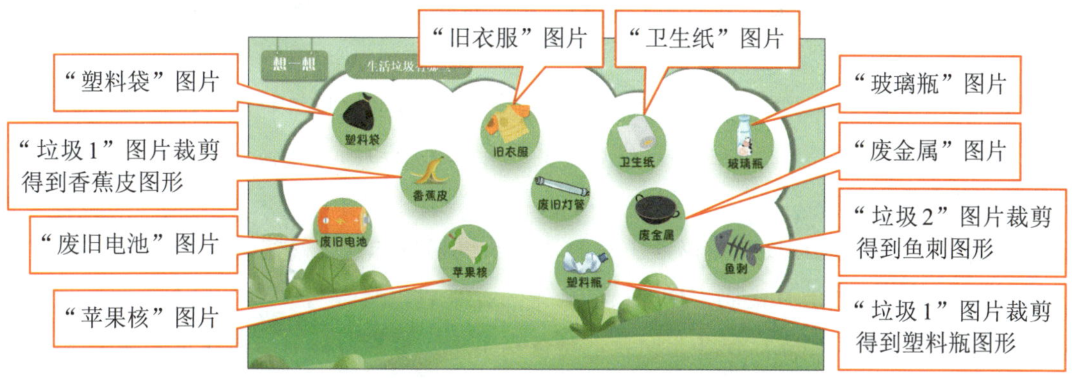

图 9-69　第 3 张幻灯片效果

5. 制作“学一学”模块内容

步骤 1　在第 3 张幻灯片之后新建一张“标题和内容”版式的幻灯片，复制第 3 张幻灯片中“想一想”文本所在组合对象和“生活垃圾有哪些”文本所在圆角矩形到第 4 张幻灯片，并分别修改文本为“学一学”“认识垃圾桶”。

步骤 2　插入素材图片“垃圾桶 1”，裁剪图片保留蓝色垃圾桶图形，设置其高度为 6 厘米，并移到修饰框左侧，然后向右复制 3 份图片，并通过裁剪更改复制的图片，最后将四张图片顶端对齐后横向分布。

步骤 3　在蓝色垃圾桶图形下方插入文本框，在其中输入文本“蓝色垃圾桶收集可回收物”，并设置文本的格式为宋体、20 磅、RGB（56，87，36）、加粗、居中对齐、1.5 倍行距，然后设置文本框的高度为 2.8 厘米、宽度为 5.5 厘米，接着向右复制 3 份文本框，并参照图 9-70 排列文本框并修改其中的文本。

步骤 4　为蓝色垃圾桶图形和其下方的文本框设置在上一动画之后播放的飞入进入动画效果，然后利用动画刷从上到下、从左到右依次单击垃圾桶及其下方的文本框。

图 9-70　第 4 张幻灯片效果

步骤 5　在第 4 张幻灯片之后新建一张“标题和内容”版式的幻灯片，复制第 4 张幻灯片中“学一学”文本所在组合对象和“认识垃圾桶”文本所在圆角矩形到第 5 张幻灯片。

步骤 6　插入素材图片“垃圾桶 2”，裁剪图片保留蓝色垃圾桶图形，设置其高度为 5 厘米，并将其移到修饰框的左侧，然后为其设置在上一动画之后播放的扇形展开进入动画效果。

步骤 7　在蓝色垃圾桶图形右上方绘制一个椭圆形标注，设置其高度为 3 厘米、宽度为 6 厘米，填充颜色为蓝色、轮廓颜色为无，效果为“阴影”/“向下偏移”，然后拖动椭圆形标注下方的控制点，使其指向蓝色垃圾桶图形，最后为椭圆形标注设置在上一动画之后播放的擦除进入动画效果。

步骤 8　在椭圆形标注中输入文本“我收集可回收垃圾”（在“我收集”文本后面按“Enter”键），然后设置文本的格式为“方正斗牛体 简”、20 磅、加粗。

步骤 9　复制第 3 张幻灯片中“玻璃瓶”“旧衣服”“废金属”“塑料瓶”“鱼刺”文本所在组合对象到第 5 张幻灯片。更换“鱼刺”文本所在组合对象的图片为“废纸盒”图片，修改文本为“废纸盒”，然后参照图 9-71 排列组合对象。

图 9-71　第 5 张幻灯片效果

步骤 10　使用同样的方法制作第 6～8 张幻灯片（其他 3 张“学一学”模块幻灯片），如图 9-72 所示。

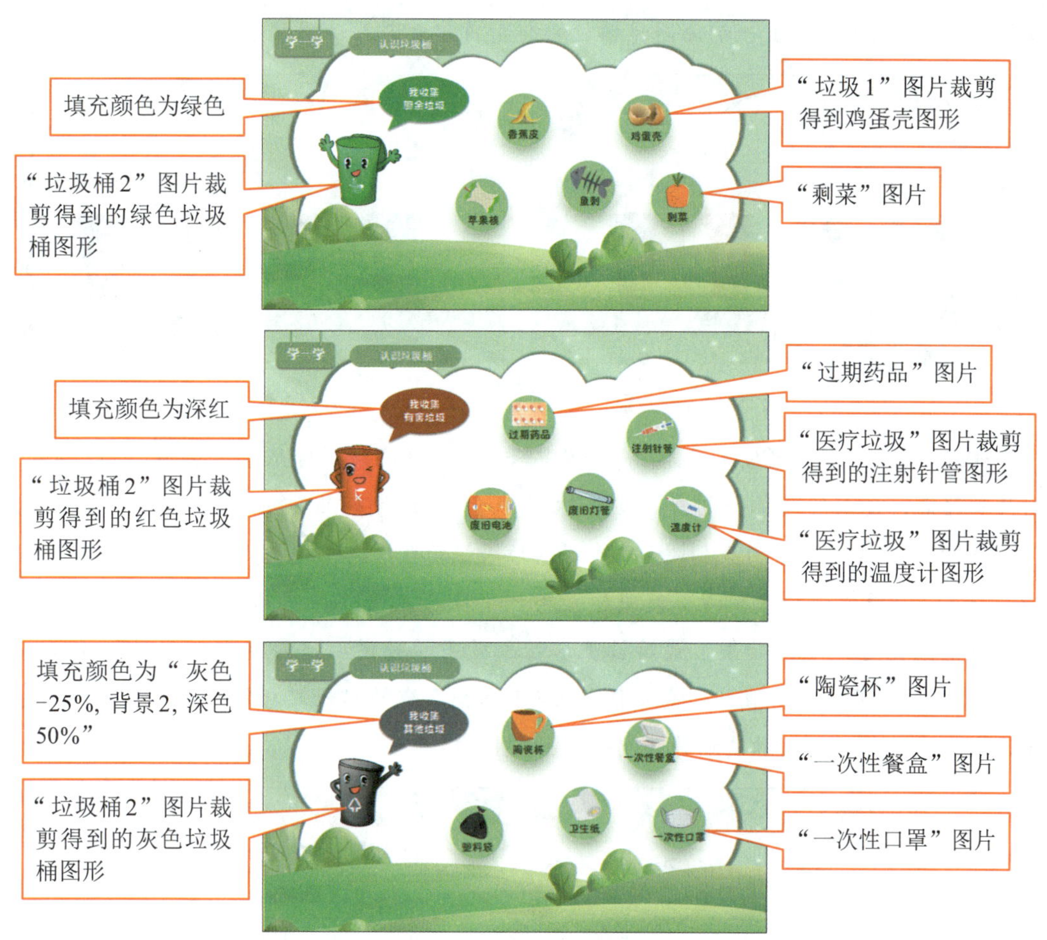

图 9-72　第 6～8 张幻灯片效果

6. 制作“分一分”模块内容

步骤 1　在第 8 张幻灯片之后新建一张“标题和内容”版式的幻灯片，复制第 8 张幻灯片中“学一学”文本所在组合对象和“认识垃圾桶”文本所在圆角矩形到第 9 张幻灯片，并分别修改文本为“分一分”“垃圾分类 我知道”。

步骤 2　复制第 4 张幻灯片中的 4 个垃圾桶图形和 4 个文本框到第 9 张幻灯片，并将复制的文本从左到右依次修改为“可回收垃圾”“厨余垃圾”“有害垃圾”“其他垃圾”，然后参照图 9-73 排列图形和文本框并进行组合，最后为组合对象设置在上一动画之后播放的擦除进入动画效果。

步骤 3　依次插入素材图片“垃圾 2”“废纸盒”“过期药品”“医疗垃圾”，裁剪“垃圾 2”图片保留鱼刺图形，裁剪“医疗垃圾”图片保留体温计图形，然后适当调整各图片大小、角度后参照图 9-74 排列图片，最后设置这 4 张图片的效果为“阴影”/“居中偏移”，并为它们设置与上一动画同时播放的渐变式缩放进入动画效果。

图 9-73　图形和文本框排列效果

图 9-74　图片排列效果

步骤 4　在“选择窗格”任务窗格中修改鱼刺图形、“废纸盒”图片、“过期药品”图片和体温计图形的名称分别为“鱼刺”“废纸盒”“过期药品”“体温计”。

步骤 5　绘制一条由鱼刺图形指向绿色垃圾桶的直线，并设置其轮廓颜色为 RGB（56，87，36）、轮廓粗细为 1.5 磅、箭头样式为“箭头样式 11”，然后为其设置单击时播放、自顶部擦除的进入动画效果，最后设置该动画效果的触发动作为单击“鱼刺”对象。

步骤 6　复制 3 份直线，并参照图 9-75 调整直线的起始端和结束端位置，然后分别各设置直线动画效果的触发动作为单击起始端图片。

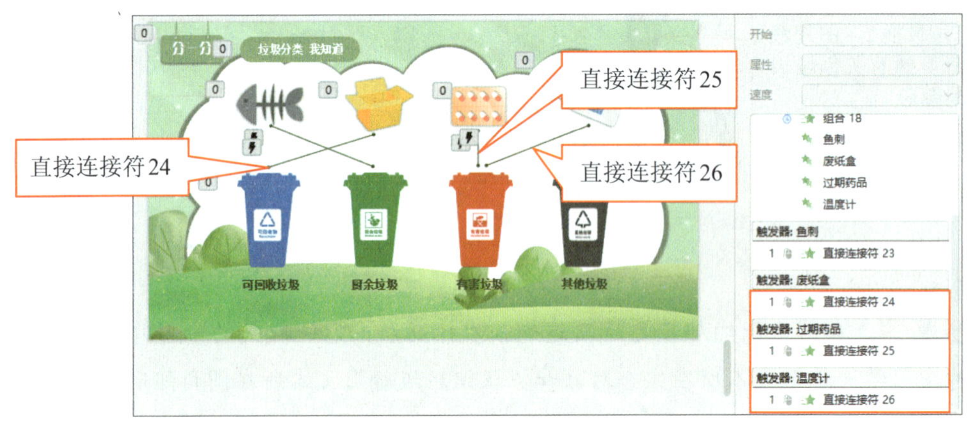

图 9-75　直线连接效果及触发器设置效果

步骤 7　使用复制第 9 张幻灯片并修改其中内容的方法制作第 10～11 张幻灯片（其他 2 张“分一分”模块幻灯片），如图 9-76 所示。

图 9-76　第 10～11 张幻灯片效果

7. 制作“做一做”模块内容

步骤 1　在第 11 张幻灯片之后新建一张“标题和内容”版式的幻灯片，复制第 11 张幻灯片中“分一分”文本所在组合对象和“垃圾分类 我知道”文本所在圆角矩形到第 12 张幻灯片，并分别修改文本为“做一做”“垃圾分类小能手”。

步骤 2　插入素材图片“奖牌”“垃圾分类”，设置它们的高度均为 8.5 厘米，并适当调整其位置（见图 9-77），然后为它们设置在上一动画之后播放的向内溶解进入动画效果。

图 9-77　第 12 张幻灯片效果

8. 设置切换效果

步骤 1 在“幻灯片”窗格中选择第1张幻灯片，在“切换”选项卡中设置切换效果为平滑，然后为封底页设置相同的切换效果。

步骤 2 使用同样的方法，设置目录页的切换效果为淡出，设置内容页的切换效果为擦除。

9. 为目录页添加超链接

步骤 1 在“幻灯片”窗格中选择第2张幻灯片，为“想一想”文本添加超链接，将其链接到第3张幻灯片，并设置超链接颜色为“白色，背景1”、已访问超链接颜色为“白色，背景1，深色5%”、链接有下画线，且将设置应用到全部链接。

步骤 2 为“学一学”“分一分”“做一做”文本添加超链接，将其分别链接到第4张、第9张和第12张幻灯片。

10. 为内容页添加动作按钮

步骤 1 在“幻灯片”窗格中选择第3张幻灯片，在幻灯片右下方依次绘制“动作按钮：后退或前一项”“动作按钮：第一张”“动作按钮：前进或下一项”动作按钮。其中，“动作按钮：后退或前一项”“动作按钮：前进或下一项”动作按钮链接到的幻灯片均为默认，“动作按钮：第一张”动作按钮链接到的幻灯片为第2张幻灯片。

步骤 2 设置3个动作按钮的高度和宽度均为1厘米、填充颜色为“浅绿，着色4”、轮廓颜色为无，效果为“阴影”/“右下斜偏移”，然后参照图9-78排列动作按钮，最后将这3个动作按钮进行组合并复制到第4～12张幻灯片。

图9-78 动作按钮排列效果

11. 放映多媒体课件

步骤 1 在“放映”选项卡中单击“从头开始”按钮，从第1张幻灯片开始放映多媒体课件，通过单击屏幕、动作按钮、触发器对象等查看多媒体课件制作效果。

步骤 2 确认“垃圾分类”多媒体课件效果无误后，保存并关闭多媒体课件。

任务四 设计与制作科学领域活动课件“图形变变变”

科学领域的教育对幼儿至关重要，它不仅是开启幼儿探索世界大门的钥匙，更是激发幼儿好奇心和求知欲的重要途径。幼儿在对自然事物的探究和运用数学解决实际生活问题的过程中，不仅能够获得丰富的感性经验，充分发展形象思维，还能够初步尝试归类、排序、判断、推理等技能，逐步提高逻辑思维能力，为其他领域的深入学习奠定基础。

本任务就来设计与制作中班科学活动课件“图形变变变”，具体包括分析教学设计、设计脚本和制作课件三个环节。

一、分析教学设计

下面先来了解中班科学活动“图形变变变”的教学设计，然后通过分析该教学设计，对多媒体课件进行初步构思。

中班科学活动“图形变变变”教学设计

【活动目标】

（1）认识基本的几何图形，包括圆形、三角形、长方形等，并能准确说出它们的名称。

（2）积极参与拼搭活动，尝试用不同的图形组合方式创造新的图形或物体，发展空间想象力和创造力。

（3）激发幼儿对图形变化的好奇心和探索欲，让幼儿在活动中体验探索科学的乐趣。

【活动重难点】

活动重点：帮助幼儿熟悉基本几何图形的名称和特征。

活动难点：在拼搭活动中，利用多种图形拼搭出具有创造性的图形或物体。

【活动准备】

（1）《吃了魔法药的哈哈阿姨》绘本。

（2）足够数量的圆形、三角形、正方形、长方形等几何图形卡片或实物教具。

（3）卡通贴纸、小红花等奖励物品。

【活动过程】

一、视频引入

（1）播放《吃了魔法药的哈哈阿姨》绘本讲解视频，吸引幼儿的注意力，激发幼儿的探索欲。

（2）视频结束后，教师简单复述故事情节，引导幼儿注意到绘本中的图形元素。

二、图形认知

（1）教师讲解基本几何图形的名称和特征，然后请幼儿在绘本中寻找并指出指定图形。

（2）对成功找到几何图形的幼儿给予奖励，鼓励幼儿积极参与活动。

三、图形组合

（1）引导幼儿回顾绘本中的物体，如小船、狮子、机器人等，鼓励幼儿思考并说出这些物体是由哪些图形组成的。

（2）根据幼儿的回答进一步引导，如询问更详细的图形特征和组合方式，加深幼儿对图形组合的理解。

四、拼图游戏

（1）教师讲解拼图游戏规则并进行示范，在示范过程中，教师一边操作一边讲解如何根据图案轮廓和形状特点选择对应的几何图形。

（2）教师给出简单图案，引导幼儿选择合适的几何图形进行拼图。

五、创意拼搭

（1）教师发放拼搭材料，幼儿选择图形进行拼图，教师巡回指导，鼓励幼儿跳出常规思维，创造出新颖独特的图形组合。

（2）完成拼图后，请幼儿依次展示自己的作品，并简单介绍使用的图形，教师引导幼儿欣赏他人的作品，学习不同的组合方式。

【活动延伸】

在科学区投放更多类型的图形材料和图形相关的游戏玩具，供幼儿在区域活动时间继续探索图形变化。

分析上述教学设计可知，活动过程的五个环节均可利用多媒体课件呈现。同时，结合中班幼儿的认知特点和科学领域的学习与发展目标，对“图形变变变”课件的初步构思如下。

（1）本课件拟分为“看一看”“找一找”“说一说”“拼一拼”4 个模块。

（2）“看一看”模块通过播放《吃了魔法药的哈哈阿姨》绘本讲解视频，吸引幼儿注

意力，让幼儿初步感知图形，激发他们对图形的探索欲。

（3）“找一找”模块通过展示几何图形和绘本中物体的对应关系，加深幼儿对基本几何图形的认知，强化幼儿对基本几何图形的记忆。

（4）“说一说”模块通过展示绘本中复杂物体的图形组合，引导幼儿思考和表达，锻炼他们的空间思维能力和语言表达能力。

（5）“拼一拼”模块通过拼图游戏锻炼幼儿的观察力，并鼓励幼儿动手实践，发挥创造力和想象力，尝试创造新的图形或物体。

二、设计脚本

扫一扫

“图形变变变”课件脚本

下面系统地设计中班科学活动课件“图形变变变”脚本。限于篇幅，本节仅展示该课件的部分脚本（见表 9-7 和表 9-8），完整的课件脚本请扫描右侧二维码进行查看。

表 9-7　“图形变变变”课件文字脚本

课件题目	中班科学活动“图形变变变”
教学目标	（1）认识基本的几何图形，包括圆形、三角形、长方形等，并能准确说出它们的名称 （2）积极参与拼搭活动，尝试用不同的图形组合方式创造新的图形或物体，发展空间想象力和创造力 （3）激发幼儿对图形变化的好奇心和探索欲，让幼儿在活动中体验探索科学的乐趣
创作平台	WPS 365 教育版
创作思路	《吃了魔法药的哈哈阿姨》是一本富有创意和教育意义的数学启蒙绘本。课件以《吃了魔法药的哈哈阿姨》绘本为基础，通过故事讲述与动手操作相结合的方式，激发幼儿对图形的好奇心和探索欲，帮助幼儿认识和理解基本几何图形的特征及其组合变化，培养幼儿的观察力、想象力和创造力
课件结构图	封面页 → 目录页 → 看一看 / 找一找 / 说一说 / 拼一拼 → 封底页

表 9-8 “图形变变变”课件卡片脚本（部分）

页面序号	1	页面内容简要说明	封面页
页面内容	副标题文本 标题文本 小火车图片 基本几何图形（如圆形、三角形、长方形等）		
说明	欢快的背景音乐响起，小火车图片和标题文本从右侧进入画面，实现由小火车“拉”着旗帜进入画面的效果		
页面序号	2	页面内容简要说明	目录页
页面内容	小火车图片 目录文本 目录文本 目录文本 目录文本 包含多种几何图形元素的图片（如房子）		
说明	（1）小火车图片从画面右侧进入 （2）所有目录文本同时弹跳进入画面 （3）单击目录文本跳转到相应模块的第 1 张幻灯片		
页面序号	4～6	页面内容简要说明	“找一找”模块
页面内容	标题文本 基本几何图形（如圆形、三角形、长方形等） 《吃了魔法药的哈哈阿姨》绘本中包含左侧图形的页面 动作按钮		

（续表）

说明	（1）自动出现左侧几何图形，单击出现右侧绘本页面 （2）在右侧绘本页面中寻找与左侧几何图形对应的图案，利用直线动作路径实现左侧几何图形与右侧绘本页面中对应图案重叠的效果 （3）动作按钮包括返回上一张幻灯片、返回目录页和进入下一张幻灯片		
页面序号	9～11	页面内容简要说明	“拼一拼”模块
页面内容	标题文本 需要拼的目标图形（如长方形、梯形等） 拼图游戏提示文本 可使用的几何图形（如圆形、三角形、长方形等） 动作按钮		
说明	（1）目标图形可以由 2 个或 3 个几何图形组成（确保每页只有一种正确答案） （2）单击正确的几何图形，触发几何图形直线动作路径动画效果，使几何图形移到目标图形的相应位置；单击错误的几何图形，触发其跷跷板动画效果 （3）动作按钮包括返回上一张幻灯片、返回目录页和进入下一张幻灯片		

三、制作课件

1. 设置母版

步骤 1　启动 WPS Office，新建“图形变变变”空白演示文稿，进入幻灯片母版视图，在左侧窗格中选择“WPS 母版”选项，在“幻灯片母版”选项卡中单击“背景”按钮，打开“对象属性”任务窗格，在其中设置母版的背景颜色为“钢蓝，着色 1，浅色 60%”。

扫一扫

制作科学领域活动课件“图形变变变”

步骤 2　在左侧窗格中选择“标题幻灯片 版式”选项，删除该母版中的所有占位符，然后绘制一个矩形，设置其高度为 16 厘米、宽度为 30 厘米、填充颜色为“白色，背景 1”、轮廓颜色为无，并将其相对于幻灯片水平和垂直居中对齐（见图 9-79），最后退出幻灯片母版视图。

2. 制作封面页和封底页

步骤 1　制作封面页。在第 1 张幻灯片中删除副标题占位符，然后选择标题占位符，在其中输入文本“中班科学活动”，并设置文本的格式为方正准圆简体、28 磅，接着将标题占位符移到幻灯片左上方（见图 9-80），最后为标题占位符设置与上一动画同时播放、持续时间 2 秒、自左侧擦除的进入动画效果。

图 9-79 “标题幻灯片 版式”母版效果

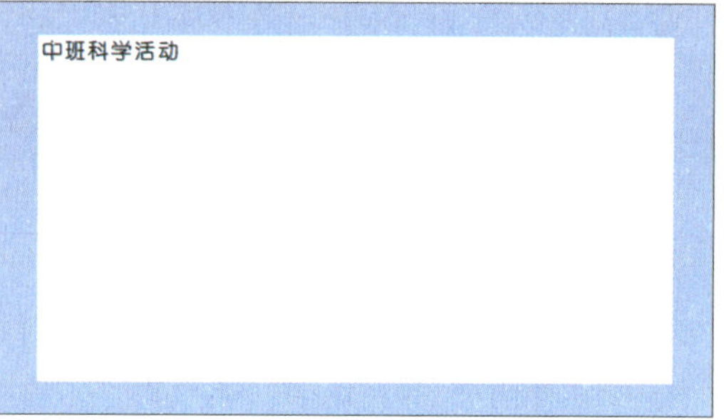

图 9-80 标题占位符排列效果

步骤 2 插入素材图片“三角形 1”“三角形 2”“长方形 1”“长方形 2”“圆形”（制作该课件使用的素材均在本书配套素材“素材与实例”/“项目九”/“任务四”/“图形变变变”文件夹中），设置它们的高度为 7 厘米，然后参照图 9-81 排列图片，最后为它们设置与上一动画同时播放、重复次数为直到幻灯片末尾的跷跷板强调动画效果。

图 9-81 图片排列效果

步骤 3 绘制一个双波形（位于“形状”下拉列表“星与旗帜”组中），并设置其高度为 6 厘米、宽度为 19.5 厘米、填充颜色为“钢蓝, 着色 1, 浅色 40%”、轮廓颜色为“白色, 背景 1, 深色 15%”、轮廓粗细为 6 磅、轮廓复合类型为双线，然后在双波形中输入文本“图形变变变”，并设置文本的格式为方正琥珀简体、72 磅、边框颜色为“钢蓝, 着色 1”。

步骤 4 插入素材图片“小火车”，设置其高度为 4 厘米，然后为“小火车”图片和双波形设置与上一动画同时播放、水平向左、动作路径长度与幻灯片宽度相等的直线动作路径动画效果，接着为双波形添加与上一动画同时播放、持续时间 2 秒、自左侧擦除的进入动画效果，为“小火车”图片添加与上一动画同时播放、持续时间 1 秒、延迟时间 2 秒、到左侧飞出的退出动画效果，最后参照图 9-82 排列图片和形状。

图 9-82 封面页效果

步骤 5 插入素材音频“背景音乐”，在“音频工具”选项卡中勾选“循环播放，直至停止”复选框和“放映时隐藏”复选框，然后在“动画”选项卡中设置音频的动画效果为与上一动画同时播放。

步骤 6 制作封底页。将第 1 张幻灯片复制一份作为封底页，删除标题占位符（“中班科学活动”文本），然后将封底页中的文本“图形变变变”修改为“图形真有意思呀！”，并修改文本的字号为 66 磅，如图 9-83 所示。

图 9-83 封底页效果

3. 制作目录页

步骤 1 在第 1 张幻灯片之后新建一张“标题幻灯片”版式的幻灯片，插入素材图片“小火车”，并将其移到幻灯片左上方，然后为“小火车”图片设置在上一动画之后播放、持续时间 2 秒、自右侧飞入的进入动画效果。

步骤 2 插入素材图片“房子”，设置其高度 10 厘米，然后在“图片工具”选项卡中单击“设置透明色”按钮，待鼠标指针变为 ↗ 形状后，单击“房子”图片的背景，接着将其移到幻灯片右下方（见图 9-84），最后为“房子”图片设置与上一动画同时播放的渐变进入动画效果。

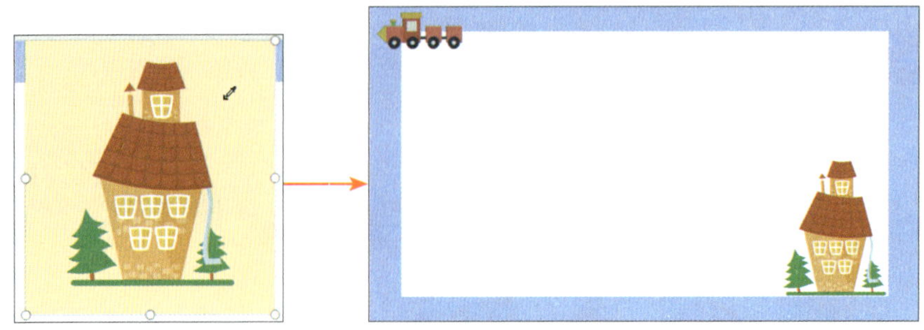

图 9-84　图片设置透明色

步骤 3　绘制一个圆角矩形，设置其高度为 1.8 厘米、宽度为 9 厘米、填充颜色为 RGB（255，216，91）、轮廓颜色为无，在其中输入文本“看一看”，并设置文本的格式为方正准圆简体、32 磅。复制第 1 张幻灯片中的黄色三角形图片（“三角形 2”图片）到第 2 张幻灯片中，设置其高度为 4.5 厘米并将其移到圆角矩形左侧，然后将“三角形 2”图片与圆角矩形进行组合，如图 9-85 所示。

图 9-85　组合对象效果

步骤 4　复制 3 份组合对象，并分别修改文本为“找一找”“说一说”“拼一拼”，然后参照图 9-86 更换图片和圆角矩形的填充颜色，接着排列组合对象，最后为 4 个组合对象设置与上一动画同时播放的弹跳进入动画效果。

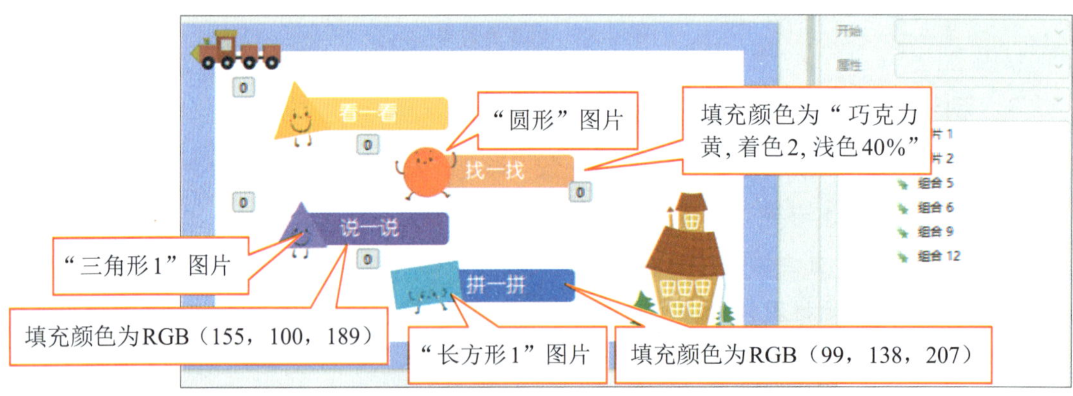

图 9-86　第 2 张幻灯片效果

4. 制作“看一看”模块内容

步骤 1　在第 2 张幻灯片之后新建一张“标题幻灯片”版式的幻灯片，复制第 2 张幻灯片中“看一看”文本所在组合对象到第 3 张幻灯片，并将其移到幻灯片左上方。

步骤 2　插入素材图片“电视机”，在“图片工具”选项卡中取消勾选“锁定纵横比”复选框，然后设置“电视机”图片的高度为 16.7 厘米、宽度为 26 厘米，并将其移到幻灯片中部。

步骤 3　插入素材视频“吃了魔法药的哈哈阿姨”，在“图片工具”选项卡中勾选“锁定纵横比”复选框，并设置其视频框高度为 8 厘米，然后将视频框裁剪为圆角矩形，最后将视频移到“电视机”图片中。

步骤 4　保持视频的选中状态，在“视频工具”选项卡中单击“视频封面”下拉按钮，在展开的下拉列表中选择“来自文件”选项，打开“选择图片”对话框，在其中选择素材图片“吃了魔法药的哈哈阿姨”，然后单击“打开”按钮，设置视频的封面，如图 9-87 所示。

图 9-87　“吃了魔法药的哈哈阿姨”视频封面效果

步骤 5　同时选择“电视机”图片和“吃了魔法药的哈哈阿姨”视频，为它们设置与上一动画同时播放的上升进入动画效果。

5. 制作“找一找”模块内容

步骤 1　在第 3 张幻灯片之后新建一张“标题幻灯片”版式的幻灯片，复制第 2 张幻灯片中“找一找”文本所在组合对象到第 4 张幻灯片，并将其移到幻灯片左上方。

步骤 2　插入素材图片“绘本 1”，设置其高度为 11 厘米，并将其移到幻灯片中部偏右的位置。在图片左侧绘制一个等腰三角形，设置其高度为 5.6 厘米、宽度为 6 厘米、填充颜色为 RGB（255，216，91）、轮廓颜色为“橙色，着色 3，深色 50%”。

步骤 3　保持等腰三角形的选中状态，在“对象属性”任务窗格的“形状选项”选项卡中选择“大小与属性”选项，然后在“大小”设置区的“旋转”编辑框中输入“35”。

步骤 4　为等腰三角形设置在上一动画之后播放的渐变进入动画效果，为“绘本 1”

图片设置单击时播放的渐变进入动画效果，然后在“动画窗格”任务窗格中为等腰三角形添加单击时播放、起点是等腰三角形、终点是“绘本1”图片的直线动作路径动画效果和与上一动画同时播放、较小的放大/缩小强调动画效果，如图9-88所示。

图 9-88　第4张幻灯片效果

提 示

在实际操作中，可以利用预览功能查看动画效果，然后通过不断调整等腰三角形直线动作路径的终点，实现等腰三角形的直线动作路径终点动画效果在如图9-89所示的位置。

图 9-89　等腰三角形的直线动作路径终点动画效果

步骤 5　使用复制第4张幻灯片并修改其中内容的方法制作第5～6张幻灯片，如图9-90所示。

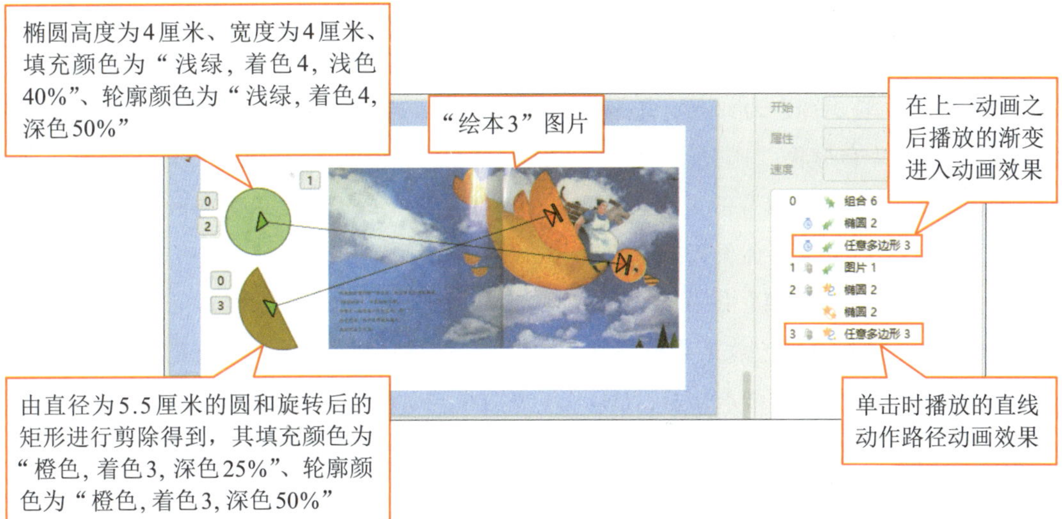

图 9-90　第 5～6 张幻灯片效果

提示

与第 4 张幻灯片类似，可通过不断调整直线动作路径的终点，实现矩形的直线动作路径终点动画效果在如图 9-91 所示的位置，圆形和半圆形的直线动作路径终点动画效果在如图 9-92 所示的位置。

图 9-91　矩形的直线动作路径终点动画效果

图 9-92　圆形和半圆形的直线动作路径终点动画效果

6. 制作“说一说”模块内容

步骤 1　在第 6 张幻灯片之后新建一张“标题幻灯片”版式的幻灯片，复制第 2 张幻灯片中“说一说”文本所在组合对象到第 7 张幻灯片，并将其移到幻灯片左上方。

步骤 2　在幻灯片中部偏上的位置插入一个圆角矩形，设置其高度为 1.4 厘米、宽度为 11 厘米、填充颜色为“钢蓝，着色 1，浅色 80%”、轮廓颜色为无，在其中输入文本“图中的小船由什么图形组成”，并设置文本的格式为方正准圆简体、20 磅、“黑色，文本 1”，然后为圆角矩形设置在上一动画之后播放的渐变进入动画效果。

步骤 3 插入素材图片“绘本 4”，设置其高度为 10 厘米，绘制一个椭圆，设置其填充颜色为无、轮廓颜色为红色、轮廓粗细为 3 磅，然后适当调整椭圆大小、角度后参照图 9-93 排列图片和形状。

步骤 4 为“绘本 4”图片设置与上一动画同时播放的渐变进入动画效果，为椭圆设置在上一动画之后播放、自顶部擦除的进入动画效果。

步骤 5 在“绘本 4”图片右侧绘制两个直角三角形和五个等腰三角形，然后参照图 9-94 设置并排列形状，效果美观即可，最后将绘制的形状进行组合，并为组合对象设置单击时播放的上升进入动画效果。

图 9-93 图片和形状排列效果

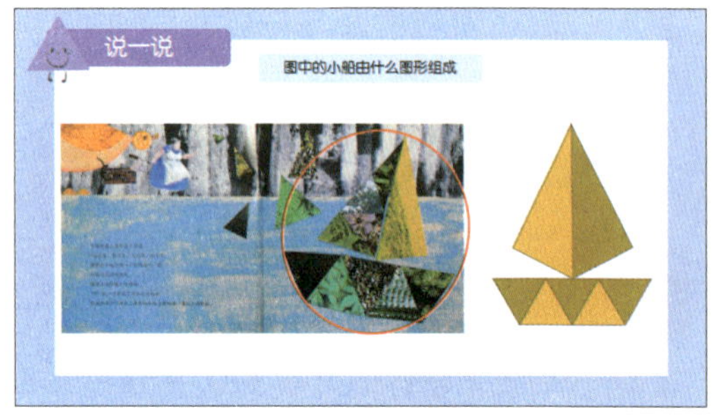

图 9-94 形状排列效果

步骤 6 使用复制第 7 张幻灯片并修改其中内容的方法制作第 8 张幻灯片，如图 9-95 所示。

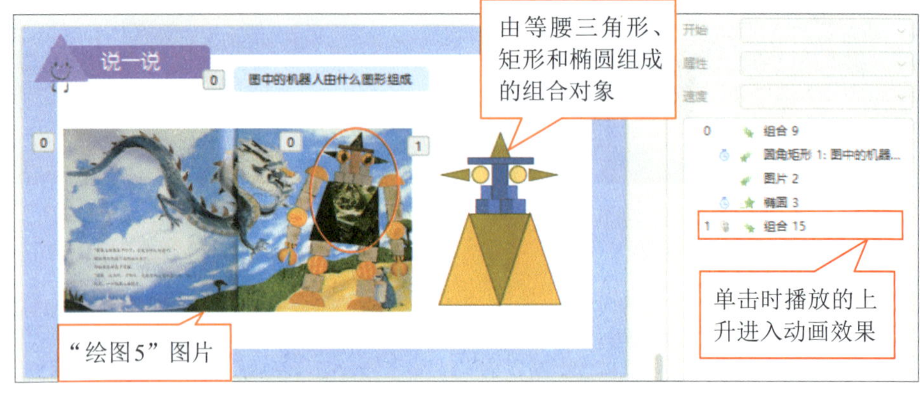

图 9-95 第 8 张幻灯片效果

7. 制作“拼一拼”模块内容

步骤 1 在第 8 张幻灯片之后新建一张“标题幻灯片”版式的幻灯片，复制第 2 张幻灯片中“拼一拼”文本所在组合对象到第 9 张幻灯片，并将其移到幻灯片左上方。

步骤 2 绘制四个矩形、一个等腰三角形、一个直角三角形和一个椭圆，然后参照图 9-96 设置并排列形状。

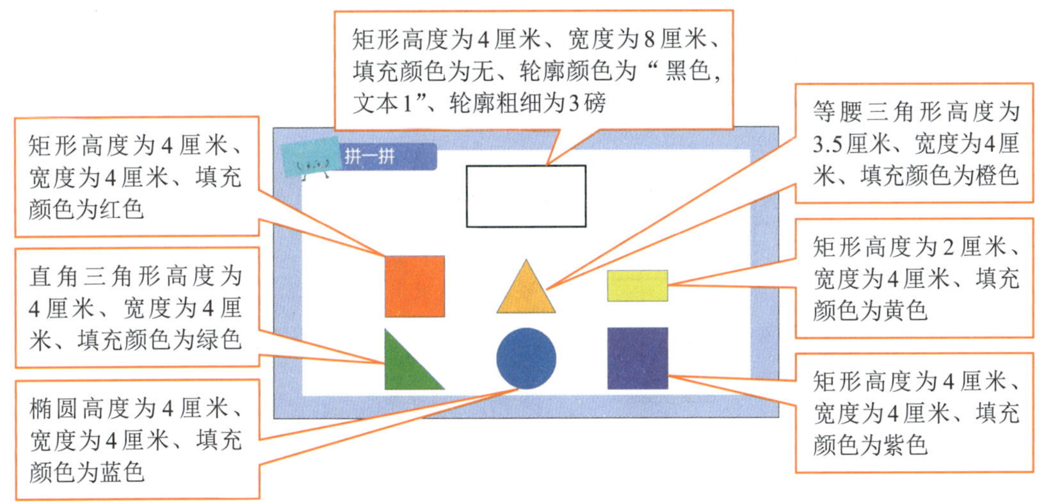

图 9-96 形状排列效果

步骤 3 在幻灯片右上方绘制一个云形标注，设置其高度为 5.5 厘米、宽度为 8.5 厘米、填充颜色为“钢蓝，着色 1，浅色 40%”，然后在其中输入文本“开动你的小脑筋，把图形填满吧！”，并设置文本的格式为方正少儿简体、24 磅，最后拖动云形标注下方的控制点，将其移到填充颜色为无的矩形右侧，如图 9-97 所示。

图 9-97 移动云形标注下方控制点效果

步骤 4 在“选择窗格”任务窗格中修改幻灯片中有填充颜色的 6 个形状的名称分别为“红色矩形”“橙色三角形”“黄色矩形”“绿色三角形”“蓝色圆”“紫色矩形”（名称与外观对应）。

步骤 5 为填充颜色为无的矩形设置单击时播放的上升进入动画效果，为云形标注设置在上一动画之后播放、自左侧擦除的进入动画效果。同时选择幻灯片中有填充颜色的 6 个形状，为它们设置与上一动画同时播放的上升进入动画效果。

步骤 6 在“动画窗格”任务窗格中为红色矩形添加单击时播放、起点是红色矩形、终点是填充颜色为无的矩形的直线动作路径动画效果，设置该动画效果的触发动作为单击“红色矩形”对象；为紫色矩形添加单击时播放、起点是紫色矩形、终点是填充颜色为无的矩形的直线动作路径动画效果，该动画效果的触发动作为单击“紫色矩形”对象，如图 9-98 所示。

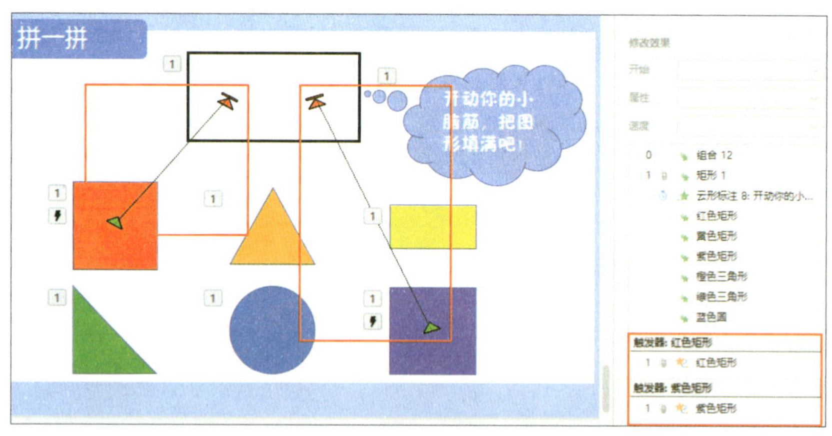

图 9-98　两个直线动作路径和触发动作

步骤 7 为“橙色三角形”“黄色矩形”“绿色三角形”“蓝色圆”对象分别添加单击时播放的跷跷板强调动画效果，并设置这些动画效果的触发动作分别为单击相应对象，如图 9-99 所示。

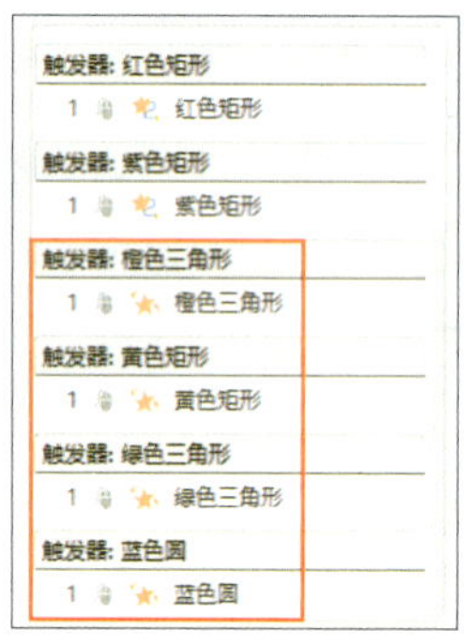

图 9-99　动画效果触发器列表

步骤 8 使用复制第 9 张幻灯片并修改其中内容的方法制作第 10~11 张幻灯片（其他 2 张“拼一拼”模块幻灯片），如图 9-100 所示。

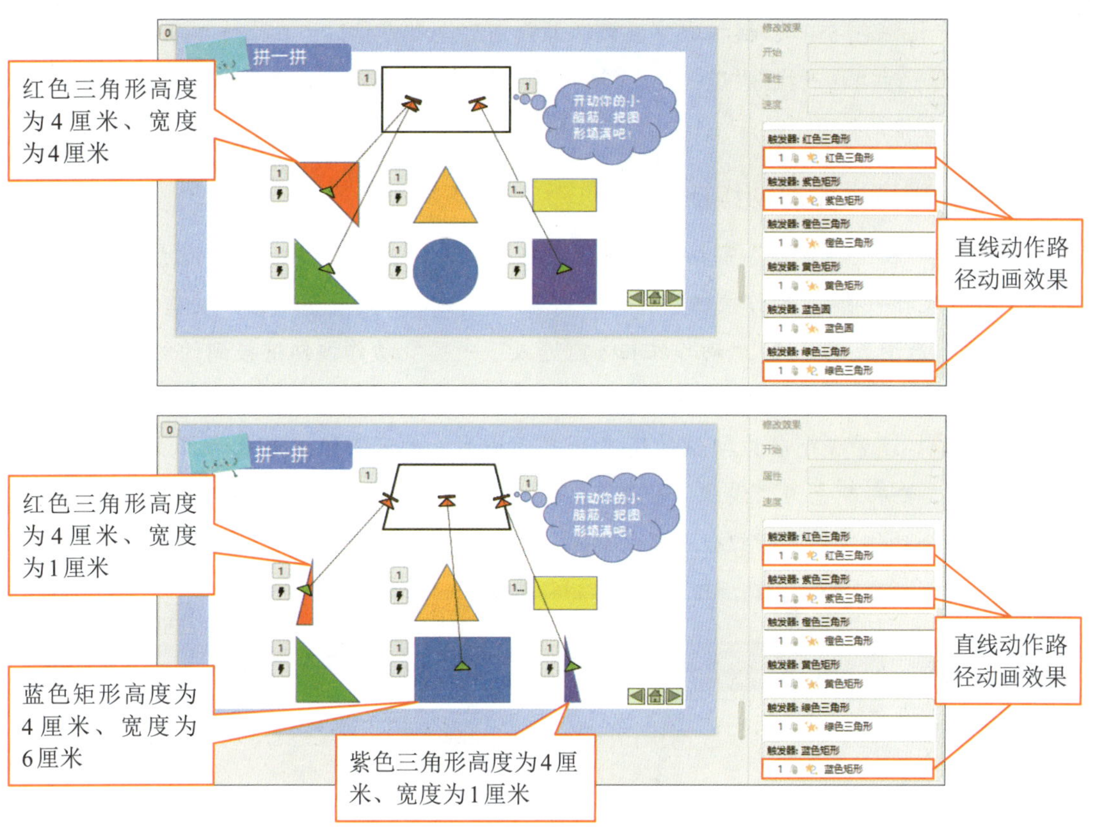

图 9-100　第 10～11 张幻灯片效果

步骤 9　在第 11 张幻灯片之后新建一张“标题幻灯片”版式的幻灯片，复制第 11 张幻灯片中“拼一拼”文本所在组合对象到第 12 张幻灯片。

步骤 10　插入素材图片“小朋友”“小船”，设置它们的高度均为 8 厘米，效果均为“倒影”“紧密倒影，接触”，并将两张图片移到幻灯片中间偏上的位置，然后将它们裁剪为圆角矩形，并为它们设置与上一动画同时播放的弹跳进入动画效果。

8. 设置切换效果

步骤 1　在“幻灯片”窗格中选择第 1 张幻灯片，在“切换”选项卡中设置切换效果为淡出，然后为封底页设置相同的切换效果。

步骤 2　使用同样的方法，设置目录页的切换效果为抽出，设置内容页的切换效果为页面卷曲。

9. 为目录页添加超链接

步骤 1　在“幻灯片”窗格中选择第 2 张幻灯片，为“看一看”文本添加超链接，将其链接到第 3 张幻灯片，然后设置超链接颜色为“白色，背景 1”、已访问超链接颜色为

"白色，背景 1，深色 5%"、链接有下画线，并应用到全部链接。

步骤 2 为"找一找""说一说""拼一拼"文本添加超链接，将其分别链接到第 4 张、第 7 张和第 9 张幻灯片。

10．为内容页添加动作按钮

步骤 1 在"幻灯片"窗格中选择第 3 张幻灯片，在幻灯片右下方依次绘制"动作按钮：后退或前一项""动作按钮：第一张""动作按钮：前进或下一项"动作按钮。其中，"动作按钮：后退或前一项""动作按钮：前进或下一项"动作按钮链接到的幻灯片均为默认，"动作按钮：第一张"动作按钮链接到的幻灯片为第 2 张幻灯片。

步骤 2 设置 3 个动作按钮的高度和宽度均为 1 厘米、填充颜色为"浅绿，着色 4，浅色 80%"、轮廓颜色为"浅绿，着色 4，深色 50%"，然后参照图 9-101 排列动作按钮，最后将这 3 个动作按钮进行组合并复制到第 4～12 张幻灯片。

图 9-101　动作按钮排列效果

11．放映多媒体课件

步骤 1 在"放映"选项卡中单击"从头开始"按钮，从第 1 张幻灯片开始放映多媒体课件，通过单击屏幕、动作按钮、触发器对象等查看多媒体课件制作效果。

步骤 2 确认"图形变变变"多媒体课件效果无误后，保存并关闭多媒体课件。

任务五　设计与制作艺术领域活动课件"线条畅想曲"

幼儿艺术领域教育的关键在于充分创造条件和机会，在大自然和社会文化生活中萌发幼儿对美的感受和体验，丰富其想象力和创造力，引导幼儿学会用心去感受和发现美，用自己的方式去表现和创造美。

本任务就来设计与制作大班艺术活动课件"线条畅想曲"，具体包括分析教学设计、设计脚本和制作课件三个环节。

一、分析教学设计

下面先来了解大班艺术活动“线条畅想曲”的教学设计，然后通过分析该教学设计，对多媒体课件进行初步构思。

大班艺术活动“线条畅想曲”教学设计

【活动目标】

（1）认识直线、曲线和螺旋线，感知不同线条的形态特征。

（2）通过彩带舞，帮助幼儿掌握利用身体动作准确展现直线、曲线和螺旋线的方法，增强幼儿身体协调性和艺术表达能力。

（3）运用直线、曲线和螺旋线进行绘画创作，发展幼儿的想象力和创造力。

【活动重难点】

活动重点：让幼儿清晰认识直线、曲线和螺旋线的形态特征，并能在不同情境中识别或展现它们。

活动难点：激发幼儿的艺术潜能，引导其在绘画创作环节发挥想象力，运用所学线条创作出有创意的绘画作品。

【活动准备】

（1）各种包含直线、曲线和螺旋线元素的实物或图片（如尺子、气球、海螺等）。

（2）彩带若干，播放音频或视频的设备。

（3）绘画纸、彩笔若干。

【活动过程】

一、仔细观察，认识线条

（1）教师向幼儿展示包含直线、曲线和螺旋线元素的实物或图片（尽量仅包含一种主要线条元素），并描述它们的外观，然后根据其外观进行分类，引出直线、曲线和螺旋线的概念。

（2）引导幼儿仔细观察每类物体的线条特征，感受不同线条在物体上的呈现，了解直线、曲线和螺旋线的形态特征。

二、彩带舞动，体验线条

给每个幼儿发放一条彩带，播放欢快的音乐或彩带舞的视频，引导幼儿在教师的示范和带领下尝试用彩带来展现直线、曲线和螺旋线。

三、师幼互动，寻找线条

（1）教师向幼儿展示包含直线、曲线、螺旋线元素的图片（包含多种线条元素），并引导幼儿仔细观察图片，从中寻找直线、曲线和螺旋线。

（2）幼儿在寻找过程中，可以用手指指出或用简单语言描述线条所在位置，教师对幼儿的回答给予肯定和鼓励，进一步加深幼儿对线条的认识。

四、绘画创作，展现线条

（1）教师为幼儿发放绘画纸和彩笔，带领幼儿用直线、曲线和螺旋线进行基础绘画，如用螺旋线画动物的身体、用直线和曲线画动物的脖子和眼睛、用曲线画装饰等。

（2）鼓励幼儿在完成基础绘画后，发挥想象力，运用线条组合进行创作，对于有困难的幼儿，教师可以给予适当帮助。

（3）邀请幼儿将自己的绘画作品张贴在教室展示区，并请幼儿分享自己的创作思路和运用了哪些线条，教师和其他幼儿认真倾听并给予掌声和赞美。

分析上述教学设计可知，活动过程的四个环节均可利用多媒体课件呈现。同时，结合大班幼儿的认知特点和艺术领域的学习与发展目标，对“线条畅想曲”课件的初步构思如下。

（1）本课件拟分为“认一认”“跳一跳”“找一找”“画一画”4个模块。

（2）“认一认”模块展示生活中包含直线、曲线和螺旋线元素的实物图片，帮助幼儿直观地认识不同线条的形态特征，使他们能清晰区分直线、曲线和螺旋线。

（3）“跳一跳”模块播放彩带舞的视频，引导幼儿用彩带展现不同线条，增强幼儿身体协调性和艺术表达能力。

（4）“找一找”模块展示包含各种线条元素的图片，让幼儿分别找出包含直线、曲线和螺旋线元素的图片，培养幼儿的观察力，强化幼儿对不同线条形态特征的认知。

（5）“画一画”模块先展示示范绘画作品，带领幼儿用所学线条进行简单绘画，再鼓励他们自由创作，让幼儿在实践中运用直线、曲线和螺旋线，发展其想象力和创造力。

二、设计脚本

下面系统地设计大班艺术活动课件“线条畅想曲”脚本。限于篇幅，本节仅展示该课件的部分脚本（见表9-9和表9-10），完整的课件脚本请扫描右侧二维码进行查看。

“线条畅想曲”课件脚本

表9-9 “线条畅想曲”课件文字脚本

课件题目	大班艺术活动“线条畅想曲”
教学目标	（1）认识直线、曲线和螺旋线，感知不同线条的形态特征 （2）通过彩带舞，帮助幼儿掌握利用身体动作准确展现直线、曲线和螺旋线的方法，增强幼儿身体协调性和艺术表达能力 （3）运用直线、曲线和螺旋线进行绘画创作，发展幼儿的想象力和创造力

（续表）

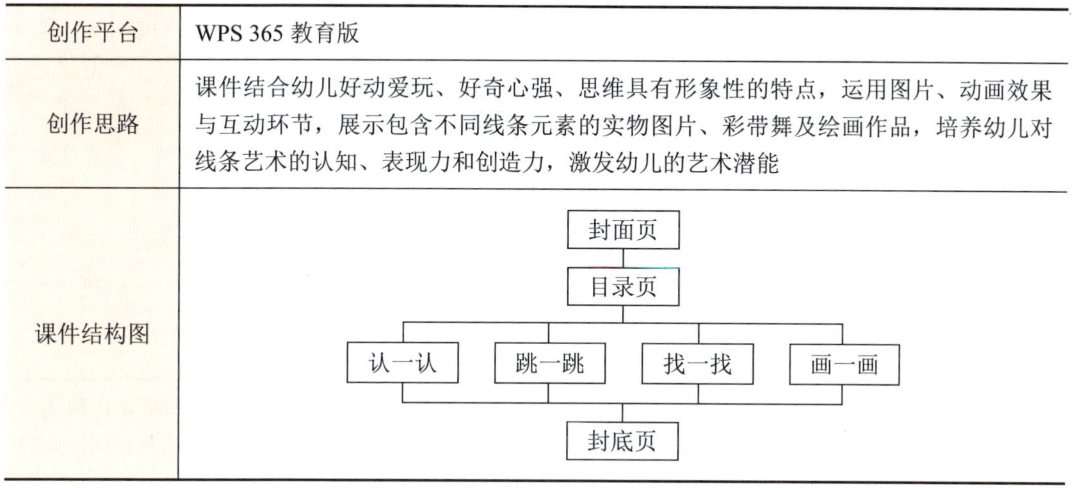

创作平台	WPS 365 教育版
创作思路	课件结合幼儿好动爱玩、好奇心强、思维具有形象性的特点，运用图片、动画效果与互动环节，展示包含不同线条元素的实物图片、彩带舞及绘画作品，培养幼儿对线条艺术的认知、表现力和创造力，激发幼儿的艺术潜能
课件结构图	封面页 目录页 认一认 跳一跳 找一找 画一画 封底页

表 9-10 “线条畅想曲”课件卡片脚本（部分）

页面序号	1	页面内容简要说明	封面页
页面内容	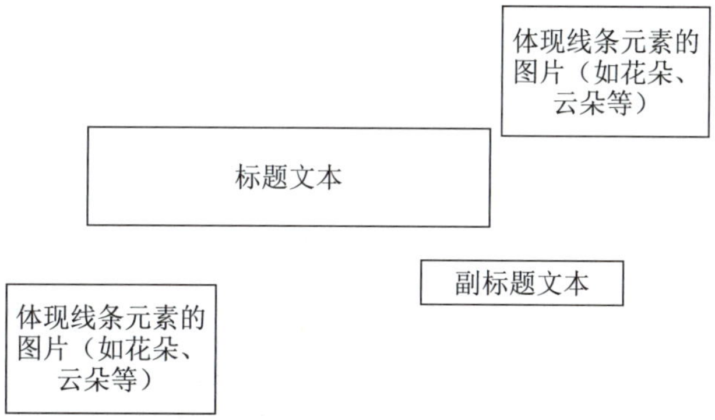 体现线条元素的图片（如花朵、云朵等） 标题文本 副标题文本 体现线条元素的图片（如花朵、云朵等）		
说明	（1）背景以线条元素为主，页面中可适当添加相关图片 （2）添加欢快的音频作为背景音乐，且音频播放至第 2 张幻灯片		
页面序号	2	页面内容简要说明	目录页
页面内容	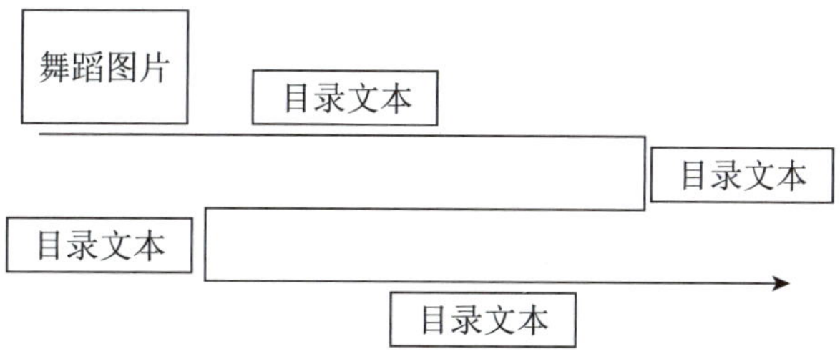 舞蹈图片 目录文本 目录文本 目录文本 目录文本		
说明	（1）舞蹈图片沿着箭头的方向移动，目录文本随着舞蹈图片的经过依次出现 （2）单击目录文本跳转到相应模块的第 1 张幻灯片		

（续表）

页面序号	3～5	页面内容简要说明	“认一认”模块
页面内容	标题文本 体现线条元素的实物图片（如斑马线、山峰、蜗牛壳） 线条图片（直线、曲线、螺旋线） 提示文本 动作按钮		
说明	（1）将实物图片中对应的线条裁剪出来，通过单击播放其直线动作路径和退出动画效果，使其移到右侧后逐渐消失，同时对应的线条图片逐渐出现，实现由具体到抽象的效果 （2）提示文本是对应线条的名称，如直线、曲线、螺旋线 （3）动作按钮包括返回上一张幻灯片、返回目录页和进入下一张幻灯片		
页面序号	7～9	页面内容简要说明	“找一找”模块
页面内容	标题文本 体现线条元素的图片 体现线条元素的图片 体现线条元素的图片 体现线条元素的图片 触发器动画提示文本 动作按钮		
说明	（1）标题文本中注明要寻找的线条类型 （2）设置两个正确答案和两个错误答案，单击正确的图片触发放大/缩小的进入动画效果和选择正确的音效，单击错误的图片触发逐渐消失的退出动画效果和选择错误的音效 （3）动作按钮包括返回上一张幻灯片、返回目录页和进入下一张幻灯片		

三、制作课件

1. 设置母版

扫一扫

制作艺术领域活动课件“线条畅想曲”

步骤 1 启动 WPS Office，新建“线条畅想曲”空白演示文稿，进入幻灯片母版视图，在左侧窗格中保持“标题幻灯片 版式”

选项的选中状态，在“对象属性”任务窗格中设置母版的背景为素材图片“背景 1”（制作该课件使用的素材均在本书配套素材“素材与实例”/“项目九”/“任务五”/“线条畅想曲”文件夹中）。

步骤 2 在左侧窗格中选择“标题和内容 版式”选项，删除该母版中的内容占位符。设置该母版的背景为素材图片“背景 2”，并设置其透明度为 70%，然后绘制一个圆角矩形，设置其高度为 14.5 厘米、宽度为 29.5 厘米、填充颜色为 RGB（255，242，202）、填充透明度为 25%、轮廓颜色为无，最后将圆角矩形置于底层并将其相对于幻灯片水平和垂直居中对齐。

步骤 3 绘制一条长度为 27 厘米、水平向右的直线，设置其轮廓颜色为“橙色，着色 3，浅色 40%”，效果为“阴影”/“居中偏移”，然后选择标题占位符，设置文本的格式为方正准圆简体、40 磅、居中对齐，最后将标题占位符和直线参照图 9-102 排列。

步骤 4 在左侧窗格中选择“节标题 版式”选项，删除该母版中的所有占位符。设置该母版的背景为素材图片“背景 3”，并设置其透明度为 70%，然后复制“标题和内容 版式”母版中的圆角矩形、标题占位符和直线到“节标题 版式”母版中，最后修改圆角矩形的填充颜色为 RGB（250，227，219），修改直线的轮廓颜色为“猩红，着色 6，浅色 60%”，如图 9-103 所示。

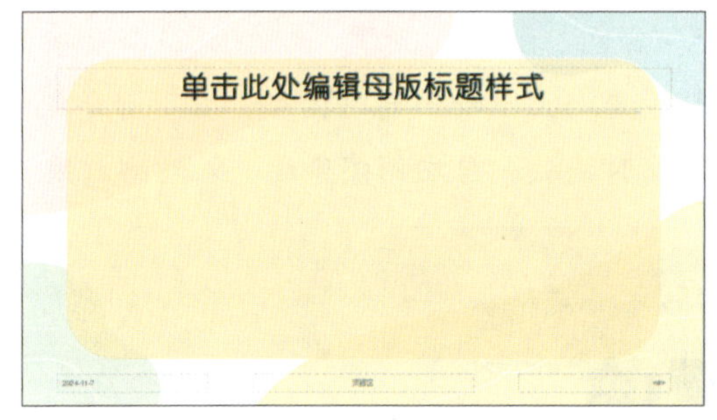

图 9-102 “标题和内容 版式”母版效果

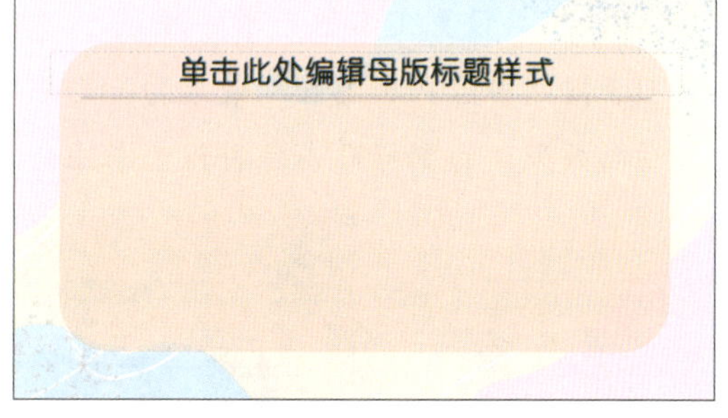

图 9-103 “节标题 版式”母版效果

步骤 5 使用同样的方法设置“两栏内容 版式”母版和“比较 版式”母版，如图 9-104 所示。

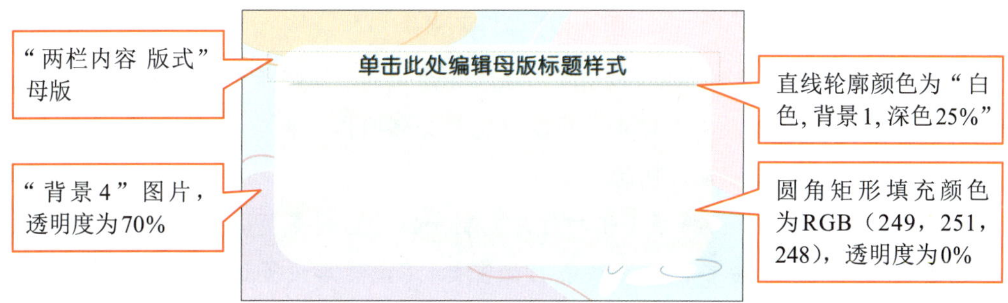

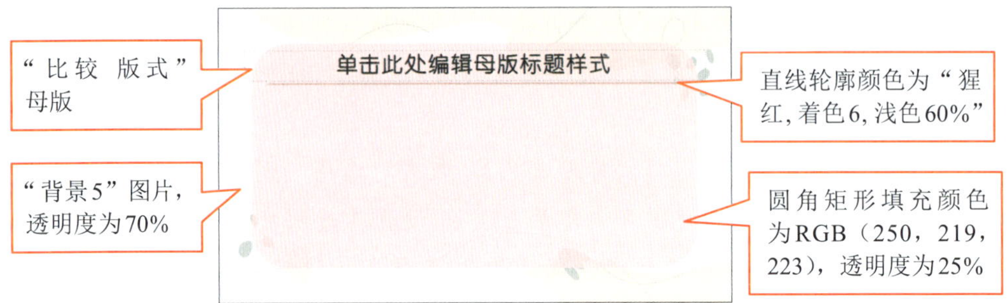

图 9-104 “两栏内容 版式”母版和“比较 版式”母版效果

步骤 6 设置“空白 版式”母版的背景为素材图片“背景 6”，设置其透明度为 0%，最后退出幻灯片母版视图。

2. 制作封面页和封底页

步骤 1 制作封面页。在第 1 张幻灯片中插入素材图片“云朵”，并复制一份，然后为它们设置与上一动画同时播放、重复次数为直到幻灯片末尾的跷跷板强调动画效果。

步骤 2 选择标题占位符，在其中输入文本“线条畅想曲”，并设置文本的格式为方正剪纸简体、115 磅、“钢蓝，着色 1”，效果为“阴影”/“右下斜偏移”。

步骤 3 选择副标题占位符，在其中输入文本“大班艺术活动”，并设置文本的字号为 40 磅，然后设置文本的艺术字预设为“填充 - 金色，着色 2，轮廓 - 着色 2”，接着参照图 9-105 排列占位符和图片，最后为标题占位符设置与上一动画同时播放、右下阶梯状的进入动画效果，为副标题占位符设置与上一动画同时播放、自左侧擦除的进入动画效果。

图 9-105 封面页效果

步骤 4 插入素材音频“背景音乐”，在“音频工具”选项卡中设置音频跨幻灯片播放至第 2 页停止、循环播放直至停止、放映时隐藏音频图标，然后在“动画”选项卡中设置音频的动画效果为与上一动画同时播放。

步骤 5 制作封底页。将第 1 张幻灯片复制一份作为封底页，并将封底页中的文本“线条畅想曲”修改为“去寻找更多线条的秘密吧！”，然后设置该文本的字号为 80 磅，接着在“去寻找更多”文本后按“Enter”键，最后删除副标题占位符。

步骤 6　插入素材图片“画画”，适当缩小图片后参照图 9-106 排列标题占位符和图片。

3. 制作目录页

步骤 1　在第 1 张幻灯片之后新建一张“空白”版式的幻灯片，在“插入”选项卡中单击“智能图形”按钮，打开“智能图形”界面，在“流程”选项卡中选择“4 项”布局方式，在付费类型下拉列表中选择“免费”选项，然后参照图 9-107 选择智能图形。

图 9-106　封底页效果

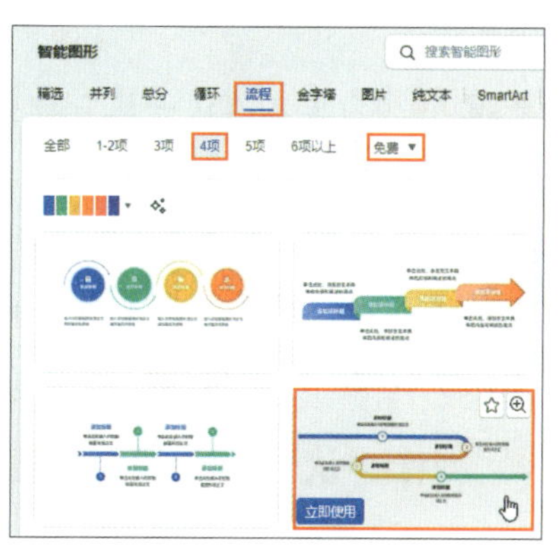

图 9-107　选择智能图形

步骤 2　删除插入的智能图形中的文本占位符，在“1”文本所在图形上方的标题占位符中输入文本“认一认”，并设置文本的格式为方正少儿简体、36 磅、RGB（55，111，255），然后在其他 3 个标题占位符中依次输入“跳一跳”“找一找”“画一画”，并设置文本的格式，最后适当调整占位符位置，如图 9-108 所示。

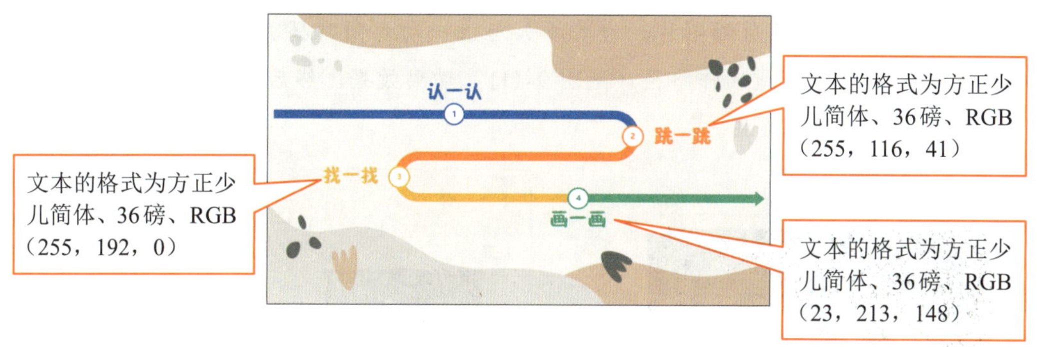

图 9-108　标题占位符排列效果

步骤 3　插入素材图片“小猫”，适当缩小后移到幻灯片左上方，然后为其设置在上一动画之后播放、重复次数为直到幻灯片末尾的跷跷板强调动画效果，最后在“动画窗格”任务窗格中为其添加与上一动画同时播放、持续时间 5 秒的自由曲线动作路径（见图 9-109）动画效果。

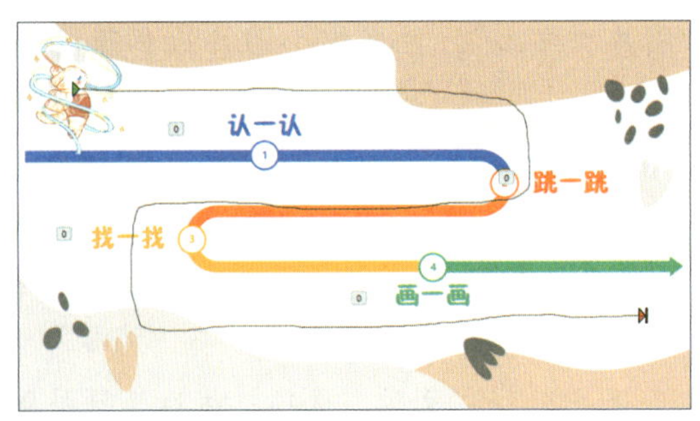

图 9-109　自由曲线动作路径

步骤 4　为文本“认一认”设置与上一动画同时播放、延迟时间 1 秒、自左侧擦除的进入动画效果，为文本“跳一跳”设置与上一动画同时播放、延迟时间 2 秒、自顶部擦除的进入动画效果，为文本“找一找”设置与上一动画同时播放、延迟时间 2.5 秒、自顶部擦除的进入动画效果，为文本“画一画”设置与上一动画同时播放、延迟时间 3.5 秒、自左侧擦除的进入动画效果。

4. 制作“认一认”模块内容

步骤 1　在第 2 张幻灯片之后新建一张“标题和内容”版式的幻灯片，在标题占位符中输入文本“认一认”。

步骤 2　插入素材图片“斑马线”，设置其高度为 6.5 厘米，然后将其移到幻灯片左侧，最后为其设置单击时播放的渐变进入动画效果。

步骤 3　复制一份“斑马线”图片，并将其与原图片完全重叠，然后对复制的图片进行裁剪，如图 9-110 所示。

步骤 4　选择裁剪后的图片，为其添加与上一动画同时播放、起点为裁剪的图片、终点为幻灯片右侧的直线动作路径（见图 9-111）动画效果，然后为其添加在上一动画之后播放的缩放退出动画效果。

图 9-110　裁剪“斑马线”图片

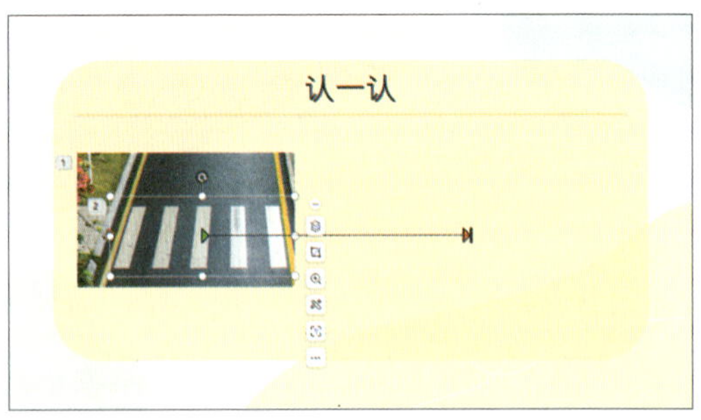

图 9-111　直线动作路径

步骤 5　插入素材图片“直线”，将其移到直线动作路径的终点附近，然后为其设置与上一动画同时播放的渐变式缩放进入动画效果。

步骤 6　在幻灯片中部偏下的位置绘制一个上凸弯带形（位于“形状”下拉列表“星与旗帜”组中），设置其高度为 2 厘米、宽度为 8.5 厘米、填充颜色为 RGB（255，116，41）、轮廓颜色为“猩红，着色 6，深色 25%”，然后在其中输入文本“直线”，并设置文本的格式为“方正爽趣体 简”、32 磅、加粗，最后为上凸弯带形设置单击时播放的切入进入动画效果。

步骤 7　使用复制第 3 张幻灯片并修改其中内容的方法制作第 4～5 张幻灯片（其他 2 张“认一认”模块幻灯片），如图 9-112 所示。

图 9-112　第 4～5 张幻灯片效果

5. 制作“跳一跳”模块内容

步骤 1　在第 5 张幻灯片之后新建一张“节标题”版式的幻灯片，在标题占位符中输入文本“跳一跳”。

步骤 2　插入素材视频“彩带舞”，在“图片工具”选项卡中勾选“锁定纵横比”复选框，然后设置其视频框高度为 9.5 厘米，并将视频移到幻灯片中部，接着在“视频工具”选项卡中将视频封面设置为素材图片“彩带舞”（见图 9-113），最后为视频设置在上一动画之后播放的切入进入动画效果。

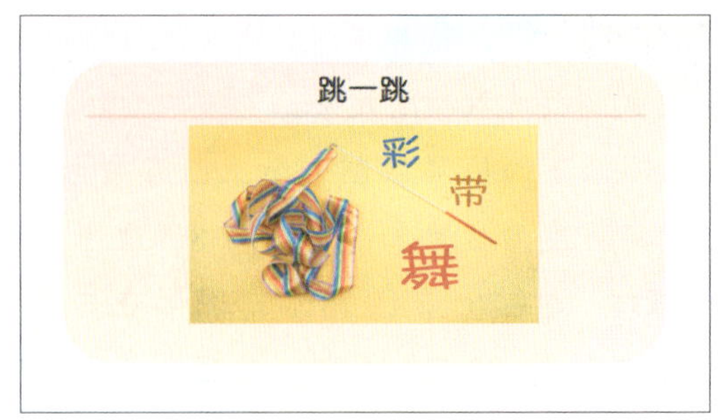

图 9-113　第 6 张幻灯片效果

6. 制作“找一找”模块内容

步骤 1　在第 6 张幻灯片之后新建一张“两栏内容”版式的幻灯片，在标题占位符中输入文本“找一找：直线”。

步骤 2　插入素材图片“铅笔”“草莓”“花朵”“街道”，调整图片大小后参照图 9-114 排列，然后为它们设置渐变式缩放进入动画效果。其中，“铅笔”图片的动画效果为单击时播放，其他 3 张图片的动画效果为与上一动画同时播放。

图 9-114　图片排列效果

步骤 3　在幻灯片中部偏下的位置绘制一个矩形，设置其高度为 1.5 厘米、宽度为 7.5 厘米、填充颜色为“白色，背景 1，深色 50%”、轮廓颜色为无，然后在其中输入文本“单击图片验证”，并设置文本的格式为方正琥珀简体、24 磅，最后为矩形设置在上一动画之后播放的飞入进入动画效果。

步骤 4　在“选择窗格”任务窗格中将“铅笔”“草莓”“花朵”“街道”图片的名称分别修改为“铅笔”“草莓”“花朵”“街道”。

步骤 5　选择“铅笔”图片，在“动画窗格”任务窗格中为其添加单击时播放的放大 / 缩小强调动画效果，并设置该动画效果的触发动作为单击“铅笔”对象。

步骤 6　使用同样的方法为“草莓”图片添加单击时播放的缩放退出动画效果，并设置该动画效果的触发动作为单击“草莓”对象；为“花朵”图片添加单击时播放的缩放退出动画效果，并设置该动画效果的触发动作为单击“花朵”对象；为“街道”图片添加单击时播放的放大/缩小强调动画效果，并设置该动画效果的触发动作为单击“街道”对象。

步骤 7　插入两个素材音频“right”和两个素材音频“error”，并将音频图标移到幻灯片外，然后设置它们的动画效果均为与上一动画同时播放，最后在“动画窗格”任务窗格中参照图 9-115 将音频的动画效果移到对应的触发器列表框中。

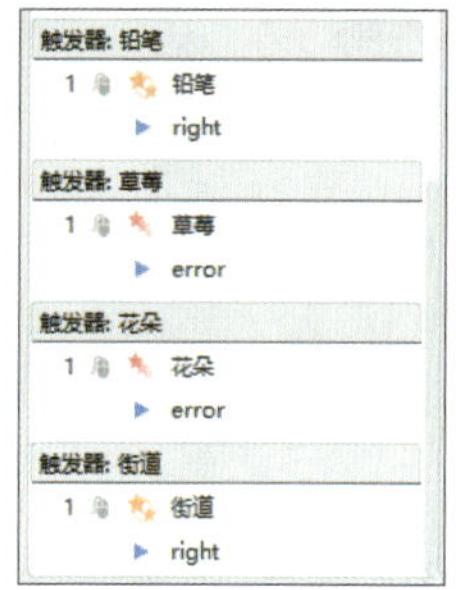

图 9-115　动画效果触发器列表

步骤 8　使用同样的方法制作第 8～9 张幻灯片（其他 2 张“找一找”模块幻灯片），如图 9-116 所示。

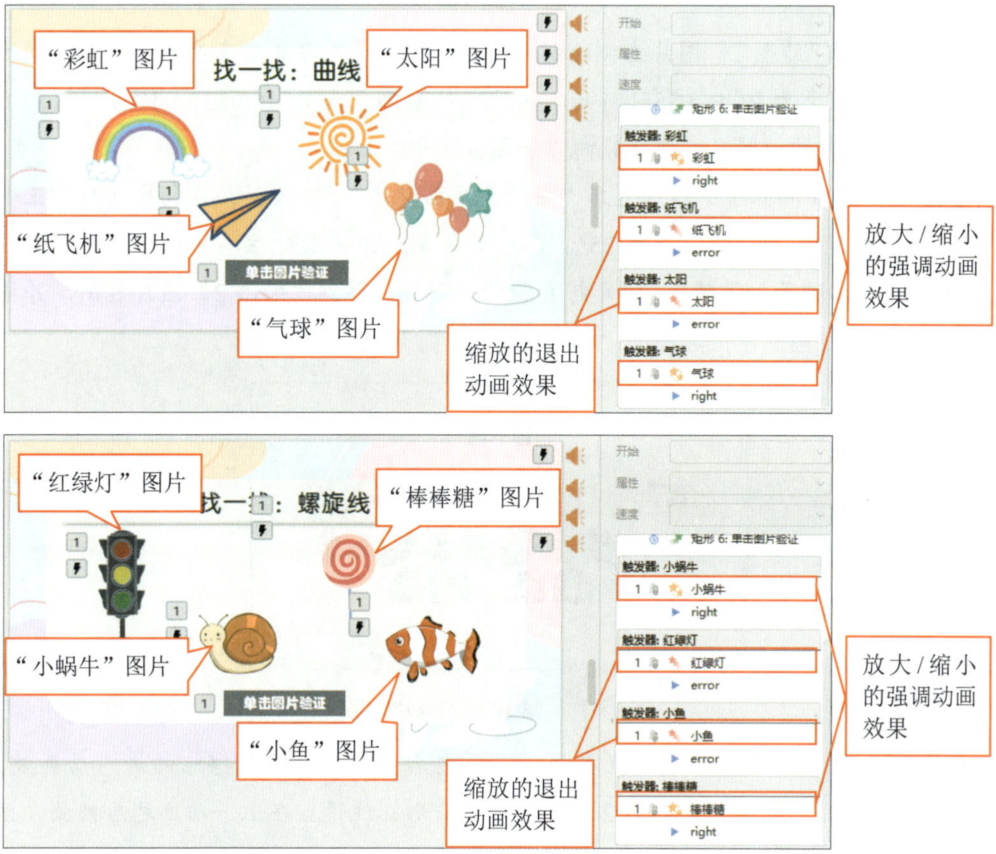

图 9-116　第 8～9 张幻灯片效果

7. 制作“画一画”模块内容

步骤 1　在第 9 张幻灯片之后新建一张“比较”版式的幻灯片，在标题占位符中输入文本“画一画”。

步骤 2 插入素材图片“绘画 1”“绘画 2”，然后设置它们的高度为 8.5 厘米，并参照图 9-117 排列图片，最后依次为“绘画 1”“绘画 2”图片设置单击时播放、自左侧擦除的进入动画效果。

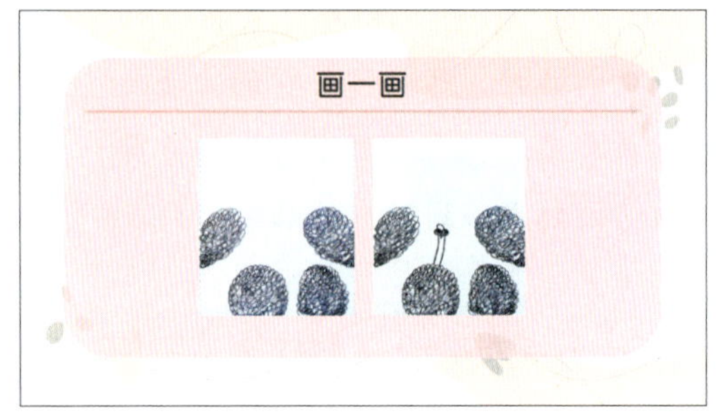

图 9-117　图片排列效果

步骤 3 在“绘图 1”图片左侧绘制一个云形标注，并设置其高度为 5 厘米、宽度为 6.5 厘米、填充颜色为 RGB（255，190，190）、轮廓颜色为 RGB（231，124，88），然后拖动云形标注下方的控制点，使其指向“绘图 1”图片。

步骤 4 在云形标注中输入文本“用螺旋线画身体”，并设置文本的格式为方正少儿简体、24 磅、“黑色，文本 1，浅色 25%”，然后复制一份云形标注，并修改其中的文本为“用直线和曲线画脖子和眼睛”，接着将复制的云形标注移到“绘画 2”图片右侧，并拖动云形标注下方的控制点，使其指向“绘图 2”图片，如图 9-118 所示。

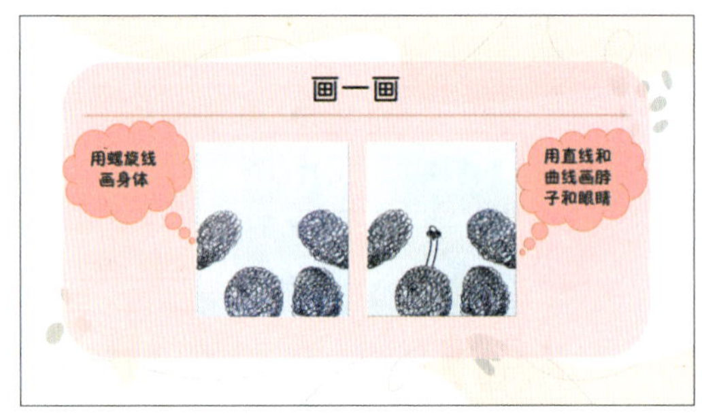

图 9-118　第 10 张幻灯片效果

步骤 5 为左侧云形标注设置在上一动画之后播放、自右侧擦除的进入动画效果，并将该动画效果移到动画列表的第 2 个，为右侧云形标注设置在上一动画之后播放、自左侧擦除的进入动画效果。

步骤 6 使用复制第 10 张幻灯片并修改其中内容的方法制作第 11 张幻灯片，如图 9-119 所示。

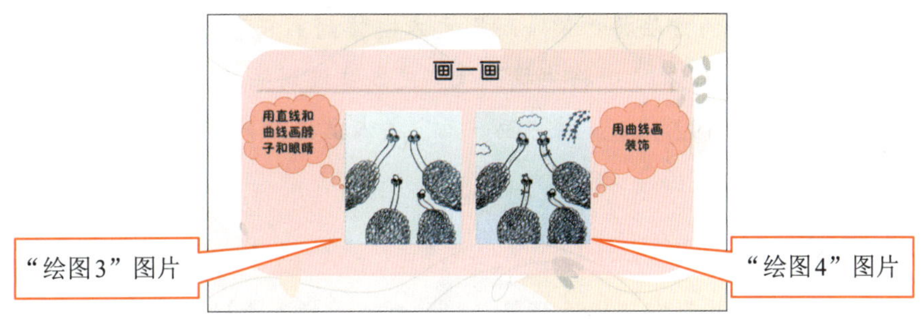

图 9-119　第 11 张幻灯片效果

步骤 7　在第 11 张幻灯片之后新建一张“比较”版式的幻灯片，在标题占位符中输入文本“画一画”。

步骤 8　插入素材图片“小画家”，将其移到幻灯片左侧，在幻灯片右侧插入一个高度为 4 厘米、宽度为 12.5 厘米的文本框，在其中输入文本“小小画家”，并设置文本的格式为 80 磅、加粗，然后设置文本的艺术字预设为“填充 - 白色，轮廓 - 着色 2，清晰阴影 - 着色 2”，效果为“转换”/“停止”，如图 9-120 所示。

图 9-120　第 12 张幻灯片效果

8. 设置切换效果

步骤 1　在“幻灯片”窗格中选择第 1 张幻灯片，在“切换”选项卡中设置切换效果为轮辐，然后为封底页设置相同的切换效果。

步骤 2　使用同样的方法，设置目录页的切换效果为百叶窗，设置内容页的切换效果为溶解。

9. 为目录页添加超链接

步骤 1　在“幻灯片”窗格中选择第 2 张幻灯片，为“认一认”文本添加超链接，将其链接到第 3 张幻灯片，并设置超链接颜色为 RGB（55，111，255），且将设置应用到当前链接。

步骤 2 使用同样的方法将“跳一跳”文本链接到第 6 张幻灯片，并设置当前超链接颜色为 RGB（255，116，41）；将“找一找”文本链接到第 7 张幻灯片，并设置当前超链接颜色为 RGB（255，192，0）；将“画一画”文本链接到第 10 张幻灯片，并设置当前超链接颜色为 RGB（23，213，148）。

10．为内容页添加动作按钮

步骤 1 在“幻灯片”窗格中选择第 3 张幻灯片，插入素材图片“箭头”，设置其高度为 1.5 厘米，然后复制两份并参照图 9-121 进行旋转和排列。

图 9-121 “箭头”图片旋转和排列效果

步骤 2 选择左侧第一张“箭头”图片，在“插入”选项卡中单击“动作”按钮，打开“动作设置”对话框，在其中选中“超链接到”单选钮，然后在下方的下拉列表中选择“上一张幻灯片”选项，最后单击“确定”按钮。

步骤 3 使用同样的方法，依次设置左侧第 2 张“箭头”图片动作链接到的对象为第 2 张幻灯片，最右侧“箭头”图片动作链接到的对象为下一张幻灯片，最后将这 3 张“箭头”图片进行组合并复制到第 4～12 张幻灯片。

11．放映多媒体课件

步骤 1 在“放映”选项卡中单击“从头开始”按钮，从第 1 张幻灯片开始放映多媒体课件，通过单击屏幕、动作按钮、触发器对象等查看多媒体课件制作效果。

步骤 2 确认“线条畅想曲”多媒体课件效果无误后，保存并关闭多媒体课件。

项目评价

请学生结合本项目的学习情况，对学习成果进行自评和互评（组内成员相互评分），请指导教师进行师评和总评，并将评价结果填入表 9-11 中。

表 9-11 学习成果评价表

<table>
<tr><th rowspan="2">评价项目</th><th rowspan="2">评价内容</th><th rowspan="2">分值</th><th colspan="3">评价分数</th></tr>
<tr><th>自评</th><th>互评</th><th>师评</th></tr>
<tr><td rowspan="5">能力（80%）</td><td>能够设计与制作健康领域活动课件</td><td>16 分</td><td></td><td></td><td></td></tr>
<tr><td>能够设计与制作语言领域活动课件</td><td>16 分</td><td></td><td></td><td></td></tr>
<tr><td>能够设计与制作社会领域活动课件</td><td>16 分</td><td></td><td></td><td></td></tr>
<tr><td>能够设计与制作科学领域活动课件</td><td>16 分</td><td></td><td></td><td></td></tr>
<tr><td>能够设计与制作艺术领域活动课件</td><td>16 分</td><td></td><td></td><td></td></tr>
<tr><td rowspan="4">素养（20%）</td><td>文明礼貌，遵守课堂纪律</td><td>5 分</td><td></td><td></td><td></td></tr>
<tr><td>认真负责，按时完成学习与实践任务</td><td>5 分</td><td></td><td></td><td></td></tr>
<tr><td>互帮互助，具有团队精神</td><td>5 分</td><td></td><td></td><td></td></tr>
<tr><td>提升专业素养和审美素养</td><td>5 分</td><td></td><td></td><td></td></tr>
<tr><td colspan="2">合计</td><td>100 分</td><td></td><td></td><td></td></tr>
<tr><td rowspan="2">总评</td><td>综合分数：__________</td><td colspan="4" rowspan="2">指导教师签字：__________</td></tr>
<tr><td>综合等级：__________</td></tr>
</table>

注：综合分数可按照“自评（25%）+ 互评（25%）+ 师评（50%）”进行计算；综合等级可以“优”（90 分≤综合分数≤100 分）、“良”（80 分≤综合分数＜90 分）、“中”（60 分≤综合分数＜80 分）、“差”（综合分数＜60 分）为标准进行评价。

参考文献

［1］许佳南．幼儿园多媒体课件设计与制作［M］．北京：中国铁道出版社有限公司，2024．

［2］张建，褚晓敏，魏慧．WPS Office 应用案例教程［M］．上海：上海交通大学出版社，2024．

［3］张俊涛．幼儿园多媒体课件设计与制作［M］．第 2 版．上海：上海交通大学出版社，2023．

［4］姚立娟，赵昱欣．幼儿园活动设计与实践［M］．长春：吉林人民出版社，2023．

［5］丁文敏，张子博，冯浪．幼儿园多媒体课件设计与制作微课版教程［M］．第 2 版．北京：人民邮电出版社，2021．